INTERNATIONAL FINANCIAL REPORTING STANDARDS

IFRS
「金融資産の減損」
プラクティス・ガイド

PwCあらた有限責任監査法人 ［編］

中央経済社

■執筆者一覧 ─────────────────────────────

川西　昌博　：公認会計士　パートナー
　　　　　　　グローバル・アカウンティング・コンサルティング・
　　　　　　　サービス・グループ　メンバー

矢野　貴詳　：公認会計士　パートナー
　　　　　　　グローバル・アカウンティング・コンサルティング・
　　　　　　　サービス・グループ　メンバー

山田　哲也　：公認会計士　ディレクター

梅谷　正樹　：公認会計士　シニア・マネージャー

はじめに

　近年，国際財務報告基準（IFRS）は，欧州等の特定の地域の資本市場で利用される会計基準から，150を超える国や地域において利用される会計基準へとその世界的な位置付けを高めている。わが国においても，2013年6月の企業会計審議会による「国際会計基準（IFRS）への対応のあり方に関する当面の方針」の公表以降，IFRSの利用拡大が急速に進んでおり，株式会社日本取引所グループが公表しているIFRS任意適用済会社・適用決定会社の数は，250社を超えている。また，2021年6月に閣議決定された「成長戦略フォローアップ」においては，わが国において使用される会計基準の品質向上を図るため，日本基準の高品質化に取り組むとともに，IFRSに関する今後のプロジェクトの協議等においてわが国の考え方をIFRSに反映する努力を強化することを含め，わが国企業のIFRSへの移行を容易にするためのさらなる取組みを進めることにより，IFRSの任意適用企業の拡大を促進することが掲げられている。今後も，企業の国際的な事業活動や戦略または中長期の経営計画を踏まえて，IFRSの任意適用を選択する企業はさらに増加していくと思われる。

　今回，本書では，IFRS第9号「金融商品」（IFRS第9号）における「金融資産の減損」を取り上げている。国際会計基準審議会（IASB）は，2007年に顕在化したサブプライム住宅ローン危機，これを発端としたリーマン・ショックに連鎖した一連の国際的な金融危機時における金融商品会計への不信感や金融商品会計の複雑性に対応するため，金融商品会計の主な項目を「金融資産と金融負債の分類および測定」，「金融資産の減損」，「ヘッジ会計」の3つのフェーズに分けて検討し，2014年7月にIFRS第9号最終版を公表している。「金融資産の減損」は，将来予測的な情報を考慮した予想信用損失という概念を取り込んでおり，金融危機への対応という観点で最も重要な項目であり，また最後にIFRS第9号に組み込まれた項目である。このIFRS第9号は，2018年1月1日以後に開始する事業年度から適用されている。

　また，昨今の新型コロナウイルス感染症（COVID-19）の拡大などにより，

IFRS第9号における金融資産の減損に対する影響が世界的に注視されている状況も見られる。

　さらに，わが国の会計基準においては，金融資産の減損に関する規定について，長年，抜本的な改正が行われていない。この点，企業会計基準委員会（ASBJ）は，2019年10月に，日本基準を国際的に整合性のある会計基準とする取組みの一環として，予想信用損失に基づく金融資産の減損についての会計基準の開発に着手することを決定し，その後，IFRSにおける予想信用損失モデルを基礎として，国際的な会計基準と遜色がないと認められる会計基準の開発を目的とした検討を行っている。

　このような背景を踏まえ，PwCあらた有限責任監査法人では，わが国の会計基準を国際的に整合性のある会計基準とするために検討されている金融資産の減損について，IFRSの規定を解説することを目的として本書を刊行することとした。

　本書では，PwC（プライスウォーターハウスクーパース）のIFRSマニュアル・オブ・アカウンティングなどの中で紹介されているIFRSを利用する企業の実務に則して作成されたケーススタディの中から，日本企業の実務に役立つケーススタディや基準の指針に対する理解を深めることに資するケーススタディを選定し，IFRSの実務的な適用について解説している。本書が，会計・経理の実務家・専門家のみならず，IFRS全般に興味を持たれ学習されている方や日本基準の将来の動向に関心を持たれる方にも，IFRSにおける金融資産の減損に関する規定に対する理解を深めるハンドブックとして有益であることを願っている。

　最後に，本書の出版にあたり多大なご尽力をいただいた株式会社中央経済社の坂部秀治氏およびご協力をいただいたすべての皆様に深く感謝の意を表したい。

2022年6月

PwCあらた有限責任監査法人

代表執行役　**井野貴章**

本書の読み方

1．本書の構成

　本書は，IFRS 第 9 号「金融商品」における金融資産の減損の規定の枠組みを中心に，実務で想定されるケーススタディも含めて，以下のように第 I 部から第Ⅳ部に分けて解説している。

第 I 部　金融資産の減損の基礎事項
第Ⅱ部　金融資産の減損モデル（一般的なアプローチ）
第Ⅲ部　金融資産の減損モデル（一般的なアプローチの例外）
第Ⅳ部　金融資産の減損に関する表示および開示

　第 I 部「金融資産の減損の基礎事項」では，金融資産の分類，金融資産の償却原価測定，金融資産の減損の会計処理の概要を解説している。また，IFRS 第 9 号における金融資産の減損モデルの適用範囲について解説している。

（章構成）
　　第 1 章　金融商品に関する IFRS 基準
　　第 2 章　IFRS 第 9 号における金融資産の分類および測定
　　第 3 章　金融資産の減損モデルの適用範囲

　第Ⅱ部「金融資産の減損モデル（一般的なアプローチ）」では，第 I 部で述べた IFRS 第 9 号における金融資産の減損モデルの適用範囲を前提として，減損モデルの一般的なアプローチに従って，どのように金融資産の減損を認識し測定するかについて解説している。一般的なアプローチにおいて検討すべき事項である信用リスクの著しい増大の有無の判定や予想信用損失の測定などについて，判断にあたっての留意点とともに具体的に解説している。

（章構成）
　　第 1 章　信用リスクの著しい増大の有無の判定

第2章　信用リスクが低い金融商品に対する実務上の便法

第3章　予想信用損失の認識および測定

第Ⅲ部「金融資産の減損モデル（一般的なアプローチの例外）」では，第Ⅱ部で述べた一般的なアプローチが適用されない金融資産の減損をどのように認識し測定するかについて，判断にあたっての留意点とともに具体的に解説している。事業会社の営業債権と契約債権については，具体例を用いて解説している。

（章構成）

第1章　購入または組成した信用減損金融資産

第2章　営業債権，契約資産およびリース債権（単純化したアプローチ）

第Ⅳ部「金融資産の減損に関する表示および開示」では，第Ⅰ部から第Ⅲ部までで述べた金融資産の減損の会計処理を前提として，IAS第1号「財務諸表の表示」およびIFRS第7号「金融商品：開示」に従った金融資産の減損や信用リスクに関する表示および開示の定めについて解説している。さらに，IFRS第7号の開示項目に基づく開示例を記載している。

（章構成）

第1章　金融資産の減損に関する表示

第2章　金融資産の減損に関する開示

第3章　IFRS第7号における金融資産の減損の開示要求事項に準拠した開示例

2．本書の特徴

本書は，該当するIFRSの規定を実務でどのように適用するのかを解説するために，以下のような項目を設けている。

● Point Of View

IFRSで示された原則を実務において適用する際には，一定の解釈や判断が必要となることがある。このような場合に，IFRSにおける適切な会計処理をどのように考えるかについて，PwCの提供しているガイドに示された見解に基づいた解説を加えている。ここで示される見解は，基準に基づいて会計処理の判断

を行うことが実務上困難な案件について，PwC 内の IFRS の会計専門家で検討したものである。なお，個別の事象の実態や条件の変更により，適用すべき考え方には相違が生じることは留意いただきたい。

●ケーススタディ

　実務で考えられる特定の会計事象や取引について，IFRS の規定をどのように適用したり，解釈したりすることができるのかをより具体的に解説している。特に，会計処理について重要な判断が要求されるようなものについて，特定の会計事象や取引をどのように考えたらよいのかを示している。

　前　提　は，会計事象や取引についての背景を説明している。

　ポイント　は，前　提　に記述した事象や取引について，会計処理に際して検討すべき主な論点を示している。

　考え方　は，該当する IFRS の規定を実務上どのように適用するかについて説明している。

● Short Break

　本書の内容を理解するうえでの関連する情報や用語の説明等について，補足的な情報を記載している。

CONTENTS

第Ⅲ部	金融資産の減損モデル （一般的なアプローチの例外）

———— 凡　例 ————

　本書において引用した専門用語・機関，会計基準等は，以下の略称を用いて表記している。なお，会計基準等については，2022年6月末時点で公表されているものに基づいている。

1．専門用語・機関等

ASBJ	企業会計基準委員会
ASU	米国会計基準会計基準更新書
FASB	米国財務会計基準審議会
FSB	金融安定理事会
IAS	国際会計基準
IASB	国際会計基準審議会
IFRS	国際財務報告基準
ITG	金融商品の減損に関する IFRS 移行リソースグループ
TCFD	気候関連財務情報開示タスクフォース

2．会計基準等（IFRS）

IFRS 第 3 号	「企業結合」
IFRS 第 4 号	「保険契約」
IFRS 第 7 号	「金融商品：開示」
IFRS 第 9 号	「金融商品」
IFRS 第13号	「公正価値測定」
IFRS 第15号	「顧客との契約から生じる収益」
IFRS 第16号	「リース」
IFRS 第17号	「保険契約」
IAS 第 1 号	「財務諸表の表示」
IAS 第 8 号	「会計方針，会計上の見積りの変更及び誤謬」
IAS 第10号	「後発事象」
IAS 第24号	「関連当事者についての開示」

IAS 第32号	「金融商品:表示」
IAS 第37号	「引当金,偶発負債及び偶発資産」
IAS 第39号	「金融商品:認識及び測定」
IFRS 実務記述書 第2号	「重要性の判断の行使」

第 I 部

金融資産の減損の基礎事項

　第 I 部では，IFRS 第 9 号「金融商品」におけ
る金融資産の分類を解説したうえで，金融資産の
償却原価測定と金融資産の減損の会計処理の概要
を解説する。また，IFRS 第 9 号における金融資
産の減損モデルの適用範囲について解説する。

第 1 章

金融商品に関する IFRS 基準

　国際財務報告基準（IFRS）において，金融商品の会計処理や開示は，次の
IFRS 基準により定められている。
- IAS 第32号「金融用品：表示」
- IAS 第39号「金融商品：認識及び測定」
- IFRS 第 7 号「金融商品：開示」
- IFRS 第 9 号「金融商品」

　国際会計基準審議会（IASB）は，金融危機を発端とする金融商品会計への不
信感や金融商品会計の複雑性に対応するため，IAS 第39号を置き換える IFRS
基準の開発プロジェクトを進めてきた。このプロジェクトにおいては，主な項
目を 3 つのフェーズ，すなわち「金融資産と金融負債の分類および測定」，「金
融資産の減損」，「ヘッジ会計」に分けて検討が行われ，IASB は，2014年 7 月
に IFRS 第 9 号の最終版を公表し，IAS 第39号は置き換えられている。

　IFRS 第 9 号は，2018年 1 月 1 日以後に開始する事業年度から適用されてお
り，企業が IFRS 第 9 号を適用する場合，IAS 第39号の適用は認められていな
い。ただし，ヘッジ会計については，一定の例外が定められており，その部分
についてのみ引き続き IAS 第39号の適用が認められている（IFRS 第 9 号第
7.2.21項）。また，IFRS 第 4 号「保険契約」を適用している保険会社には，IFRS
第17号「保険契約」が発効するまで IAS 第39号の適用の継続が認められている。

　本書では，主に IFRS 第 9 号における金融資産の減損および IFRS 第 7 号に
おける金融資産の減損に関連する開示について取り上げている。なお，IAS 第
39号については，IFRS 第 9 号が適用されている現在においては，その適用が
限定的であるため，特段の言及がある場合を除き，本書では取り扱っていない。

第**2**章 IFRS第9号における金融資産の分類および測定

1. 金融資産の分類

　IFRS第9号では，企業は，当初認識時に金融資産の分類を決定し，その分類に従った測定を行う必要がある。具体的には，まず，その金融資産が資本性金融商品に対する投資に該当するか，負債性金融商品に対する投資に該当するかを検討する。

　次に，金融資産が負債性金融商品に対する投資である場合，企業は，**図表Ⅰー2ー1**に従って，金融資産の管理に関する企業の事業モデル，および金融資産の契約上のキャッシュ・フローの特性の2つの要件に基づき，金融資産を次の3つのいずれかに分類する（IFRS第9号第4.1.1項）。

- ●償却原価で測定する金融資産
- ●その他の包括利益を通じて公正価値で測定する金融資産
- ●純損益を通じて公正価値で測定する金融資産

　また，金融資産が資本性金融商品に対する投資である場合，純損益を通じて公正価値で測定する金融資産に分類される。ただし，売買目的保有以外の資本性金融商品に対する投資については，当初認識時に金融商品ごとに，公正価値の変動を純損益ではなく，その他の包括利益に表示するという取消不能な選択が認められている（IFRS第9号第5.7.5項）。

（図表Ⅰ－2－1）金融資産の分類判定フロー

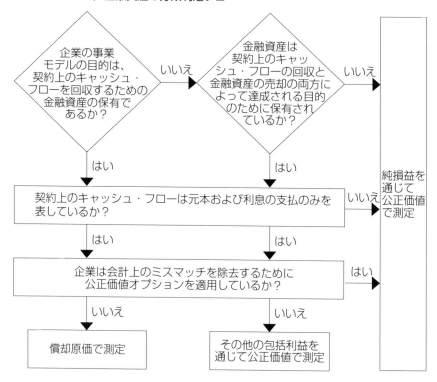

2．金融資産の償却原価測定

　償却原価による測定は，償却原価で測定する金融資産が対象となるが，その他の包括利益を通じて公正価値で測定する金融資産のうち，負債性金融商品に対する投資についても，その他の包括利益を通じて公正価値で測定する前に償却原価による測定が求められている。いずれの場合においても，金融資産の減損の要求事項を適用する（IFRS 第 9 号第5.5.2項，第5.5.3項）。

(1)　償却原価の定義

　「金融資産の償却原価」とは，金融資産が当初認識時に測定された金額から，元本の返済を控除し，当初の金額と満期金額との差額について実効金利法によ

る償却累計額を加減し，さらに損失評価引当金を調整した金額である。また，損失評価引当金を調整する前の金融資産の償却原価は，「金融資産の総額での帳簿価額」と定義されている（IFRS第9号付録A）。

　図表I－2－2に示す「金融資産の総額での帳簿価額」と「金融資産の償却原価」の違いは，後述する実効金利法による金利収益の算定方法に影響する。

（図表I－2－2）金融資産の総額での帳簿価額と償却原価

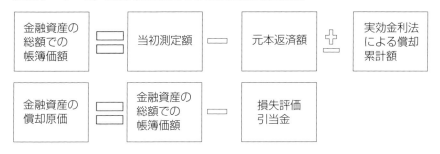

(2)　実効金利法

　IFRS第9号では，償却原価測定として，金融資産に対する金利収益を，実効金利法により計算する。「実効金利法」とは，金融資産の償却原価の算定，ならびに金利収益の関連期間にわたる配分および純損益への認識の際に用いられる方法である（IFRS第9号付録A）。

　また，「実効金利」とは，金融資産の予想存続期間を通じての将来の現金の支払または受取りの見積りを，金融資産の総額での帳簿価額まで正確に割り引く率をいう（IFRS第9号付録A）。実効金利は，満期または次回の金利改定日までの利回りと呼ばれる場合もあり，当該期間における金融資産の内部収益率である。

　実効金利を計算する際に，企業は，当該金融商品のすべての契約条件，例えば，期限前償還，期限延長，コールおよび類似のオプションを考慮したうえで，期待キャッシュ・フローの見積りを行う必要がある。また，この計算には，契約の当事者間で授受されるすべての手数料のうち実効金利の不可分な一部である手数料，取引コストおよび他のすべてのプレミアムまたはディスカウントを含める。

3．金融資産の減損の会計処理

　金融資産の減損とは，金融資産における，損失評価引当金とその発生原因である信用損失の認識および測定に関する会計上の取扱いである。企業は，予想信用損失に対する損失評価引当金を認識し，報告日現在の損失評価引当金をIFRS第9号に従って認識が要求される金額に修正するために必要となる予想信用損失またはその戻入れの金額を，減損利得または減損損失として，純損益に認識する（IFRS第9号第5.5.1項，第5.5.8項）。なお，金融資産の減損または信用リスクに関連する表示や開示については，第Ⅳ部「金融資産の減損に関する表示および開示」で説明する。

　IFRS第9号は，金融資産の減損モデルとして，**図表Ⅰ－2－3**のとおり，当初認識以降の債務者の信用度の変動状況に応じて減損の認識と測定を行う「3ステージ」モデル（一般的なアプローチ）の適用を求めている。詳細は，第Ⅱ部「金融資産の減損モデル（一般的なアプローチ）」で説明する。

（図表Ⅰ－2－3）金融資産の減損モデル（一般的なアプローチ）

当初認識以降の信用度の変動		
予想信用損失の認識		
12か月の予想信用損失	全期間の予想信用損失	全期間の予想信用損失
金利収益		
総額での帳簿価額に対する実効金利	総額での帳簿価額に対する実効金利	償却原価（損失評価引当金控除後）に対する実効金利
ステージ1 *優良資産* （当初認識時）	ステージ2 *不良資産* （当初認識以降に信用リスクが著しく増大した資産）	ステージ3 *不良資産* （信用減損資産）

　なお，購入または組成した信用減損金融資産の減損については，一般的なアプローチとは別の要求事項が定められている（第Ⅲ部第1章「購入または組成

した信用減損金融資産」（158頁）を参照）。また，営業債権，契約資産および
リース債権の減損については，単純化したアプローチが定められている（第Ⅲ
部第2章「営業債権，契約資産およびリース債権（単純化したアプローチ）」
（164頁）を参照）。

　さらに，バーゼル銀行監督委員会は，信用リスクおよび予想信用損失モデル
の導入ならびに適用に関する銀行向けのガイダンスを公表している。しかし，
本書では，当該ガイダンスについては取り扱っていない。企業は，バーゼル銀
行監督委員会または他の規制当局が定める追加的な関連ガイダンスを必要に応
じて参照する必要がある。

(1)　ステージ1

　ステージ1には，当初認識以降に信用リスクが著しく増大していない金融資
産が含まれる。企業が報告日現在で信用リスクが低い金融資産に係る実務上の
便法（第Ⅱ部第2章「信用リスクが低い金融商品に対する実務上の便法」（57
頁）を参照）を選択する場合，当該便法の対象となる金融資産も含まれる。

　ステージ1の金融資産については，12か月の予想信用損失が認識され，金利
収益は当該金融資産の総額での帳簿価額（すなわち，損失評価引当金控除前の
償却原価）に実効金利を乗じることにより算定される。

　ここで，「信用損失」とは，契約に従って企業に支払われるべきすべての契
約上のキャッシュ・フローと，企業が受け取ると見込んでいるすべてのキャッ
シュ・フローとの差額（すなわち，すべてのキャッシュ・フロー不足）を，当
初の実効金利で割り引いたものであり，「予想信用損失」とは，信用損失をそ
れぞれの債務不履行発生リスクでウェイト付けした加重平均である（IFRS第
9号付録A）。

　また，「12か月の予想信用損失」とは，全期間の予想信用損失のうち，ある
金融商品について報告日後12か月以内に生じ得る債務不履行事象から生じる予
想信用損失を表す部分であり，「全期間の予想信用損失」とは，金融商品の予
想存続期間にわたるすべての生じ得る債務不履行事象から生じる予想信用損失
である（IFRS第9号付録A）。

　12か月の予想信用損失は，債務不履行が報告日の12か月後（金融商品の予想

残存期間が12か月未満である場合には，12か月より短い期間）に発生する場合に生じる全期間のキャッシュ不足額を，当該債務不履行が発生する確率で加重したものを表す（IFRS第9号 B5.5.43項）。

　12か月の予想信用損失と全期間の予想信用損失の違いについて，**図表Ⅰ－2－4**で示している。

（図表Ⅰ－2－4）12か月の予想信用損失と全期間の予想信用損失

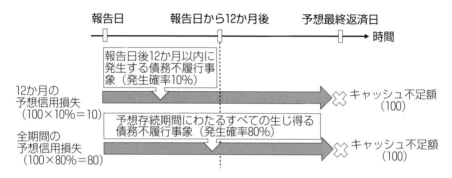

⑵　ステージ2

　ステージ2には，当初認識以降に信用リスクが著しく増大したが，信用減損金融資産（次の⑶を参照）ではない金融資産が含まれる。

　ステージ2の金融資産については，全期間の予想信用損失が認識されるが，金利収益は引き続き金融資産の総額での帳簿価額（すなわち，損失評価引当金控除前の償却原価）に実効金利を乗じることにより算定される。

⑶　ステージ3

　ステージ3には，各報告日において減損の客観的な証拠が存在している金融資産が含まれる（「信用減損金融資産」と呼ばれる）。

　ステージ3の金融資産については，全期間の予想信用損失が認識され，金利収益は金融資産の償却原価（すなわち，損失評価引当金控除後の償却原価）に実効金利を乗じることにより算定される。

　IFRS第9号は，金融資産の見積将来キャッシュ・フローに不利な影響を与

える1つまたは複数の事象が発生している場合には，当該金融資産に「信用減損」が生じていると定義している（すなわち，「信用減損金融資産」）。金融資産に信用減損が生じている証拠としては，次の事象に関する観察可能なデータが含まれる（IFRS第9号付録A）。

- 発行者または債務者の重大な財政的困難
- 契約違反（債務不履行または期日経過事象　下記*Short Break*「期日経過の定義」を参照）など）
- 借手に対する融資者が，借手の財政上の困難に関連した経済上または契約上の理由により，そうでなければ当該融資者が考慮しないであろう譲歩を借手に与えたこと
- 借手が破産または他の財務上の再編を行う可能性が高くなったこと
- 当該金融資産についての活発な市場が財政上の困難により消滅したこと
- 発生した信用損失を反映するディープ・ディスカウントで金融資産を購入または組成したこと

なお，IFRS第9号は，単一の区別できる事象を特定することが可能でなく，その代わりに，いくつかの事象の複合した影響により金融資産の信用減損が生じている場合があると示している。

Short Break　　**期日経過の定義**

　IFRS第9号は，金融資産が信用減損している証拠の1つとして期日経過事象を挙げている。この「期日経過（past due）」は，「金融資産は，支払の契約上の期限が到来した時に相手方が支払を行わなかった場合には，期日経過となっている」と説明されている（IFRS第9号付録A）。

　我が国の金融実務においては，このような期日経過が生じている状況を一般に「延滞」と称している。特段の言及がある場合を除き，本書では「延滞」を「期日経過」と同義の用語として取り扱っている。

　図表I-2-5は，一般的なアプローチとその例外を含め，金融資産の減損モデルの全体像を示している。

（図表Ⅰ－2－5）金融資産の減損モデルの全体像

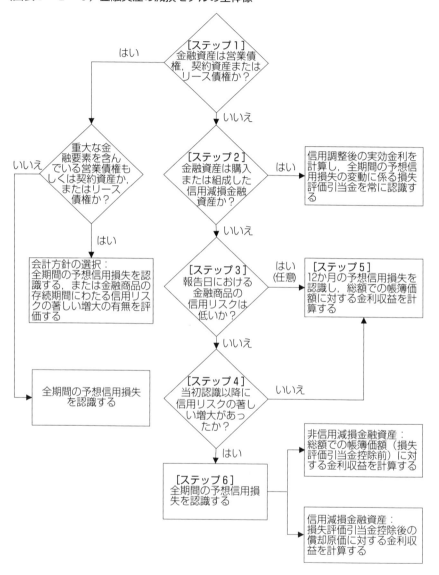

Short Break　IFRS 基準と米国会計基準における金融資産の減損に関する基準開発

　IASB と米国財務会計基準審議会（FASB）は，金融商品会計プロジェクトの一環として，世界的な金融危機時における減損の認識への批判に対応するために，金融資産の減損の基準開発を行っていた。

　この点，市場関係者からは，金融資産の減損について，IFRS 基準と米国会計基準で共通の結果を達成することが望ましいとするフィードバックがあり，2011年5月に，IASB と FASB が予想信用損失モデルに基づく金融資産の減損に関する会計基準を共同で開発することを決定した。

　しかしながら，米国内の市場関係者からのフィードバックに基づき，FASB は，2012年7月に，IASB とは異なる予想信用損失モデルを開発することを決定した。当該予想信用損失モデルは，IFRS 第9号と異なり，信用損失に係る引当金の残高の適切性を重視して，報告日時点の絶対評価アプローチに基づく全期間の予想信用損失のみを測定するモデルであった（絶対評価アプローチについては，*Point Of View*「信用リスクの著しい増大の有無の判定において，相対評価ではなく絶対評価が可能なケース」（19頁）を参照）。

　最終的に，IASB は，2014年7月に，金融資産の減損の要求事項を織り込んだ IFRS 第9号最終版を公表し，FASB は，2016年6月に，新しい減損の要求事項である米国会計基準会計基準更新書（ASU）第2016-13号「金融商品－信用損失（Topic 326）：金融商品に関する信用損失の測定」を公表している。

Short Break　金融資産の減損に関する日本基準の開発

　日本基準において，金融資産の減損については，企業会計基準第10号「金融商品に関する会計基準」や日本公認会計士協会 会計制度委員会報告第14号「金融商品会計に関する実務指針」で定められている。しかしながら，金融資産の減損に関する定めについて，長年，抜本的な改正は行われていない。

　企業会計基準委員会（ASBJ）は，金融商品会計の開発に着手するかどうかを決定する前の段階で，適用上の課題とプロジェクトの進め方に対する意見を幅広く把握するために，2018年8月に，「金融商品に関する会計基準の改正についての意見の募集」を公表している。当該意見募集文書は，IASB による IFRS 第9号の開発に係る領域と同様に，主に，金融商品の分類および測定，金融資産の減損，ヘッジ会計の領域について，市場関係者から意見を募集するものであった。

　また，金融庁は，2018年6月に，「金融検査・監督の考え方と進め方（検査・監督基本方針）」を公表し，銀行や保険会社などの償却・引当に従来用いられていた金融検査マニュアル（預金等受入金融機関に係る検査マニュアル）と保険検査マニュアル（保険会社に係る検査マニュアル）の廃止が決定された。

　意見募集文書に寄せられたコメントに対する審議の結果，ASBJは，2019年10月に，日本基準を国際的に整合性のあるものとする取組みの一環として，予想信用損失に基づく金融資産の減損についての会計基準の開発に着手することを決定した。その後，ASBJは，予想信用損失モデルに基づく金融資産の減損の検討の進め方を提示したうえで，IFRS第9号の予想信用損失モデルを基礎として，国際的な会計基準と遜色がないと認められる会計基準の開発を目的とした検討を行っている。

第**3**章	金融資産の減損モデルの適用範囲

　IFRS第9号の金融資産の減損モデルは，以下の金融商品に対して適用される（IFRS第9号第5.5.1項）。

- ●償却原価で測定する負債性金融商品に対する投資
- ●その他の包括利益を通じて公正価値で測定する負債性金融商品に対する投資
- ●ローン・コミットメント（純損益を通じて公正価値で測定するものを除く）
- ●IFRS第9号が適用される金融保証契約（純損益を通じて公正価値で測定するものを除く）
- ●IFRS第15号「顧客との契約から生じる収益」の範囲に含まれる取引から生じた営業債権および契約資産
- ●IFRS第16号「リース」の範囲に含まれる取引から生じたリース債権

　なお，IFRS第9号の減損モデルは，純損益またはその他の包括利益を通じて公正価値で測定する資本性金融商品に対する投資には適用されない。

ケーススタディⅠ－3－1 ▶ IFRS第9号の減損の要求事項が適用されるローン・コミットメントの範囲

前　提

　A銀行は，自己の裁量で金利を決定できるとする契約条件が付されている貸付金の実行を約束している。ただし，当該金利は，誠実にかつ貸付実行日における一般的な市場条件に沿って決定する必要があり，貸付金の実行を回避する目的で防衛的にまたは不当に高く設定することはできない。

当該ローン・コミットメントは，IFRS第9号の減損の要求事項の適用対象であるか。

ポイント

ローン・コミットメントがIFRS第9号に示されている特徴を有しているか検討する。

考え方

IFRS第9号は，ローン・コミットメントの定義を直接的には定めていないが，IFRS第9号BCZ2.2項において，ローン・コミットメントは事前に取り決めた契約条件に従って信用供与する確定約定であると示している。

当該ローン・コミットメント契約を締結することにより，取り決めた契約条件での強制力のある信用供与契約が生じる場合，当該ローン・コミットメントは，純損益を通じて公正価値で測定するものでない限り，IFRS第9号の減損の要求事項の適用対象に含まれる。貸付金の金利は，ローン・コミットメントの契約締結時点において確定している必要はない。

Point Of View　将来に非金融商品項目を引き渡す法的拘束力のある取決めに，IFRS第9号の減損の要求事項は適用されるか

企業が財またはサービスの販売契約を締結し，引渡し後のある時点まで顧客に対して購入代金の支払を猶予する場合がある。このような契約は，売手にとって法的拘束力のある取消不能のコミットメントとなる可能性があるが，契約締結日から受渡日までの間，企業の財務諸表にローン・コミットメントが計上される結果にはならない。なぜなら，このような契約の引渡しの対象は，非金融商品項目であるためである。

ローン・コミットメントに関するIFRS第9号の要求事項は，貸付を実行するコミットメント（金融資産を提供するコミットメント）に対して適用される。すなわち，IFRS第9号では，IFRS第15号の適用範囲に含まれる顧客との契約において商品の引渡しにより生じる権利および義務をIFRS第9号の適用範囲から除外しており（IFRS第9号第2.1項（j）），IFRS第9号第2.4項が定める自己使用の例外規定（次頁の*Short Break*「非金融商品項目の売買契約」を参照）が適用される未履行契約は，IFRS第15号の適用範囲に含まれる。したがって，引渡しが行われるまでは金融商品は存在しないため，IFRS第9号の減損の要求事項は適用されない。

Short Break　非金融商品項目の売買契約

　非金融商品項目の売買契約については，金融商品に該当するかどうかを判定する必要があり，現金もしくは他の金融商品での純額決済または金融商品との交換により決済する契約はIFRS第9号の範囲に含まれる（IFRS第9号第2.4項）。取引所で売買されるコモディティおよび店頭取引される特定のコモディティ契約（例えば，金や石油）は，デリバティブとして純損益を通じて公正価値で測定される（すなわち，IFRS第9号の範囲に含まれる）。

　ただし，企業の予想される購入，販売または使用の必要に従った非金融商品項目の受取りまたは引渡しの目的で締結され，引き続きその目的で保有されている契約は除かれる（「自己使用」の例外と呼ばれ，デリバティブとして会計処理しない）（IFRS第9号第2.4項）。例えば，契約によりコモディティの現物引渡しが行われる場合は「自己使用」の例外に該当する可能性があり，その場合，当該契約は，デリバティブとして会計処理しない。

　なお，デリバティブとして会計処理することにより会計上のミスマッチが解消される場合には，企業の指定により，純損益を通じて公正価値で測定できる（IFRS第9号第2.5項）。

第 II 部

金融資産の減損モデル
（一般的なアプローチ）

　　第 II 部では，第 I 部で述べた IFRS 第 9 号「金融商品」における金融資産の減損モデルの適用範囲を前提として，一般的なアプローチに従って，どのように金融資産の減損を認識し測定するかについて解説する。一般的なアプローチにおいて検討すべき信用リスクの著しい増大の有無の判定に関しては，判定方法，債務不履行の定義，デフォルト確率の使用，反証可能な推定などについて，判断にあたっての留意点や実務上の便法とともに具体的に解説する。そのうえで，予想信用損失の認識および測定に関して，12 か月および全期間の予想信用損失の概要，貨幣の時間価値，見積期間，信用補完，条件変更などについて，判断にあたっての留意点とともに具体的に解説する。

<table>
<tr><td>第1章</td><td>信用リスクの著しい増大の
有無の判定</td></tr>
</table>

1．信用リスクの著しい増大の有無の判定方法

　IFRS 第 9 号「金融商品」では，減損モデル（一般的なアプローチ）の適用
に際して，当初認識以降に金融商品に係る信用リスクが著しく増大している場
合に，全期間の予想信用損失を認識することが求められているため，信用リス
クの著しい増大の有無の判定が重要となる。本章では，信用リスクの著しい増
大の有無の判定に関して，次の項目について説明する。

- 信用リスクの著しい増大の有無を判定する際に用いる債務不履行の定義
  （後述の 2．を参照）
- デフォルト確率（PD）の使用（後述の 3．を参照）
- 信用リスクの著しい増大の有無を判定する際に考慮する情報（後述の
  4．を参照）
- 30日延滞の反証可能な推定（後述の 5．を参照）
- 信用リスクの増大の有無の判定を実施するレベル（後述の 6．を参照）

　IFRS 第 9 号は，金融商品に係る信用リスクが当初認識以降に著しく増大し
たかどうかを評価する際に，予想信用損失の金額の変動ではなく，当該金融商
品の予想存続期間にわたる債務不履行発生リスクの変動に注目し，報告日現在
における債務不履行発生リスクを，当初認識日現在における債務不履行発生リ
スクと比較することを求めている（IFRS 第 9 号第5.5.9項）。
　また，ローン・コミットメントについては，当該ローン・コミットメントに

より実行された貸付金について債務不履行が発生するリスクの変動を考慮し，金融保証契約については，所定の債務者が当該契約について債務不履行となるリスクの変動を考慮する（IFRS第9号B5.5.8項）。

なお，ローン・コミットメントおよび金融保証契約については，減損の要求事項を適用する目的上，企業が取消不能のコミットメントの当事者となった日を当初認識の日とみなす（IFRS第9号第5.5.6項）。

Point Of View　信用リスクの著しい増大の有無の判定において，相対評価ではなく絶対評価が可能なケース

信用リスクの著しい増大の有無を判定する際，企業は，報告日における当該金融商品の予想存続期間にわたる債務不履行発生リスクと当初認識日現在における債務不履行発生リスクを比較する必要があり，相対的な評価が求められている。

ここで，信用リスクの著しい増大の有無を判定する際，報告日における信用リスクの絶対値（または閾値）の使用が認められるかどうかが論点となる。この点，IFRS第9号は信用リスクの著しい増大の有無の評価が相対的な評価であることを明確にしているため，絶対値を用いるアプローチは，相対評価アプローチによる結果と整合的な結果をもたらす場合にのみ適切である。

IFRS第9号は，報告日における信用リスクの具体的な水準を特定するのではなく，当初認識以降の信用リスクの相対的な増大の有無を評価することを求めている（IFRS第9号第5.5.9項）。国際会計基準審議会（IASB）は，信用リスクの著しい増大の有無の判定に関する絶対評価アプローチについて，明示的に検討した結果，棄却している（IFRS第9号BC5.161項）。

この論点は，2015年9月に開催された金融商品の減損に関するIFRS移行リソース・グループ（ITG）の会議においても検討されており，ITGは，IFRS第9号の減損モデルは，報告日における信用リスクの具体的な水準を特定するアプローチではなく，当初認識以降の信用リスクの変動の評価に基づくアプローチであると指摘している。一方，ITGは，信用リスクの著しい増大の有無の評価について，絶対評価アプローチの形式を適用する可能性があることも指摘している。ただし，そうしたアプローチが当初認識以降の信用リスクの著しい増大の有無の識別に関する要求事項と整合的

である場合に限られるとしている。

　IFRS 第 9 号設例 6 では，自動車ローン・ポートフォリオに対する具体的な適用例を示しており，次のような限定された特定の状況においては，一定の閾値を利用した絶対評価アプローチが適切となる可能性があるとされている。

- 個々の貸付金の当初認識日にかかわらず，当初認識時の信用リスクが狭い範囲に収まっている貸付金グループを特定できる。
- 当該狭い範囲内に留まる信用リスクの増大は，当初認識以降に信用リスクが著しく増大した状況を表さないが，他方，当該狭い範囲を超える信用リスクの増大は，当初認識以降に信用リスクが著しく増大した状況を表すことを証明できる。
- 個々の貸付金の信用リスクが引き続き当該狭い範囲内に留まっているかどうかを評価する際，さまざまな要因を考慮する。これらの要因には，例えば，信用リスクに関する企業内部および企業外部の指標，契約条件の変更，業績および行動に関する実績と予想，将来の状況についての予測が含まれる。

　なお，IFRS 第 9 号は，絶対的な閾値を用いた判定方法を別途定めており，ある金融商品が報告日現在で信用リスクが低いと判断される場合には，当該金融商品に係る信用リスクが当初認識以降に著しく増大していないと推定する実務上の便法を認めている（IFRS 第 9 号第5.5.10項）（第 2 章「信用リスクが低い金融商品に対する実務上の便法」（57頁）を参照）。

Short Break　金融商品の減損に関する IFRS 移行リソース・グループ（ITG）とは

　金融商品の減損に関する IFRS 移行リソース・グループ（ITG：IFRS Transition Resource Group for Impairment of Financial Instruments）とは，IASB が2014年 7 月に公表した IFRS 第 9 号における新しい信用減損の要求事項の適用に際して，その適用上の論点を議論するために組成された移行リソース・グループである。ただし，ITG は IFRS 第 9 号に関するガイダンスを作成する組織ではなかった。

　ITG のメンバーは大手金融機関および大手会計事務所の専門家から構成されており，ITG の会議は2014年12月から2015年12月まで合計 4 回開催された。

ケーススタディⅡ－1－1 ▶ 債務者単位での信用リスクの著しい増大の有無の評価

前 提

　A銀行は，B社に融資を行い，融資時点のB社の内部信用格付けは4であった。1年後，B社は，大口顧客との契約を失ったため，A銀行は，B社の内部信用格付けを5に格下げした。その後，A銀行は，当該時点における市場金利で新たな融資をB社に行った。

　A銀行は，信用リスク管理目的上，信用リスクを個々の貸付金単位ではなく，債務者単位で評価しており，内部信用格付けの4から5への格下げを信用リスクの著しい増大と判断している。

　A銀行は，B社に対する当初の貸付金と新たな貸付金の双方について報告日における信用リスクが著しく増大したと判断し，全期間の予想信用損失を認識すべきか。

ポイント

　減損を認識する目的における会計単位は，債務者ではなく，個々の貸付金であるため，個々の貸付金について，個別に信用リスクの著しい増大の有無を評価する。

考え方

　当初の貸付金と新たな貸付金のそれぞれについて，次のように信用リスクの著しい増大の有無を判断する。

貸付金	信用リスクの著しい増大の有無の評価	認識すべき予想信用損失
当初の貸付金	当初の貸付金は，B社の内部信用格付けが4であった時点で実行されており，信用リスクの著しい増大が生じている。	全期間の予想信用損失
新たな貸付金	新たな貸付金は，B社の内部信用格付けがすでに5であった時点で実行されており，信用リスクの著しい増大は生じていない。	12か月の予想信用損失

　なお，債務者単位での評価が，個々の貸付金単位での評価と同じ結果（すなわち，ステージ1からステージ2または3へ移行するタイミングが同一）になる場合もある（IFRS第9号設例7を参照）。例えば，当初および新たな貸付金が実行された後に，B社の内部信用格付けが4から5に格下げされた場合，当初および新たな貸付金の信用リスクはいずれも当初認識以降に著しく増大しているため，この場合の債務者単位での評価は，個々の貸付金単位での評価と同じ結果をもたらす。

ケーススタディⅡ－1－2 ▶ ステージ2に分類された貸付金を取得した場合の取扱い

前　提

A銀行は，IFRS第3号「企業結合」が適用される企業結合または資産の購入のいずれかの形式で，B銀行から貸付金を取得した。A銀行による取得時点において，B銀行は，当該貸付金はB銀行の当初認識（B銀行が当該貸付金を実行した時点）以降に信用リスクの著しい増大が生じていると判断し，当該貸付金をステージ2に分類していた。

A銀行は，当初認識時（A銀行が当該貸付金をB銀行から取得した時点）において，当該貸付金をステージ2に分類できるか。なお，A銀行およびB銀行はともに，当該貸付金を純損益を通じて公正価値で測定する金融資産には分類していないと仮定する。

ポイント

信用リスクの当初認識以降の著しい増大の有無に係るA銀行としての評価に基づき，全期間の予想信用損失を認識すべきかどうかを検討する。

考え方

B銀行が当該貸付金をステージ2に分類していたとしても，A銀行は，当初認識時（A銀行が当該貸付金をB銀行から取得した時点）においてステージ2に分類できない。なぜなら，B銀行によるステージ2への分類は，A銀行の取得日より前に発生しており，A銀行のステージ分類の目的上，B銀行による分類結果は考慮されないためである。

なお，信用リスクの著しい増大の有無を評価する際の実務上の検討事項として，次の項目が挙げられる。

検討項目	説明
定量的指標	A銀行は，当初認識以降の信用リスクの著しい増大の有無を評価するため，取得日時点およびその後における信用リスクの定量的データ（例えば，デフォルト確率（PD）など）を捕捉する必要がある。
定性的指標	信用リスクの著しい増大の有無を示す定性的な指標については，取得日時点の状況を勘案して調整を行う可能性がある。 　例えば，A銀行の信用リスク管理上，信用リスクをより詳細に監視するための「ウォッチリスト」に対象資産が指定された時点で当該資産の信用リスクが著しく増大したと評価している場合，取得し

	た貸付金が取得日時点で「ウォッチリスト」への指定要件を満たしていても,取得日時点ではステージ2に分類すべきではない。 　なぜなら,IFRS第9号の減損の要求事項が,報告日時点における債務不履行発生リスクを当初認識日における債務不履行発生リスクと比較すること,すなわち,取得する前に発生していた信用リスクの変動を考慮しないことを求めているためである。
バックストップ指標	IFRS第9号の減損の要求事項は,延滞が30日を超える場合には対象資産に係る信用リスクが著しく増大しているという反証可能な推定を定めている(IFRS第9号第5.5.11項)。 　しかしながら,取得日時点で対象資産が30日を超えて延滞している場合であっても,A銀行においては,取得日時点ではまだ信用リスクが著しく増大しておらず,また延滞日数はゼロであると一般的に推定されるため,この推定規定の適用は適切でない。 　したがって,当該推定規定の適用の可否を検討する際,貸付金を取得したケースに限り,実務上,当初認識以降さらに一定の延滞日数が経過していることを条件に追加するなどの調整を行う可能性がある。

Short Break　貸付期間が12か月未満の金融資産に係る信用リスクの著しい増大の評価

　IFRS第9号は,原則として,すべての金融資産について信用リスクの著しい増大の有無の評価を企業に求めており,これには,満期までの期間が12か月未満の金融資産も含まれる。これらの金融資産の12か月の予想信用損失が全期間の予想信用損失と同額であったとしても,IFRS第7号「金融商品:開示」は,損失評価引当金が12か月の予想信用損失に等しい金額の金融商品と全期間の予想信用損失に等しい金額の金融商品を区分して開示することを求めているため,開示目的上は両者を区分する必要がある(IFRS第7号第35H項,第35I項,第35M項)。

　ただし,重大な金融要素を含んでいない営業債権および契約資産について適用される単純化したアプローチ(常に全期間の予想信用損失で損失評価引当金を測定する)を用いる場合(第Ⅲ部第2章「営業債権,契約資産およびリース債権(単純化したアプローチ)」(164頁)を参照)は,当該資産について信用リスクの著しい増大の有無を評価する必要はなく,これらの区分開示は求められていない。

２．信用リスクの著しい増大の有無を判定する際に用いる債務不履行の定義

⑴　債務不履行の定義

　IFRS 第 9 号は，金融商品に係る信用リスクが当初認識以降に著しく増大したかどうかを評価する際に，当該金融商品の予想存続期間にわたる債務不履行発生リスクの変動に注目し，報告日現在における債務不履行発生リスクを当初認識日現在における債務不履行発生リスクと比較することを求めている（IFRS 第 9 号第5.5.9項）。

　したがって，企業は債務不履行発生リスクを判定する目的で「債務不履行」の定義を定める必要があるが，企業内部の信用リスク管理の目的上使用されている定義と整合する「債務不履行」の定義を適用し，また適切な場合には，定性的な指標（例えば，財務特約条項の遵守状況）を考慮する。

　ただし，IFRS 第 9 号では，債務不履行は，さらに遅い要件の方が適切であることを立証するための合理的で裏付け可能な情報を企業が有している場合を除き，90日延滞となる時点よりも遅くは発生しないという反証可能な推定規定を定めている。

　当該目的で使用される債務不履行の定義は，特定の金融商品について別の債務不履行の定義の方が適切であると立証する情報を入手している場合を除き，すべての金融商品に首尾一貫して適用する必要がある（IFRS 第 9 号 B5.5.37項）。

　実務上，企業は，予想信用損失の測定モデルに対するインプットとして，デフォルト確率（PD：Probability of Default），デフォルト時損失率（LGD：Loss Given Default）およびデフォルト時エクスポージャー（EAD：Exposure at Default）を用いる場合がある。その場合，予想信用損失は，**図表Ⅱ－1－1**に示される計算式により算定される。

（図表Ⅱ－1－1）PD，LGDおよびEADをインプットとして用いた予想信用損失
　　　　　　　の測定モデル

　債務不履行の定義は，当該モデルに対する主要なインプットの1つであり，企業は，金融商品の全期間PDの上昇を信用リスクが著しく増大していることを決定するための要件の1つとして用いる可能性がある。

> ### *Point Of View*　会計目的と規制目的で用いる債務不履行の定義
>
> 　債務不履行の定義は，特に銀行にとって，IFRS第9号の減損モデルにおける主要な要素の1つであり，次のような特徴を有している。
>
> - IFRS第9号は，金融商品の予想存続期間にわたり発生する債務不履行発生リスクの変動を用いて，信用リスクの著しい増大の有無を評価することを求めている。したがって，債務不履行の定義は，12か月の予想信用損失ではなく全期間の予想信用損失が認識される資産の金額に影響を及ぼす。
> - 通常，銀行は，信用減損の定義と債務不履行の定義を可能な限り一致させる傾向がある。したがって，債務不履行の定義を満たす資産は，ステージ3に分類される。
> - 債務不履行の定義は，予想信用損失を見積る際に銀行が通常用いる信用リスクのパラメータ（デフォルト確率（PD），デフォルト時損失率（LGD）およびデフォルト時のエクスポージャー（EAD））に対するインプットとなる。
>
> 　また，債務不履行の定義は，一般的に，規制報告上の主要な要素の1つでもあり，多くの国の規制当局は，債務不履行の定義に関する具体的な要求事項を定めている。このような要求事項には，一般的に，延滞日数計算の使用および「不払い可能性（UTP：Unlikeliness To Pay）」に係る要件が含まれている。
>
> 　他方，IFRS第9号は債務不履行の定義に関するガイダンスを定めていないため，銀行は，IFRS第9号の目的で用いる債務不履行の定義を，規

制目的で用いる債務不履行の定義と可能な範囲で一致させる傾向がある。これは，企業内部の信用リスク管理の目的で用いている定義と整合する債務不履行の定義を適用することを求める IFRS 第 9 号 B5.5.37項の要求事項，および会計目的で採用する債務不履行の定義は規制目的で採用されている定義が指標となる旨に言及しているバーゼル銀行監督委員会による提言（「バーゼル銀行監督委員会－信用リスクおよび予想信用損失の会計処理に関するガイダンス」）と整合している。

　ここで，規制当局により規制目的の債務不履行の定義が変更された場合，銀行は，IFRS 第 9 号の目的で用いられる債務不履行の定義を，規制目的で用いられる変更後の当該定義と必ず整合させるべきかどうかが論点となる。

　この点，規制上の要求事項は会計上の要求事項とは別個のものであり，それらの目的の一部は同じではない。すなわち，IFRS 第 9 号における予想信用損失の目的は，予想信用損失の偏りのない見積りを反映することであるが，規制上の要求事項は，IFRS 第 9 号とは整合していない他の目的（例えば，健全性のレベルや同じ地域における銀行間の調和など）を考慮している可能性がある。

　したがって，規制目的で用いる債務不履行の定義と IFRS 第 9 号の目的で用いる債務不履行の定義を機械的に整合させるべきではなく，規制当局が債務不履行の定義を変更したことを受けて IFRS 第 9 号の目的で用いる債務不履行の定義を同じように変更することは，特定の金融商品に対して変更後の債務不履行の定義を適用する方がより適切であることを証明する情報が利用可能となった場合に限定すべきである（IFRS 第 9 号 B5.5.37項）。

　また，新型コロナウイルス感染症（COVID-19）など重大な想定外の事象によって，規制当局は，例えば，合理的に予見できない想定外の事象に起因する「不払い可能性（UTP）」に係る要件の更新などにより，債務不履行の定義を変更する可能性がある。

　したがって，銀行が IFRS 第 9 号の目的で用いる債務不履行の定義を規制目的で用いる定義と整合させたいと考える場合，銀行は最初に，IFRS 第 9 号の要求事項との整合性を確保するために規制上の要求事項を分析する必要がある。当該分析の際に，考慮する可能性のある要素の例として，次の項目が挙げられる。

項目	説明
90日超延滞エクスポージャーに対する重要性の閾値	IFRS第9号は，90日超延滞エクスポージャーは債務不履行に陥っているという反証可能な推定規定を定めている（IFRS第9号B5.5.37項）。銀行は，さらに遅いタイミングで債務不履行を認定する結果となる要件の方が適切であることを立証するための合理的で裏付け可能な情報を用いて，IFRS第9号が定める推定規定への反証を正当化する必要がある場合がある。 　他方，規制当局は，重要性の閾値を設けている場合があるため，90日超延滞が発生しているエクスポージャーであっても，延滞金額が所定の閾値を下回る場合には債務不履行とみなされない場合がある。 　したがって，90日超延滞エクスポージャーの推定規定を反証できる合理的で裏付け可能な情報を銀行が有している場合を除き，IFRS第9号における債務不履行の定義上，そのような規制当局による要求事項を含めるべきではない。これは，個々に少額の融資を行う「マイクロ・レンダー」，または少額であっても延滞金額の実質的な部分を占めるような低金利環境下にある銀行において，特に論点となる可能性がある。
債務不履行または「猶予期間」からの卒業要件	規制目的の債務不履行の定義上，債務不履行に陥っている資産が債務不履行の状況から卒業するまでに求められる最低限の猶予期間を設けている場合がある。 　このような猶予期間は，銀行の信用リスクの管理方針，または過去の債務不履行データと整合しない可能性があるため，IFRS第9号の債務不履行の定義上，当該猶予期間を含めることがより適切であるかについて，利用可能な情報を用いて正当化する必要がある（IFRS第9号B5.5.37項）。
新型コロナウイルス感染症（COVID-19）の影響	IFRS第9号B5.5.37項が要求している，変更後の債務不履行の定義の方が適切であることを証明する情報には，通常，過去の実績データが含まれる。 　ただし，新型コロナウイルス感染症（COVID-19）や，従来は債務不履行の定義に関連していないと考えられていた状況が発生した際には，企業は，過去の実績データが蓄積されるのを待たずに，変更後の定義を採用した方がより適切であるかどうかを判断する可能性がある。 　しかしながら，これは，変更後の定義の方が適切であることを立証する代替的な情報が存在する場合で，かつその変更がIFRS第9号の一般的な原則に整合している場合にのみ当てはま

	る。例えば，債務不履行に陥ったエクスポージャーの数を不適切に減少させる結果となる場合など，予想信用損失の見積りに偏りをもたらすような結果を生じさせる債務不履行の定義の変更は適切ではないと考えられる。
債務不履行の定義の首尾一貫性	IFRS第9号は，特定の金融商品に複数の債務不履行の定義を用いることを意図していない。例えば，デフォルト確率（PD）を計算する際にある債務不履行の定義を用いる一方，デフォルト時損失率（LGD）やデフォルト時エクスポージャー（EAD）を計算する際に異なる債務不履行の定義を使用する場合など，予想信用損失の見積りにおける複数の債務不履行の定義の使用は，予想信用損失の見積りにIFRS第9号第5.5.17項(a)の要求事項と矛盾するような偏りを生じさせる可能性がある。 　したがって，変更された規制上の債務不履行の定義と整合させるためにIFRS第9号の債務不履行の定義を変更することが適切であると結論付ける場合，IFRS第9号の予想信用損失の見積りのすべての部分において首尾一貫してそのような変更を適用する必要がある。
信用リスク管理における規制上の債務不履行の定義の使用	IFRS第9号は，企業内部の信用リスク管理目的で用いられる定義と整合的な債務不履行の定義を用いることを求めている（IFRS第9号B5.5.37項）。通常，企業内部の信用リスク管理目的で用いられる債務不履行の定義は，規制当局が定める債務不履行の定義に一致しているが，稀に，規制上の債務不履行の定義が銀行の信用リスク管理方法と整合していない場合がある。 　これには，規制当局が一定水準以上の健全性を確保することを重視し，銀行による信用リスク管理方法を一部反映しない形で規制上の債務不履行の定義を定めている場合が該当する。 　このように，通常稀であるが，その影響に重要性がある場合には，規制上の債務不履行の定義は，適切に調整せずにIFRS第9号の予想信用損失の目的で用いてはならない。

(2)　債務不履行の定義の変更

　IFRS第9号に基づく予想信用損失を見積る際に用いる債務不履行の定義は，さまざまな理由（例えば，規制上の要求事項の変更または企業内部のリスク管理方針や手続の変更など）により，変更される可能性がある。債務不履行の定義の変更による予想信用損失の変動は，IAS第8号「会計方針，会計上の見積

りの変更及び誤謬」の定義に基づく「会計上の見積りの変更」であり，「会計方針の変更」ではない。

　IFRSにおいて，「会計上の見積りの変更」は，「資産または負債の現状，および資産または負債に関連して予測される将来の便益および義務の評価により生じる，資産もしくは負債の帳簿価額または資産の定期的な費消額の調整」とされ，新しい情報または新しい展開から生じるものであり，誤謬の訂正ではないとされている。一方，「会計方針」は，「企業が財務諸表を作成表示するにあたって採用する特定の原則，基礎，慣行，ルールおよび実務」とされている（IAS第8号第5項）。

　債務不履行の定義は，予想信用損失の見積手法における要素の1つであり，債務不履行の定義の変更は，見積りの基礎となっている状況の変化を反映している。言い換えれば，債務不履行の定義は，予想信用損失を算出するために用いる測定技法の構成要素の1つである。

　債務不履行の定義の変更による予想信用損失の変動は，IAS第8号における会計上の見積りの変更として会計処理される。これは，IFRS第13号「公正価値測定」が会計上の見積りの変更として処理することを求めている評価技法の変更またはその適用方法の変更により生じた改訂と類似している（IFRS第13号第66項）。また，会計上の見積りの変更による影響は，過年度の比較数値の修正再表示を生じさせない（IAS第8号第34項，第36項）。

　信用リスクの著しい増大の有無の評価は，相対的な評価であり，報告日現在における債務不履行発生リスクと当初認識日現在における債務不履行発生リスクを比較することが求められている（IFRS第9号第5.5.9項）。

　しかしながら，IFRS第9号は，債務不履行の定義を変更した場合における相対的な評価の方法に関して明示的なガイダンスを定めていない。そのため，特定の事実および状況を考慮し，信用リスクの著しい増大の有無を相対的に評価することの全体的な目的を踏まえて，債務不履行の定義を変更することによる影響を当該評価にどのように織り込むかについて判断する必要がある。その際に考慮すべき要素として**図表Ⅱ－1－2**に示す項目が含まれる。

（図表Ⅱ－1－2）債務不履行の定義の変更による影響に関する考慮事項

項目	説明
減損の測定手法に及ぼす影響	減損の測定手法を変更することは広く行われているが，特定の変更が測定手法全体に及ぼす影響が大きいほど，当初認識時のデフォルト確率（PD）を調整しなければ，信用リスクの著しい増大の有無の評価結果に重大な影響を及ぼす可能性が高くなる。
当期および将来の報告期間に及ぼす影響	IFRS第9号の減損の要求事項が，偏りのない方法で予想信用損失を測定すると定めていること（IFRS第9号第5.5.17項(a)）を踏まえると，企業は，金融資産のステージ判定のために採用するアプローチが債務不履行の定義を変更した時点に及ぼす影響および将来の報告期間に及ぼす潜在的な影響を検討する必要がある。 　特に，ステージ判定を行う際に同一条件下での情報を比較しない場合，対象資産について，当初認識以降に債務不履行発生リスクが著しく増大（または，ステージ2からステージ1に移行する場合は，減少）していないにもかかわらず，ステージ分類の変更を生じさせるリスクを考慮する必要がある。対象資産の予想存続期間によっては，財務諸表に及ぼす影響が異なる期間に生じる可能性があり，それらをすべて考慮する。
コストや労力	IFRS第9号は，当初認識以降の信用リスクの著しい増大を示す，過大なコストや労力を掛けずに利用可能な合理的で裏付け可能な情報を考慮すると定めている（IFRS第9号第5.5.9項）。 　したがって，新たなモデルを用いて，当初認識時の全期間PDを再計算するために過大なコストや労力が必要となる場合には，そのようなアプローチによる調整は強制されない。 　しかし，変更による影響度によっては，企業は，過大なコストや労力を要しないより簡便的な他のアプローチ（例えば，相対的な評価を実施する際に信用リスクの増大幅の閾値を調整するアプローチなど）を検討する必要がある。
事後的判断の行使の禁止	変更後の債務不履行の定義を当初認識時に遡及して用いるために，当初認識時には入手できなかった情報が必要となる場合，企業は，事後的判断の行使を禁止しているIAS第8号の原則を考慮する必要がある。これにより，当初認識時の全期間PDの再計算が禁止されるかどうかを検討する際，事後的判断の行使が及ぼす影響の評価に判断が必要となる。

3．デフォルト確率（PD）の使用

⑴　全期間と12か月のデフォルト確率（PD）

　企業が信用リスクの著しい増大の有無を評価する際にデフォルト確率（PD）を用いることを選択した場合，一般的には，金融商品の残存期間にわたる全期間 PD を使用すべきである。しかし，12か月 PD が全期間 PD の合理的な近似値となる場合には，実務上の便法として，12か月 PD を使用できる（IFRS 第9号 B5.5.13項）。

　12か月 PD は，常に全期間 PD の合理的な近似値となるわけではなく，例えば，次の場合には全期間 PD の合理的な近似値とはならない可能性がある（IFRS 第9号 B5.5.14項）。

- ●最初の12か月間における返済額が少額である，期日一括返済型の貸付金
- ●信用リスクに関連する要因の変化が，12か月より先の期間に係る信用リスクにのみ影響を及ぼしている貸付金
- ●関連性のあるマクロ経済要因または他の信用リスクに関連する要因が変化しても，それが今後12か月における債務不履行発生リスクに適切に反映されない貸付金

　企業は，今後12か月にわたる債務不履行発生リスクの変動を使用する場合，それが全期間の債務不履行発生リスクの変動に合理的に近似していることを継続的に確認する必要がある。ただし，特定の金融商品やポートフォリオについて初めて確認する際に実施した完全な分析を行う必要はない。例えば，具体的な事実および状況によって異なるが，定量的な分析は必ずしも必要ではない。

　しかしながら，企業は，各報告日において，全期間の債務不履行発生リスクの評価が必要であることを示すような状況の変化が生じていないか確認する必要がある。ITG が，2015年9月の会議で提案した継続的な確認方法の1つの例は，次のとおりである。

- ①　全期間の債務不履行発生リスクの変動の合理的な近似値として，今後12か月にわたる債務不履行発生リスクの変動を使用することの適切性に影響を及ぼす主要な要因を識別する。

② 定性的なレビューの一環として，①で識別した要因を継続的にモニターする。

③ ①で識別した要因の変化によって，今後12か月にわたる債務不履行発生リスクの変動が，全期間の債務不履行発生リスクの変動の合理的な近似値とはならないことを示しているかどうかを検討する。

今後12か月にわたる債務不履行発生リスクの変動が全期間の債務不履行発生リスクの変動の合理的な近似値とはならないと判断した場合，企業は，信用リスクの著しい増大の有無を評価するため，全期間の債務不履行発生リスクの変動を捕捉するための適切なアプローチを決定する必要がある。

また，全期間の債務不履行発生リスクの変動の合理的な近似値として，今後12か月にわたる債務不履行発生リスクの変動を用いる場合に考慮すべき事項として，IFRS第7号が求める信用リスクの著しい増大の評価方法に関する開示が挙げられる（IFRS第7号第35G項）（第Ⅳ部第2章4.(1)⑦「インプット，仮定および見積技法」（195頁）を参照）。

Point Of View　信用リスクの著しい増大の評価における全期間 PD に対する期限前返済の影響

IFRS第9号は，減損の要求事項の対象となる金融資産に関して，企業が金融資産の当初認識以降に信用リスクが著しく増大したかどうかを評価することを求めている。信用リスクの著しい増大の有無を評価する際，多くの銀行は，金融資産の全期間 PD の変動に基づく定量的な指標を利用している。

IFRS第9号は，全期間 PD の変動を評価する際に，期限前返済についての予想の変化を織り込むべきかどうかに関する明確なガイダンスを提供していない。この点については，2つの見解がある。

1つの見解では，期限前返済に関する予想が変化した結果，金融資産の会計上の計上期間が当初の予想よりも長くなるまたは短くなる場合，必然的に全期間 PD も変動すると考える。その他の条件が同じである場合，金融資産の会計上の計上期間が長くなるほど，全期間 PD は高くなると想定しており，期限前返済についての予想の変化は全期間 PD の評価において考慮すべきであると考える。

　もう1つの見解では，債務者の本源的な信用力が低下していない場合（すなわち，債務者の債務返済能力が悪化していない場合）には，金融資産をステージ1からステージ2に移行させるのは適切ではないと考える。なぜなら，このような状況においては，債務者の債務不履行リスクは変動しておらず，当該金融資産の会計上の計上期間がより長くなると銀行が予想しただけであるとして，債務不履行リスクが変動していない場合には，期限前返済についての予想の変化を，全期間 PD の評価に織り込むべきではないと考えるためである。

　したがって，企業は，全期間 PD の評価に期限前返済についての予想の変化を織り込むかどうかを選択する必要がある。また，その選択による影響が重要である場合には，選択したアプローチを首尾一貫して適用する。

　なお，信用リスクの著しい増大の有無を評価する際にいずれのアプローチを選択したかにかかわらず，IFRS 第9号は，予想信用損失を測定する際に，金融資産の残存期間にわたる期限前返済の見積りの影響を織り込むことを求めている（IFRS 第9号 B5.5.28項）。

(2)　当初認識時と報告日時点のデフォルト確率（PD）

　信用リスクの著しい増大の有無を評価する際に，当初認識時のデフォルト確率（PD）と報告日時点のデフォルト確率（PD）を単純な絶対値で比較することは適切ではない。なぜなら，金融商品のデフォルト確率（PD）は，時の経過とともに低下するためである。したがって，企業は，デフォルト確率（PD）を比較する際，金融商品の当初認識時および報告日時点における相対的な満期までの期間を考慮する必要がある（IFRS 第9号 B5.5.11項）。

　これは，報告日時点の金融資産の残存期間（例えば，5年物の金融商品ですでに3年経過している場合には2年）に係るデフォルト確率（PD）を，当初認識時に予想した，当該金融資産の満期までの最後の2年（すなわち，4年目および5年目）のデフォルト確率（PD）と比較する必要があることを意味する。ただし，当該要求事項の適用は，実務上，困難である可能性がある。

(3)　規制上の目的と IFRS 第9号のデフォルト確率（PD）

　IFRS 第9号は，12か月 PD が全期間 PD の合理的な近似値となる場合に，

12か月PDを用いて信用リスクの変動を評価することを認めている。しかしながら，これは，規制上の目的で用いられる12か月PDを調整せずに使用できることを意味するものではない。

　例えば，規制上の目的で用いられる12か月の予想信用損失は，通常は，「スルー・ザ・サイクル」（TTC：Through The Cycle）のデフォルト確率（PD）（すなわち，景気循環に中立な経済環境下におけるデフォルト確率）に基づいており，健全性確保のための調整が含まれている可能性がある。

　他方，IFRS第9号で使用するデフォルト確率（PD）は，「ポイント・イン・タイム」（PiT：Point in Time）における確率（すなわち，現在の経済環境下におけるデフォルト確率）でなければならず，健全性確保のための調整による影響を除外する必要がある。ただし，規制上のデフォルト確率（PD）は，IFRS第9号で使用するデフォルト確率（PD）への調整が可能である場合には，有効な出発点となる可能性がある。

　IFRS第9号で使用するデフォルト確率（PD）の見積りは，企業が景気循環を経るにつれて変動するのに対し，多くの規制上のモデルで用いられるデフォルト確率（PD）は，景気循環全体を通じて計算されるため，**図表Ⅱ－1－3**のとおり経済環境の変化に対する感応度は低い。したがって，規制上のデフォルト確率（PD）は，デフォルト確率（PD）の長期的な趨勢を反映している。

　その結果，良好な信用環境下においては，IFRS第9号で使用するデフォルト確率（PD）（PiT）は規制上のデフォルト確率（PD）（TTC）よりも低くなり，金融危機時においては，反対の傾向となる。

（図表Ⅱ－1－3）規制上のTTC PDとIFRS第9号のPiT PDのイメージ

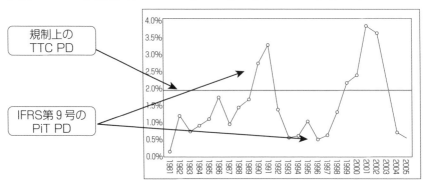

Point Of View　規制上のデフォルト確率（PD）の調整方法

　予想信用損失を計算する際，IFRS第9号の要求事項に準拠するために規制上のデフォルト確率（PD）を調整する必要があるため，所定の調整を行わずに規制上のデフォルト確率（PD）を使用することはできない。必要となる調整の例は次のとおりであるが，他の調整も行う必要がある可能性がある。

項目	説明
「スルー・ザ・サイクル（TTC）」から「ポイント・イン・タイム（PiT）」への変換	本章3.⑶「規制上の目的とIFRS第9号のデフォルト確率（PD）」（33頁）を参照。
「資本の健全性」基準から「最善の見積りによる引当」基準への変換	規制上のデフォルト確率（PD），デフォルト時損失率（LGD）およびデフォルト時のエクスポージャー（EAD）は，定義上，保守的に定められているため，高い水準の健全性を確保するための調整が含まれている可能性がある。 　IFRS第9号で使用されるデフォルト確率（PD）は，最善の見積りであることが求められており，規制上のデフォルト確率（PD）から健全性確保のための調整による重大な影響を取り除く必要がある。この調整は，各銀行の測定モデルおよびプロセスに依存するため，調整の程度は銀行間で異なる。 　調整の例としては，測定モデル上のインプットとなるデータが不足している場合における保守的な仮定に対する調整や，規制上のデフォルト時損失率（LGD）を算出する際に用いられる回収キャッシュ・フローを割り引くために使用される割引率に対する調整が含まれる。
セグメンテーション基準の検討	銀行は，規制上の固有のセグメンテーション基準が，IFRS第9号においても適切であるかどうかを検討する必要がある。
12か月PDから全期間PDへの変換	前述の調整は，すべて規制上の12か月PDに対して行われ，結果として，IFRS第9号に基づく12か月PDが算定される。その後，IFRS第9号に基づく12か月PDをIFRS第9号に基づく全期間PDに変換する必要がある。この変換方法は，資産クラスに応じて異なる。

	例えば，そのPDに明らかな経年変化の傾向がある資産クラス（住宅ローンなど）の場合は，当該傾向を分析し，全期間PDの算定に適用する必要がある。他方，そのような傾向がない資産クラスの場合は，（経年ごとに）フラットなPDの曲線になると仮定できる可能性があり，その場合，全期間PDの算定に係る調整を単純化できる。

4．信用リスクの著しい増大の有無を判定する際に考慮する情報

(1)　関連性がある情報

　信用リスクの変動の有無を評価する際，過大なコストや労力を掛けずに利用可能な合理的で裏付け可能な情報を考慮する必要がある（IFRS第9号B5.5.15項）。

　IFRS第9号は，信用リスクの変動の評価に関連性がある可能性のある情報について，網羅的ではないが，**図表Ⅱ－1－4**にある情報のリストを示している（IFRS第9号B5.5.17項）。

（図表Ⅱ－1－4）信用リスクの変動の評価に関連性がある可能性のある情報

No	項目	説明
1	当初認識以降の信用リスクの変動の結果としての内部価格指標の著しい変動	例えば，特定の金融商品，または契約条件および相手方が同一の類似の金融商品が報告日時点で新たに組成または発行されたとした場合に生じるであろう信用スプレッドなどがある。
2	既存の金融商品の率または条件のその他の変動のうち，当初認識以降の当該金融商品の信用リスクの変動により，当該金融商品が報告日時点で新たに組成または発行されたとした場合には著しく異なるであろう変動	例えば，特約条項の厳格化，担保または保証の増額などがある。

3	特定の金融商品または予想存続期間が同一である類似の金融商品に係る信用リスクについての外部市場指標の著しい変動	信用リスクについての市場指標の変動には，例えば，次の変動が挙げられる。 ●信用スプレッド ●債務者に係るクレジット・デフォルト・スワップの価格 ●金融資産の公正価値が償却原価を下回っている期間の長さおよびその程度 ●債務者に関する他の市場情報（債務者が発行した負債性金融商品および資本性金融商品の価格の変動など）
4	金融商品の外部信用格付けの実際の，または予想される著しい変化	－
5	債務者に対する内部信用格付けの実際の，もしくは予想される引下げ，または信用リスクの内部的な評価に使用している行動スコアリングの低下	内部信用格付けおよび内部的な行動スコアリングは，外部格付けと関連付けられているか，または債務不履行の状況調査（デフォルト・スタディ）による裏付けがある場合の方が信頼性が高い。
6	事業状況，財務状況もしくは経済状況の既存の，または予想される不利な変化のうち，債務者が債務を履行する能力の著しい変化を生じさせると予想される変化	例えば，金利の実際の上昇または予想される上昇，失業率の実際の上昇または予想される上昇などがある。
7	債務者の営業成績の実際の，または予想される著しい変化	例えば，収益もしくはマージンの実際の，または予想される減少，営業上のリスクの増大，運転資本の不足，資産の質の低下，貸借対照表レバレッジの増大，流動性，経営上の問題，事業の範囲または組織構成の変化（当該事業のセグメントの廃止など）のうち債務者が債務を履行する能力の著しい変化を生じさせる変化などがある。
8	同一の債務者の他の金融商品に係る信用リスクの著しい増大	－
9	債務者の規制環境，経済環境もしくは	例えば，技術の転換による債務者の

	技術環境の実際の，または予想される著しい不利な変化のうち，債務者が債務を履行する能力の著しい変化を生じさせる変化	販売製品に対する需要の減退などがある。
10	債務の裏付けとなっている担保の価値または第三者の保証もしくは信用補完の質の著しい変化のうち，債務者が予定された契約上の支払を行う経済的誘因を減少させるか，または他の面で債務不履行発生の確率に影響を与えると予想される変化	例えば，担保の価値が住宅価格の下落により低下した場合には，一部の法域における債務者は自らの住宅ローンを債務不履行とする誘因が高まる。
11	株主または個人の親が，資本または現金の注入によって債務不履行を防止する誘因および財務上の能力を有している場合における，当該株主または個人の親が提供している保証の質の著しい変化	－
12	親会社もしくは他の関係会社からの財政支援の削減などの著しい変化，または信用補完の質の実際の，もしくは予想される著しい変化のうち，債務者が予定された契約上の支払を行う経済的誘因を減少させると予想される変化	信用補完または支援には，供与者の財政状況の考慮や，例えば，証券化で発行された劣後持分が，当該証券の原資産となるローンについての予想信用損失を吸収できると見込まれるかどうかなどが含まれる。
13	融資書類の予想される変更	例えば，特約条項の放棄や修正につながる可能性のある予想される契約違反，利払いの中断，利率のステップアップ，追加的な担保もしくは保証の要求，または当該金融商品の契約上の枠組みなどがある。
14	債務者の予想される業績および行動の著しい変化	これには，債務者の支払状況の変化が含まれる。例えば，契約上の支払の遅延の予想される件数または程度の増大，あるいはクレジットカードの債務者のうち融資限度への接近もしくは超過が見込まれるか，または毎月最低額を支払うことが見込まれると予想される人数の著しい増大が挙げられる。

15	対象となる金融商品に関しての企業の信用管理のアプローチの変化	言い換えると，当該金融商品の信用リスクの変動について生じつつある兆候に基づいて，企業の信用リスク管理の実務が，より積極的になるか，または当該金融商品の管理に重点を置くようになると予想される変化である。例えば，当該金融商品がより綿密に監視もしくは管理されるか，または企業が債務者に具体的に介入するようになることが含まれる。
16	延滞情報	―

　企業は，担保価値の変動を信用リスクの変動の指標とみなすことができる場合でも，担保を考慮せずに，信用リスクの著しい増大の有無について評価する必要がある。しかし，予想信用損失を算定する際には，担保処分により回収が見込まれるキャッシュ・フローを考慮する（IFRS第9号B5.5.12項，B5.5.55項）。

(2)　信用リスクの行動指標の利用

　当初認識以降の信用リスクの著しい増大の有無を評価する際において，信用リスクの行動指標が用いられる場合がある。このような信用リスクの行動指標の例として，次の情報が挙げられる。
- 債務者が一定の期間において最低月次返済額のみを支払っている。
- 債務者が別の債権者からの貸付金の支払を行わなかった。
- 債務者が最低月次返済額の支払を一定回数行わなかった。

　しかしながら，企業は，信用リスクの行動指標のみを用いて，当初認識以降に信用リスクが著しく増大したかどうかを評価することはできない。なぜなら，これらの行動指標は，通常，過去の情報に基づいているが，IFRS第9号は，将来予測的な情報の使用を含めた総合的な分析を求めているためである。

　企業は，信用リスクが著しく増大したかどうかを評価する際，将来予測的な情報を含めたすべての合理的で裏付け可能な情報を考慮していることを確認する必要がある（IFRS第9号第5.5.4項）。

　行動指標を無視すべきではないが，信用リスクの著しい増大は延滞の発生に

先立って生じることが見込まれ，前述のような行動指標は，信用リスクの増大
の遅行指標であることが多いため，より将来予測的な他の情報と併せて考慮す
る必要がある。企業は，将来予測的な情報の入手方法や信用リスクの著しい増
大の有無を評価する際における将来予測的な情報の反映方法について検討する
必要がある。個別の金融商品のレベルで将来予測的な情報を入手できない場合，
集合的なベースでこうした検討が必要となる可能性がある。

　行動指標を用いる場合，企業は，次の項目について考慮する必要がある。

- ●債務不履行発生以前の信用リスクの増大に関する行動指標（例えば，特定
  の商品の利用率の上昇やキャッシングの増加など）の識別に焦点を当てる。
- ●債務不履行発生リスクに関連する指標のみを用いる。
- ●信用リスクの行動指標と当初認識以降の債務不履行発生リスクの変動との
  関係を立証する。
- ●行動指標は，短期的な債務不履行発生の予測に役立つが，長期的な債務不
  履行発生の予測に有用ではないことが多いため，長期的な債務不履行発生
  リスクの増大の識別には，他の情報が必要となる場合があることに留意す
  る。
- ●行動指標を用いることが評価対象の商品の種類に適しているかどうかを検
  討する。例えば，貸付金の支払期日が主に満期日または満期日近くである
  場合，支払の適時性を示す行動指標は適切ではない可能性がある。

⑶　考慮要因と留意事項

　購入または組成した信用減損金融資産の場合を除き，当初認識後に信用リス
クが著しく増大していないときには，金融商品をステージ１に分類し，12か月
の予想信用損失を認識する。当初認識後に信用リスクが著しく増大した場合，
金融商品をステージ２に分類し，全期間の予想信用損失を認識するが，これは，
12か月の予想信用損失より著しく大きくなる可能性があるため，何をもって信
用リスクが著しく増大したとみなすかは，損失評価引当金の認識に重大な影響
を及ぼす可能性がある。

　IFRS第９号は，信用リスクが著しく増大した状況を示す閾値を定義してい
ない。これは，明確な境界線がなく，高度な判断を要する分野である。企業は，

金融資産に固有の事実および状況，ならびに企業の信用リスク管理方法に基づいて，信用リスクの著しい増大を示す関連性のある要因を識別する必要がある。通常，この評価は，次の3つの指標から構成される（**ケーススタディⅡ－1－2**「ステージ2に分類された貸付金を取得した場合の取扱い」（22頁）を参照）。

- ●定量的指標
- ●定性的指標
- ●IFRS第9号第5.5.11項が定めるバックストップ指標としての30日延滞

何をもって信用リスクの著しい増大とするかを企業が判定する際に考慮すべき要因には，網羅的ではないが，**図表Ⅱ－1－5**に示される要因が含まれる。

（図表Ⅱ－1－5）信用リスクの著しい増大の有無を判定する際の考慮要因

項目	説明
12か月PDと全期間PD	デフォルト確率（PD）モデルを使用する場合，一般的には全期間PDを使用すべきである。 　実務上の便法として，12か月PDの変動が全期間PDの変動の合理的な近似値である場合には，12か月PDを使用できる。これには，金融商品の債務不履行発生パターンが特定の時点に集中しておらず，全期間における評価が必要であることを状況が示していない場合が該当する（IFRS第9号B5.5.13項）。
債務不履行発生リスクの変動の比較	IFRS第9号は，信用リスクの著しい増大の有無を評価する際，予想信用損失の変動ではなく，金融商品の予想存続期間にわたる債務不履行発生リスクの変動に基づいて行うことを求めている。 　デフォルト確率（PD）モデルを使用する場合，デフォルト時損失率（LGD）ではなく，PDを使用する。例えば，担保により完全に保全されている貸付金の場合，担保によりデフォルト時損失率（LGD）が小さい可能性があっても，信用リスクが著しく増大していると評価される可能性がある（IFRS第9号B5.5.12項を参照）。
相対評価アプローチ	IFRS第9号は，報告日における金融商品の予想存続期間にわたる債務不履行発生リスクと，当初認識時における債務不履行発生リスクを比較すること（すなわち，「相対評価アプローチ」）を求めている。 　これは相対的な評価であり，相対評価アプローチと同一の結果が得られる場合を除き，報告日におけるデフォルト確率（PD）

	と絶対的な「閾値」であるデフォルト確率（PD）を比較する絶対評価アプローチは適切ではない。
金融商品の残存期間	全期間PDの変動は，次の両者を比較して検討する。 ● 報告日時点における残存期間に係るPD ● 当初認識時に予想されていた報告日時点における残存期間に係るPD

　本章3.(2)「当初認識時と報告日時点のデフォルト確率（PD）」（33頁）で説明しているとおり，通常の場合のように，デフォルト確率（PD）が時の経過につれて低下することが見込まれる場合には信用リスクの著しい増大を識別できない可能性がある。このため，当初認識時の全期間PDと報告日時点における残存期間に係るPDを比較すべきではない。例えば，当初認識時の全期間PDが10％で，報告日時点における残存期間に係るPDも10％であったとしても，当初認識時に予想されていた報告日時点の全期間PDが10％未満である場合には，信用リスクが著しく増大している可能性がある（IFRS第9号B5.5.11項）。

　また，当初認識以降の信用リスクの著しい増大を判定する際の留意事項として，**図表Ⅱ－1－6**に示される項目が挙げられる。

（図表Ⅱ－1－6）信用リスクの著しい増大の有無を判定する際の留意事項

項目	説明
信用リスクの著しい増大に該当するかどうかは，当初認識時の債務不履行発生リスクの水準によって異なる	債務不履行発生リスクの増大が著しいと判断されるかどうかは，当初認識時のリスク水準によって異なる。すなわち，債務不履行発生リスクの変動が同じ絶対値であっても，当初認識時の債務不履行発生リスクが低い金融商品の方が，当初認識時の債務不履行発生リスクが高い金融商品に比べて，債務不履行発生リスクの変動はより著しい変動となる。 　例えば，格付けが高い貸付金または債券の当初認識時のPDが0.1％と評価され，その後にPDが0.2％に変動した場合，債務不履行発生リスクは100％の増加となる。対照的に，当初認識時のPDが1％であり，その後にPDが1.1％に増加した場合（絶対値としては同じ0.1％の増加）には，債務不履行発生リスクは10％の増加にとどまる。 　したがって，他の条件が同じであれば，著しいとみなされる

	絶対値での債務不履行発生リスクの変動幅は，低い格付けの金融商品よりも高い格付けの金融商品の方が小さくなる（IFRS第9号B5.5.9項）。
ステージ2は，債務不履行の「控え室」ではない	ステージ2に分類された金融商品のすべてが，将来，債務不履行になるわけではない。すなわち，残存期間にわたってステージ2に継続して分類される金融商品もあれば，ステージ1に再分類される金融商品もある。 　ステージ2に分類された金融商品については，信用リスクの著しい増大が発生している状態であるかどうかを継続してモニターする必要があり，もはや信用リスクの著しい増大はないという証拠がある場合には，当該金融商品をステージ1に再分類する必要がある。
合理的な閾値	信用リスクが著しく増大したとみなされる閾値を決定する際には，判断が必要となる。予想信用損失の認識が遅くなり過ぎるリスクと，パラメータの閾値の幅を狭くし過ぎることのバランスを図る必要がある。 　例えば，パラメータの閾値の幅を狭くし過ぎた場合，対象の金融商品が，信用リスクの著しい変動が発生していないにもかかわらず，頻繁にステージ間を移動する結果となる。
定性的指標	定量的評価において考慮されていない場合，定性的要因を別個に考慮する必要がある。すなわち，IFRS第9号B5.5.17項に記載されている要因をそれぞれ検討し，そのうち具体的な事実および状況に関連している要因を評価に含める必要がある。 　また，複数の定性的要因が関連する場合，それぞれの要因をウェイト付けし，それらの影響を合算して考慮する必要がある（IFRS第9号B5.5.18項）。
バックストップ指標	IFRS第9号には，延滞日数が30日を超える場合は，信用リスクが著しく増大しているという反証可能な推定が定められている。信用リスクが当初認識以降に増大していないという合理的で裏付け可能な情報が存在する場合にのみ，この推定を反証できる（IFRS第9号5.5.11項，B5.5.19項）。

　IFRS第7号は，信用リスクが著しく増大したと判定する方法を開示することを企業に求めている（第Ⅳ部第2章4.(1)①「信用リスクの著しい増大の有無の判定方法」（193頁）を参照）。信用リスクが著しく増大したかどうかを判定する際に企業が考慮する要因および当該判定において使用する閾値が重要な見積りに該当する場合には，IAS第1号「財務諸表の表示」が定める開示を行

う必要がある（第Ⅳ部第2章5.「その他の開示─見積りの不確実性の主要な発生要因および予想信用損失を算定する際の判断」（206頁）を参照）。

Point Of View　信用リスクの著しい増大を評価する際の外部格付けの使用

　信用リスクの著しい増大の有無を評価する際，評価対象の金融商品に関連した，将来予測的な情報を含む，過大なコストや労力を掛けずに利用可能な合理的で裏付け可能な情報を考慮するという IFRS 第9号の目的を満たす必要がある。こうした情報には，発行体および金融商品に対する外部格付けが含まれる。

　金融商品の外部格付けは，当該金融商品の債務不履行発生リスクのみを反映している場合があり，その場合には，信用リスクが著しく増大したかどうかを判定する際，調整を行わずに当該外部格付けをそのまま用いることができる可能性がある。

　ただし，外部格付けに影響を与えるすべての要因，すなわち，金融商品と発行体の格付けの両方を考慮する必要がある。なぜなら，例えば，金融商品に保証が付されており，保証者の格付けが当該金融商品の格付けに反映されている場合のように，信用リスクの著しい増大の判定に関連しない情報が含まれている場合があるためである。

　すなわち，保証および他の信用補完から見込まれるキャッシュ・フローは，信用リスクの著しい増大の有無の評価に含めるべきではないため，金融商品の外部格付けが保証から見込まれるキャッシュ・フロー（例えば，保証者の信用格付け）を考慮している場合には，当該格付けを調整する必要がある。また，そのような調整が実務上困難な場合には，信用リスクの著しい増大の有無の評価において，当該格付けへのウェイト付けを減らすまたは考慮しない可能性がある。

　外部格付けに反映されていない他の関連する情報についても，信用リスクの著しい増大の有無の評価に織り込むべきかどうかの検討が必要な場合がある。例えば，主として遅行指標を反映している格付けは，より将来予測的な定性的情報により補完する必要がある場合がある。また，発行体の格付けは，対象とする金融商品固有の情報によって補完する必要がある場合がある。

ケーススタディⅡ－1－3 ▶ 担保付貸付金に対する信用リスクの著しい増大の評価

前提

　A社は，不動産を所有しており，その購入資金をB銀行から期間5年の分割返済条件の借入金で調達した。当初認識時の12か月PDは0.5％である。B銀行は，当該貸付金を評価した結果，12か月の予想信用損失の変動が全期間の予想信用損失の変動の合理的な近似値であると判断した。また，当該貸付金は，当該不動産に対する第1順位の担保により保全されている。

　当初認識後，景気後退によりA社の業績が悪化し，また，予想される規制の強化により，今後，A社の業績がさらに不利な影響を受けるおそれが生じている。これらの不利な影響は，重大で継続的な影響となる可能性がある。これらの最近の事象および予想される不利な経済状況の結果，A社のフリー・キャッシュ・フローは，予定している借入金の返済に支障が出るまで減少すると見込まれた。

　B銀行は，A社のキャッシュ・フローがこれ以上悪化すると，契約上の支払ができなくなり延滞が発生する可能性があると予想している。これらの事実の結果として，PDが0.5％から15.5％に上昇した。なお，A社に対する貸付金は，報告日時点において信用リスクが低いとは判断されていない。

　B銀行がA社に対する貸付金の信用リスクが当初認識以降著しく増大したかどうかを評価する際，B銀行が保有する担保の価値を考慮すべきか。

ポイント

　A社に対する貸付金は，報告日時点において信用リスクが低いとは判断されないため，保有している担保の価値に関係なく，当初認識以降に信用リスクの著しい増大の有無を検討する。

考え方

　B銀行は，A社のキャッシュ・フローが少しでも悪化するとA社が借入金を弁済できなくなる可能性があることから，信用リスク（すなわち，債務不履行発生リスク）が当初認識以降に著しく増大していると判断し，A社に対する貸付金について全期間の予想信用損失を認識する。ただし，当該予想信用損失を測定する際は，当該担保から見込まれる回収額を反映させるため，結果として算出される予想信用損失の金額は僅少となる可能性がある。

　本ケーススタディでは，信用リスクの著しい増大があったかどうかを判定するために，デフォルト確率（PD）とその他の情報（マクロ経済情報および債務者固有の情報など）の両方を考慮する一方で，当該貸付金が担保で保全されているという事実は考慮していない。仮にデフォルト時損失率（LGD）の情報のみに基づ

き評価した場合には，当該資産の信用リスクが著しく増大していたことを識別できない。

Short Break　担保により全額が保全されている貸付金は，信用減損金融資産の要件を満たすか

　減損事象（例えば，90日超延滞）が発生しているがその全額が担保で保全されている貸付金は，信用減損金融資産の要件（第Ⅰ部第2章「IFRS第9号における金融資産の分類および測定」（3頁）を参照）を満たしステージ3に分類すべきかが論点となる。

　この点，IFRS第9号は，企業が債務不履行発生リスクの変動を予想信用損失の他の発生要因（担保など）と区別することを明確化しているため，企業は，信用リスクの著しい増大が生じたかどうかを評価する際に担保の価値を考慮してはならない。

　したがって，減損の客観的な証拠を有する貸付金は信用減損しているとみなして，ステージ3に分類する必要がある。ただし，予想信用損失を測定する際には担保を考慮する（IFRS第9号B5.5.55項）。

ケーススタディⅡ-1-4 ▶ 債務者の信用リスクの悪化により金利が自動的に改定される貸付金に対する減損モデルの適用

前　提

　シンジケート・ローンなど，法人向け貸付金の中には，契約金利に関するラチェット条項が含まれているケースがある。ラチェット条項によると，債務者の信用リスクの悪化に連動する予め定められた1つまたは複数の事象（例えば，債務者の負債比率の上昇，債務者の税引前利益の減少など）が発生した場合に，契約金利が予め定められた金利の規準に従って改定される。こうした条項は，債務者の信用リスクが変動した場合に，すべてのシンジケートの当事者と貸付契約の再交渉を行う必要性を回避するために設けられている。

　このようなラチェット条項付貸付金について，IFRS第9号の減損モデルをどのように適用するか。

ポイント

　ラチェット条項付貸付金について，契約金利の改定と信用リスクの著しい増大の有無との関係を検討する。

┃ 考え方

　IFRS第9号には，ラチェット条項付貸付金に係る信用リスクの著しい増大の有無の判定に関する具体的なガイダンスはない。したがって，他の貸付金と同様に，ラチェット条項付貸付金に関しても信用リスクの著しい増大に関するIFRS第9号の要求事項を適用する必要がある。

　当初認識以降に信用リスクが著しく増大した場合には，貸付金の契約金利が改定されるかどうかにかかわらず，当該貸付金をステージ2に分類し，全期間の予想信用損失を認識する必要がある。契約金利の改定自体は，ラチェット条項付貸付金がステージ1からステージ2に移行することを妨げない。しかしながら，例えば，支払額の増加によって債務不履行確率が上昇する場合には，金利改定の影響について，債務不履行発生リスクを判定する際に考慮し，当初認識以降の信用リスクの著しい増大の有無の評価に含める必要がある。

　また，企業は，一定範囲の生じ得る結果を評価し，予想信用損失を測定する必要がある。例えば，支払額の増加によって期限前償還の可能性が高くなる場合には，予想信用損失の測定において，ラチェット条項付貸付金の金利改定による影響を考慮する必要がある。

5．30日延滞の反証可能な推定

　信用リスクの著しい増大の有無を評価するためには，将来予測的な情報と過去の情報の両方を用いる。一般的に，全期間の予想信用損失は，金融商品の延滞が発生する前に認識されると予想される。通常，金融商品が延滞となるか，または債務者固有の他の遅行要因（例えば，条件変更またはリストラクチャリング）が観察される前に，信用リスクは増大している。延滞情報よりも将来予測的な情報であって，過大なコストや労力を掛けずに利用可能な合理的で裏付け可能な情報を，信用リスクの変動を評価するために用いる必要がある（IFRS第9号B5.5.2項）。

　企業は，信用リスクが当初認識以降に著しく増大したかどうかを判定する際，延滞情報のみには依拠できず，合理的に入手可能な将来予測的な情報も考慮する必要があり，これには，ポートフォリオ・レベルでの情報が含まれる。ただし，将来予測的な情報が利用可能ではない場合には，企業は，当初認識以降に

信用リスクの著しい増大があったかどうかを判定するために延滞情報を用いることはできるが，この場合，ポートフォリオ・レベルでの情報も考慮する必要がある。

　延滞日数が30日を超える場合には，信用リスクが当初認識以降に著しく増大しているという反証可能な推定がある（IFRS 第 9 号第5.5.11項）。

　ただし，信用リスクが著しく増大していないという合理的で裏付け可能な証拠がある場合（例えば，債務者の財政上の困難に起因しない事務的な延滞の場合）には，この推定を反証できる。また，別の例として，過去の証拠に基づき，債務不履行発生リスクの著しい増大について，30日を超える延滞が発生している金融資産との間には相関がないが，60日を超える延滞が発生している金融資産との間には相関があることが立証されている場合が挙げられる（IFRS 第 9 号 B5.5.20項）。なお，延滞日数が30日を超える前に，信用リスクの著しい増大があった場合には，この反証可能な推定は適用されない。

　一般に，信用リスクの著しい増大は，金融資産が信用減損となるかまたは債務不履行の状態となる前に，時の経過とともに徐々に生じる。このため，金融資産が信用減損となるかまたは債務不履行の状態であるとみなされる前に全期間の予想信用損失を認識する必要がある（IFRS 第 9 号 B5.5.7項）。

　利用可能な定性的情報および非統計的な定量的情報により，金融商品が全期間の予想信用損失に等しい金額で損失評価引当金を認識する要件を満たしていると判断するために十分な場合がある。その場合，金融商品の信用リスクが著しく増大したかどうかを判定する際，統計モデルまたは信用格付けプロセスからの情報を必ずしも利用する必要はない。

　他方，統計モデルまたは信用格付けプロセスからの情報を企業が考慮する必要がある場合もあれば，両方の種類の情報，すなわち，内部格付けプロセスを通じては捕捉されない定性的要因と報告日現在の信用リスク特性を考慮する必要がある場合もある（IFRS 第 9 号 B5.5.18項）。

Point Of View　**信用リスクの著しい増大の有無の判定における定性的評価と定量的評価**

　信用リスクの著しい増大の有無を評価する際，どの程度定量的評価のみまたは定性的評価のみに基づいて実施できるかという論点がある。

　信用リスクの著しい増大の有無を評価する際には，将来予測的な情報も含めて，過大なコストや労力を掛けずに利用可能な合理的で裏付け可能なすべての関連性のある情報を織り込む必要がある。これらの情報には，次の情報が含まれる。

- 定性的情報
- 非統計的な定量的情報
- 統計モデルまたは信用格付けプロセスからの情報

　企業は，これらの情報すべてを考慮すべきであるが，個々のケースに応じて，他の種類の情報に比べて特定の種類の情報をより重視する場合がある。

　銀行の場合，統計モデルまたは信用格付けプロセスからの情報を有していることが見込まれるため，統計モデルまたは信用格付けプロセスは，信用リスクの著しい増大の有無を評価するための重要な要素と位置付けられる。

　しかしながら，銀行の与信担当者による定性的な判断が織り込まれていたとしても，通常，統計モデルまたは信用格付けプロセスからの情報のみを検討することは適切でない。なぜなら，一般的に，信用格付けモデルでは捕捉できない合理的で裏付け可能な関連性のある情報が存在するためである。例えば，ある国で差し迫っている独立に関する住民投票の結果および影響など，一部の不確実な将来予測的な事象は，その性質上，モデルなどに織り込むことができないため，定性的情報および非統計的な定量的情報に基づいて検討する必要がある可能性がある。

　他方，グループ会社間の貸付金の場合や信用リスク管理が高度化されていない金融機関以外の企業の場合など，その他の状況においては，過大なコストや労力を掛けずに統計モデルや内部信用格付けプロセスを利用できない可能性がある。このような場合，複雑な統計モデル化を行う必要はないが，信用リスクの著しい増大の有無を評価する際に他の関連する情報を用いる必要があり，これには，より単純なモデル化が含まれる。

　場合によっては，定性的情報および非統計的な定量的情報だけで，個々

の金融商品に対する信用リスクの著しい増大の有無を評価するために十分な可能性がある（IFRS第9号B5.5.18項）。その場合，これらの情報が，必ずしも統計モデルまたは信用格付けプロセスを経た情報である必要はない。これには，評価対象となる特定の貸付金または貸付金ポートフォリオに関連する事象が，特定の時点において非常に重要または明らかであるため，その他の要因にかかわらず，信用リスクの著しい増大があったと評価される場合が該当する可能性がある。その一例が，将来の借換えに関して不確実性が存在していた状況下で保有されていたギリシャのソブリン債である。

　さらに，いったんバックストップ指標である30日超延滞の推定規定の対象となり，その推定を反証できない場合，信用リスクの著しい増大があったと結論付けるために定量的な分析を追加して実施する必要はない。

6．信用リスクの増大の有無の判定を実施するレベル

　個々の金融商品に係る信用リスクの著しい増大は，その延滞が発生する前に識別できない場合がある。例えば，個人向けローンについて，債務者が契約条件に違反するまでは，定期的に入手しモニタリングしている信用リスクの情報をほとんど，またはまったく有していない場合が該当する。

　そのような場合には，個々の金融商品レベルでの信用情報のみに基づく損失評価引当金は，当初認識以降の信用リスクの変動状況を忠実に表現していないと考えられるため，企業は，ポートフォリオ・レベルでの情報に注目する必要がある。ポートフォリオ・レベルで利用可能な情報が，ポートフォリオに含まれる金融商品の信用リスクが著しく増大したことを示している場合，企業は，これらの情報を考慮せずに，個々の金融資産のレベルでの評価結果のみに基づいて全期間の予想信用損失を算出しないことは認められない（IFRS第9号B5.5.3項）。

　また，企業は，適時に信用リスクの著しい増大の有無を評価し損失評価引当金を認識するための分析を容易にするために，金融商品を共通の信用リスク特性に基づいてグルーピングできる。ただし，リスク特性が異なる金融商品をグ

ルーピングして，信用リスクの著しい増大の発生を示す情報を不明瞭にしては
ならない。共通のリスク特性の例には次の項目が含まれるが，これらに限らな
い（IFRS 第9号 B5.5.5項）。

- 金融商品の種類
- 信用格付け
- 担保の種類
- 当初認識日
- 満期までの残存期間
- 業種
- 債務者の所在地
- 債務不履行発生確率に影響を及ぼす場合には，金融資産との比較での担保
  価値（例えば，一部の法域におけるノンリコース・ローンまたは LTV 比
  率（Loan-to-Value Ratio：貸付金担保比率））

IFRS 第9号は，ポートフォリオの分析方法に関するいくつかの例を示して
いる。例えば，個々のエクスポージャーを債務者固有の共通の特性（例えば，
所在地または郵便番号，組成時における資金余力，または行動スコアリングな
ど）に基づいて，サブポートフォリオにグルーピングできること（「ボトム
アップ」アプローチ）を明らかにしている。

　また，企業は，一般的な情報を用いて信用リスクの著しい増大が発生してい
るポートフォリオの比例的部分を推定し，これに基づいて予想信用損失を算出
すること（「トップダウン」アプローチ）も採用できる（IFRS 第9号 B5.5.6項）。

　なお，「ボトムアップ」アプローチを用いる場合には，企業は，信用リスク
の著しい増大の有無を評価するために，ポートフォリオ・レベルでの将来予測
的な情報を用いた「トップダウン」アプローチも検討する必要がある（IFRS
第9号 B5.5.16項）。

Short Break　　保証付きの負債性金融商品の信用リスクの著しい増大
　　　　　　　　の評価

　ITG のメンバーは，2015年4月の会議において，金融保証の保有者は，保証付
きの負債性金融商品に係る信用リスクの著しい増大の有無を評価する際，金融保

証により回収できるキャッシュ・フローを考慮すべきかどうかについて議論した。

　ITG のメンバーは，IFRS 第9号が信用リスクの著しい増大の有無の評価において担保を考慮しないことを明確にしている点について，おおむね同意し，担保の実行によりキャッシュ不足額を減少することができても，金融商品に係る債務不履行発生リスクを減少させることにはならないとしている IFRS 第9号の設例を改めて強調した。

　特に債務不履行が発生した状況において，担保が主要な支払財源として使用される可能性が高い場合，保証者から回収できるキャッシュ・フローの存在が信用リスクの著しい増大の有無を評価する際にも影響するという主張が試みられる可能性がある。しかしながら，信用リスクの著しい増大の有無を評価する際，そうしたキャッシュ・フローの回収能力を考慮すべきではないと述べている IFRS 第9号の要求事項に反するため，そのような主張は一般的には認められない。

ケーススタディⅡ－1－5 ▶「トップダウン」アプローチと「ボトムアップ」アプローチの比較

前 提

　A 銀行は，担保付住宅ローンを3つの異なる地域で提供している。A 銀行は，信用スコアに基づく審査要件を設けており，信用スコアが一定の受入レベルを上回るローンについては，債務者が契約上の弁済義務を果たすことが見込まれるものとして承認される。A 銀行は，新規の住宅ローンを組成する際，当該信用スコアを用いて当初認識時における債務不履行発生リスクを判断する。

　信用リスクの著しい増大の有無を評価する際，A 銀行はどのような方法を用いることができるか。

ポイント

　信用リスクの著しい増大の有無の評価にあたって，「ボトムアップ」アプローチと「トップダウン」アプローチのいずれを用いるか検討する。

考え方

　当初認識以降の信用リスクの著しい増大の有無を個別に評価する際に延滞情報のみを考慮する場合，企業は，より将来予測的な情報を用いてポートフォリオ・レベルの信用リスクの変動状況を評価する必要がある。当該評価を実施するために，各ポートフォリオについて利用可能な情報に基づいて，「ボトムアップ」アプローチと「トップダウン」アプローチの両方を用いる場合があり，IFRS 第9号は，いずれのアプローチも認めている。

　また，特定のポートフォリオの一部に限定して信用リスクが著しく増大したと識別した場合，当該部分のリスク特性が異なるものとなった可能性があるため，企業は，当該ポートフォリオを細分化する必要がある。

⑴　個別評価（地域1）

　地域1では，A銀行は，自動化した行動スコアリングのプロセスを用いて，毎月，個々の住宅ローンを評価している。当該スコアリングモデルは，現在および過去の延滞状況，負債総額，LTV比率，A銀行との他の金融商品の取引状況，貸付金額，貸付実行後の経過期間などの情報を基礎としている。

　A銀行は，直近の売却価額を使用し不動産価格の見積りを自動的に更新するシステムにより，LTV比率を定期的に更新している。これまでの情報によれば，住宅用不動産価格と住宅ローンの債務不履行発生確率との間には高い相関があるため，当該相関関係を行動スコアの決定要素の1つとして考慮している。

　A銀行は，行動スコアが悪化した場合には，延滞が発生する前に，個々の債務者について当初認識以降の信用リスクの著しい増大を識別できる。A銀行は，信用リスクが著しく増大した場合には，全期間の予想信用損失に等しい金額の損失評価引当金を認識し，そうでない場合は，引き続き12か月の予想信用損失に等しい金額の損失評価引当金を認識する。

　また，A銀行は，例えば，予想される不動産価格の下落を反映するように行動スコアを更新できない場合には，過大なコストまたは労力を掛けずに利用可能な合理的で裏付け可能な情報を用いて，当初認識以降に信用リスクの著しい増大があった貸付金を決定するためのポートフォリオ評価を行い，それらの貸付金について全期間の予想信用損失を認識する。

⑵　ポートフォリオ評価（地域2および地域3）

　地域2および地域3では，A銀行は，自動化されたスコアリング評価を実施しておらず，信用リスク管理目的上，延滞状況に基づき債務不履行発生リスクを評価している。A銀行は，延滞日数が30日を超えるすべての貸付金について，全期間の予想信用損失に等しい金額の損失評価引当金を認識する。

　A銀行は，延滞情報を唯一の債務者固有の情報として用いる一方，過大なコストまたは労力を掛けずに利用可能な他の合理的で裏付け可能な将来予測的な情報も追加的に考慮することにより，延滞日数が30日以内である貸付金についても全期間の予想信用損失を認識すべきかどうかを評価する。これは，信用リスクが著しく増大したすべての金融資産について全期間の予想信用損失を認識するという，IFRS第9号の目的を達成するために必要であるためである（IFRS第9号第5.5.4

項）。

① 地域2

　地域2は，石炭および関連製品の輸出に大きく依存している鉱山地域を含んでいる。A銀行は，石炭の輸出が大幅に減少していることを認識しており，いくつかの炭鉱の閉鎖を予想している。今後，失業率の上昇が予想されるため，当該地域の炭鉱が主要な雇用先である債務者に対する住宅ローンについては，報告日時点で延滞が発生していない場合でも，債務不履行発生リスクが著しく増大していると判断している。

　A銀行は，住宅ローン・ポートフォリオを，債務者を雇用する産業別に分類したうえで，炭鉱が主要な雇用先である債務者を識別し，当該債務者に対する住宅ローン・ポートフォリオについて，全期間の予想信用損失に等しい金額の損失評価引当金を認識する（「ボトムアップ」アプローチ）。

　一方，地域2における他のすべての住宅ローンについては，引き続き12か月の予想信用損失に等しい金額の損失評価引当金を認識する。なお，炭鉱が主要な雇用先である債務者に対して新規に実行される住宅ローンは，当初認識以降に信用リスクが著しく増大していないため，12か月の予想信用損失に等しい金額の評価損失引当金を認識する。

② 地域3

　地域3では，A銀行は，住宅ローンの予想存続期間において予想される金利の上昇の結果として，住宅ローンの債務不履行発生リスクの増大を見込んでいる。なぜなら，これまでの過去の情報によれば，地域3では，金利の上昇が住宅ローン（特に，変動金利の住宅ローン）の将来の債務不履行に係る先行指標であったためである。

　A銀行は，地域3における変動金利の住宅ローン・ポートフォリオの信用リスク特性は同質的であるため，地域2とは異なり，信用リスクが著しく増大していると予想される債務者を示す共通のリスク特性に基づいて，特定のサブポートフォリオを識別することはできないと判断している。

　しかし，地域3における住宅ローンの同質的な特性の結果として，A銀行は，全体的なポートフォリオのうち，当初認識以降に信用リスクが著しく増大している部分を評価できると判断している（「トップダウン」アプローチ）。過去の情報に基づいて，A銀行は，金利が2％上昇すると，変動金利の住宅ローン・ポートフォリオの20％において信用リスクの著しい増大が生じると見積ったため，予想される金利の上昇の結果，地域3における住宅ローンの20％についての信用リスクが当初認識以降に著しく増大していると判断した。

　　その結果，A銀行は，変動金利の住宅ローン・ポートフォリオの20％について全期間の予想信用損失に等しい金額の損失評価引当金を認識し，当該ポートフォリオの残りの部分について，12か月の予想信用損失に等しい金額の損失評価引当金を認識する。

ケーススタディⅡ－1－6 ▶ 信用リスクの著しい増大が生じている貸付金を特定できない場合のステージ判定

前提

　A銀行は1,000件の個人向け貸付を行っており，予想信用損失の目的上，ステージ1にこれまで分類していたが，新型コロナウイルス感染症（COVID-19）による影響を踏まえ，国内の経済状況に関する政府の情報などの合理的で裏付け可能な情報に基づき，報告日時点で当該貸付金ポートフォリオの20％について信用リスクの著しい増大が生じていると見積った。

　しかしながら，個別の貸付金および共通の信用リスク特性を有する貸付金グループについて分析した結果，報告日時点で信用リスクが著しく増大しているのは1,000件の貸付金のうち12％のみであると識別したため，1,000件の貸付金のうち12％をステージ2に，残りの88％をステージ1に分類する方針である。

　このようなアプローチはIFRS第9号に準拠しているか。

ポイント

　信用リスクの著しい増大が生じている貸付金を特定できない場合，信用リスクが著しく増大しているとみなされる貸付金の一部分について全期間の予想信用損失を認識することを検討する。

考え方

　IFRS第9号は，当初認識以降に信用リスクが著しく増大しているすべての金融商品に全期間の予想信用損失を認識することを求めている（IFRS第9号第5.5.4項）。また，個別に，または共通のリスク特性に基づくグルーピングによるかのいずれかによって，信用リスクの著しい増大が生じている金融資産を特定できない場合には，信用リスクが著しく増大しているとみなされる金融資産の一部分について全期間の予想信用損失を認識することを求めている（IFRS第9号 B5.5.6項）。

　A銀行が個別に，または共通のリスク特性に基づくグルーピングによるかのいずれかによって，信用リスクが著しく増大している貸付金（貸付金ポートフォリオの20％）のうち，残りの8％を特定できない場合には，信用リスクが著しく増

大しているとみなされる貸付金の一部分について全期間の予想信用損失を認識する必要がある。すなわち，貸付金ポートフォリオの 8 ％相当分を加え，貸付金ポートフォリオの20％をステージ 2 に分類する。

　IFRS 第 9 号は，信用リスクが著しく増大しているとみなされる金融商品の一部分の特定方法に関するガイダンスを提供していないため，企業は，特定の事実および状況に応じて適切な基礎を決定するために判断を用いなければならない。これが重要な見積りである場合は，IAS 第 1 号に従い，企業が採用した信用リスクが著しく増大しているとみなされる金融商品の一部分の特定方法を開示しなければならない（IAS 第 1 号第125項）。

第 2 章

信用リスクが低い金融商品に対する実務上の便法

　企業は，ある金融商品の信用リスクが報告日現在で低い場合には，一般的なアプローチに対する例外的な実務上の便法として，12か月の予想信用損失を用いて減損を測定できる。この場合，企業は，信用リスクの著しい増大の有無を評価する必要はない。この実務上の便法の適用は任意であり，企業は，これらの金融商品に一般的なアプローチを適用することもできる（IFRS 第 9 号第5.5.10項）。

　信用リスクが低い金融商品に対する実務上の便法を適用するためには，対象とする金融商品が次の要件を満たす必要がある（IFRS 第 9 号 B5.5.22項）。

- 債務不履行発生リスクが低い。
- 短期的に，債務者は，近い将来に債務を履行するための強い能力を有している。
- 長期的に，経済状況および事業状況の不利な変化により，債務者の債務履行能力が低下する可能性があるが，必ずしも低下するとは限らないことが見込まれる。

　金融商品の信用リスクは，担保を考慮せずに評価する必要があり，保全されている担保によって信用リスクが緩和されていることを理由として信用リスクが低いとはみなされない。また，単に債務不履行発生リスクが企業が保有する他の金融商品よりも低いか，または企業が事業活動を行っている法域における信用リスクとの比較において低いという理由だけでは，当該金融商品の信用リスクが低いとはみなされない（IFRS 第 9 号 B5.5.22項）。

　金融商品に外部格付けが付されていることは必要ではない。企業は，「投資適格」の国際的な格付けの定義と整合的な，企業内部の信用格付けを使用する

ことができる（IFRS 第 9 号 B5.5.23項）。

　信用リスクが低い金融商品に関する実務上の便法は，全期間の予想信用損失を直ちに認識する契機となる明確な境界線を意味するものではない。

　信用リスクが低い状態ではなくなった場合，企業は，全期間の予想信用損失を認識すべきかどうかを判断するために，当該金融商品の信用リスクの著しい増大の有無を評価する必要がある。これは，金融商品の信用リスクが増大して，もはや信用リスクが低い状態ではないと判断したとしても，その金融商品が自動的にステージ 2 に分類されるわけではないことを意味する。企業は，当該金融商品の全期間の予想信用損失を算定する前に，信用リスクの著しい増大の有無を評価する必要がある（IFRS 第 9 号 B5.5.24項）。

第 **3** 章

予想信用損失の認識および測定

　本章では，減損モデル（一般的なアプローチ）における予想信用損失の認識および測定に関して，次の項目について説明する。

- 予想信用損失の認識（後述の 1. を参照）
- 予想信用損失の測定（後述の 2. を参照）
- 貨幣の時間価値の考慮（後述の 3. を参照）
- 予想信用損失を見積る期間（後述の 4. を参照）
- 予想信用損失を測定する際に考慮する情報（後述の 5. を参照）
- 担保と信用補完（後述の 6. を参照）
- 条件変更（後述の 7. を参照）
- 直接償却（後述の 8. を参照）

1.　予想信用損失の認識

　IFRS 第 9 号は，信用リスクが著しく増大していないと判断する場合，損失評価引当金を12か月の予想信用損失に等しい金額で測定することを求めている（IFRS 第 9 号第5.5.5項）。

　「12か月の予想信用損失」は，全期間の予想信用損失の一部である。これは，ある金融商品について報告日後12か月以内に生じ得る債務不履行事象から生じる信用損失の加重平均を表す（IFRS 第 9 号 B5.5.43項，付録 A）。

　また，ある金融商品に係る信用リスクが当初認識以降に著しく増大している場合には，損失評価引当金を全期間の予想信用損失に等しい金額で測定することを求めている（IFRS 第 9 号第5.5.3項）。

　なお，IFRS第9号は，報告日において，信用リスクが減少したため，金融商品がもはやステージ2に該当しないと判断する場合には，損失評価引当金を報告日現在の12か月の予想信用損失に等しい金額で測定することを求めている（IFRS第9号第5.5.7項）。

　報告日現在の損失評価引当金をIFRS第9号に従って認識が要求される金額に修正するために必要となる予想信用損失または戻入れの金額は，減損損失または減損利得として，純損益に認識する（IFRS第9号第5.5.8項）。

Point Of View　企業結合において取得した負債性金融商品の減損

　企業が事業を取得し，IFRS第3号を適用している場合を想定する。取得した事業は多くの貸付金を有しており，取得企業はこれらの貸付金を償却原価で測定する予定である。IFRS第3号が貸付金を取得日の公正価値で測定することを要求しているため，企業はIFRS第9号に基づき，取得日にこの貸付金に係る損失評価引当金を別個に認識する必要があるかどうかが論点となる。

　ここで，IFRS第9号C7項は，IFRS第3号B41項を修正し，「企業結合の場合，取得企業は，取得日公正価値で測定されている企業結合で取得した資産に対して，取得日時点で個別の評価性引当金を認識してはならない。将来キャッシュ・フローの不確実性の影響は，公正価値の測定値に含まれているためである」と定めている。

　これは，IFRS第9号に基づく損失評価引当金をのれんの測定に影響させないことを意味しており，次のIFRS第9号およびIFRS第3号における一般原則に対する例外的な取扱いは示されていない。

- のれんは，移転された対価が識別可能な資産および負債の公正価値を超過する額として取得日に測定される。
- 企業結合において，貸付金は，IFRS第9号に基づく引当金を認識する前に公正価値で当初認識され，償却原価の区分に分類される。
- 取得企業は，IFRS第9号に従い，企業結合後の各報告日において，取得日以降に信用リスクの著しい増大の有無を判定し，損失評価引当金を12か月または全期間の予想信用損失に等しい金額で測定する。

　この結果，企業は，IFRS第9号に従って，取得した資産に係る予想信用損失を会計処理するために，取得後の報告日において損失評価引当金を

認識する。

２．予想信用損失の測定

(1)　金融商品の種類ごとの予想信用損失の測定

「予想信用損失」は，確率加重した信用損失の見積りである。「信用損失」とは，契約に従って企業に支払われるべきすべての契約上のキャッシュ・フローと，企業が受け取ると見込んでいるすべてのキャッシュ・フローとの差額であるキャッシュ不足額を，当初の実効金利で割り引いたものである。また，予想信用損失は，支払金額および時期を考慮するため，企業の予想では全額が支払われるが契約上の支払期限より遅くなる場合であっても，信用損失は発生する（IFRS 第9号 B5.5.28項，付録 A）。

①　金融資産

予想信用損失は，金融商品の残存期間にわたる，**図表Ⅱ－3－1**に示される差額の確率加重した見積りである（IFRS 第9号 B5.5.29項）。

（図表Ⅱ－3－1）金融資産の予想信用損失

契約上のキャッシュ・フローの現在価値		企業が受け取ると見込んでいるキャッシュ・フローの現在価値

> *Point Of View*　**債務不履行となった貸付金に対する予想信用損失の測定における，売却による期待キャッシュ・フロー**
>
> IFRS 第9号は，信用損失について，契約に従って企業に支払われるべきすべての契約上のキャッシュ・フローと，企業が受け取ると見込んでいるすべてのキャッシュ・フローとの差額を，当初の実効金利で割り引いたものと定義している。特定の状況において，企業は，キャッシュ・フロー

　の回収を最大化するために，債務不履行となった貸付金を第三者に売却する場合がある。この売却によって回収が見込まれるキャッシュ・フローは，予想信用損失の測定に含めるかどうかが論点となる場合がある。

　この点，考えられるシナリオに基づいて，予想信用損失の測定に含まれるキャッシュ・フローの範囲を検討する必要がある。債務不履行が生じた後に貸付金を売却することを見込んでいる場合には，企業は，売却によって回収が見込まれるキャッシュ・フローを予想信用損失の測定に含める必要がある。

　債務不履行となった貸付金に関して企業が受け取ると見込んでいるキャッシュ・フローは，例えば，次のような複数の異なるシナリオに基づく可能性がある。

- ●何の行動も行わない。
- ●回収を最大化するために貸付金の条件変更を行う。
- ●貸付金を売却する。
- ●貸付金の担保権を実行して回収する。

　したがって，予想信用損失を測定する際，貸付金の売却は，債務不履行となり信用損失が発生する可能性の検討に関連するシナリオとなる場合がある。次の場合には，債務不履行となった貸付金の売却から予想されるキャッシュ・フローを，予想信用損失の測定に含める必要がある。

- ●貸付金の売却は，債務不履行となるシナリオにおいて，企業が追求すると見込まれる回収方法の１つである。
- ●企業は，当該回収方法により貸付金を実現することについて，法的にも実務上も妨げられていない。
- ●企業は，企業自身の予想および仮定の基礎となる合理的で裏付け可能な情報を有している。

　債務不履行となるシナリオにおいて，貸付金の売却を回収方法の１つとして用いるという予想を裏付けるために，企業は，過去の慣行および将来の予測の両方を考慮する必要がある。将来の予測は過去の慣行と異なる可能性がある。予想信用損失の測定に含まれる回収額を決定する際には，貸付金の売却価格に関連する市場の情報を考慮し，売却コストを控除する必要がある。

　上記の状況において，売却による回収額を予想信用損失の測定に含めることは，すべてのステージ（ステージ１，２および３）の金融商品に関して適切である。これは，IFRS第９号が，すべてのステージにある金融商

品について予想信用損失を測定する際に，たとえ信用損失が発生する可能性が非常に低い場合であっても，信用損失が発生する可能性と信用損失が発生しない可能性を反映することを求めているためである（IFRS第9号第5.5.18項）。

　しかしながら，信用損失が発生しない可能性を考慮する場合には，可能性のある将来の売却収入を予想キャッシュ・フローに含めてはならない。例えば，特定の貸付金ポートフォリオの債務不履行確率が10％であると企業が結論付ける場合，この債務不履行となるシナリオの結果を考慮する場合にのみ，売却収入見込額を考慮する。債務不履行となるシナリオにおいて，企業が債務不履行となった貸付金をすべて売却して貸付金の契約上のキャッシュ・フローのうち30％を当該売却収入によって回収すると見込んでいるが，企業が貸付金を売却せず保有し続けることによって25％の回収が見込まれる場合には，債務不履行となるシナリオにおける債務不履行時損失率は75％ではなく70％となる。

Point Of View　ディスカウントまたはプレミアムで取得した債券または貸付金の予想信用損失の測定

　企業は，流通市場において，債券をディスカウントまたはプレミアムで取得する場合がある。また，ポートフォリオの取得または企業結合の一環として，貸付金をディスカウントまたはプレミアムで取得する場合もある。金融資産の予想信用損失の測定において，このようなディスカウントまたはプレミアムを含めるべきかどうかが論点となる場合がある。

　この点，金融資産の取得にあたって生じるディスカウントまたはプレミアムの金額は，当該金融資産の予想信用損失の測定に含める必要がある。

　IFRS第9号は，予想信用損失について，信用損失をそれぞれの債務不履行発生リスクでウェイト付けした加重平均と定義し，信用損失について，次の両者の差額を当初の実効金利で割り引いたものと定義している（IFRS第9号付録A）。

- 契約に従って企業に支払われるべきすべての契約上のキャッシュ・フロー
- 企業が受け取ると見込んでいるすべてのキャッシュ・フロー

　上記の「契約に従って企業に支払われるべきすべての契約上のキャッシュ・フロー」を当初の実効金利で割り引いた金額は，ディスカウントま

たはプレミアムの未償却額を含む総額での帳簿価額（第Ⅰ部第2章2.(1)
「償却原価の定義」（4頁）を参照）を表している。したがって，予想信用
損失は，総額での帳簿価額と，債務不履行が発生した場合には（プレミア
ムまたはディスカウントを含まない）割引後の期待キャッシュ・フローと
の差額に基づいて算定される。

　例えば，企業が，満期10年で額面金額100百万円の債券を20百万円のプ
レミアム付きの120百万円で取得したと仮定する。当該プレミアムは，当
該債券の金利が取得日における市場金利を上回っていることを反映してい
る。総額での帳簿価額120百万円は，当該金融商品の存続期間にわたって，
満期日の元本100百万円まで償却される。しかし，当該債券が債務不履行
となった場合，債券保有者は，元本である100百万円と未払利息に対して
のみ請求権を有する。債券保有者は債務不履行時点におけるプレミアムの
未償却額に対する請求権を有していないため，債務不履行の場合には，債
券保有者は，プレミアムの未償却額が表す残存期間の超過金利を受け取る
ことができない。

　したがって，予想信用損失には，債務不履行事象が発生した場合のプレ
ミアムの未償却額に係る損失を含める必要がある。企業が，デフォルト確
率（PD），デフォルト時損失率（LGD），デフォルト時エクスポージャー
（EAD）を使用するモデルを用いて予想信用損失を測定する場合で，EAD
およびLGDが元本である100百万円に基づくときには，追加的な調整を行
い，債務不履行時にプレミアムの未償却全額が失われることを反映する必
要がある。

Point Of View　予想信用損失の測定における企業が負担する債権の回収
　　　　　　　　　コストの取扱い

　企業は，債務不履行時における金融資産の回収に関連するコストの発生
を見込む場合がある。このようなコストは，企業内部のコストまたは企業
外部のコストのいずれの場合もあり，固定費または変動費のいずれの場合
もある。これらのコストの純損益計算書における表示科目（例えば，減損
損失，その他の営業費用など）は，多くの銀行にとって主要な業績評価指
標（KPI：Key Performance Indicator）の1つであるコスト比率に影響を
及ぼす。

　IFRS第9号は，担保付資産の予想信用損失の測定に関して，次のガイ

ダンスを示している（IFRS 第 9 号 B5.5.55項）。

　「担保付の金融商品について予想されるキャッシュ不足の見積りは，抵当権実行の可能性が高いかどうかを問わず，抵当権実行により見込まれるキャッシュ・フローの金額および時期（当該担保の取得および売却のためのコストを控除）を反映する。」

　これらを踏まえ，担保の取得コストや売却コスト以外の債務不履行時に企業が負担する金融資産の回収コストは，金融資産の予想信用損失の測定に含めることができるかが論点となる場合がある。

　ITG は，債務不履行時に貸付金の売却から見込まれるキャッシュ・フローを予想信用損失の測定に含めるべきかについて議論した際に，関連する論点についても議論している。その議論の一部として，ITG は，売却収入見込額は売却コストを控除した金額とすべきであると指摘した。この指摘と整合するように，債務不履行時のキャッシュ・フローの回収に直接起因する追加的なコストは，予想信用損失の見積りに織り込むことが適切である。これは，企業内部のコストと企業外部のコストの両方に適用される。例えば，債務不履行となる金融資産の回収額に基づいて，企業外部の債権回収業者に支払う手数料は，予想信用損失の測定に含まれる。

　一方，金融資産の回収コストが固定額であり，キャッシュ・フローの回収に直接起因する追加的なコストではなく，実質的に売却コストでもない場合には，当該コストを予想信用損失の見積りに織り込み，減損損失として表示することは適切でない。むしろ，そのようなコストは，その他の営業費用などの適切な表示科目に計上すべきである。例えば，回収額に応じて変動しない企業内部の債権回収部門の固定費は，予想信用損失の測定には含めない。

　この取扱いは，IFRS 第 9 号の適用において用いられるデータに固有のコスト，例えば，規制上のデフォルト時損失率（LGD）に含まれるコストとは異なる場合がある。その影響に重要性がある場合には，適切な調整が必要となる。

ケーススタディⅡ−3−1 ▶ 予想信用損失の計算におけるマイナス金利

前　提

　A 銀行は，B 社に対して現在の市場条件に基づきマイナス金利での貸付を実行している。満期日に支払期日が到来するマイナス金利の最後の支払は，元本の返

済と純額決済される。いずれかの当事者が債務不履行となる場合には，A 銀行の未払利息は，B 社の元本の返済と相殺される。

　この場合，マイナス金利のキャッシュ・フローおよびマイナスの実効金利は，予想信用損失の計算に含まれるか。

ポイント

　マイナス金利のキャッシュ・フローおよびマイナスの実効金利が信用損失の定義に含まれるか検討する。

考え方

　IFRS 第 9 号は，信用損失について，契約に従って企業に支払われるべきすべての契約上のキャッシュ・フローと，企業が受け取ると見込んでいるすべてのキャッシュ・フローとの差額（すなわち，すべてのキャッシュ・フロー不足）を，当初の実効金利で割り引いたものと定義している（IFRS 第 9 号付録 A）。これには，マイナス金利のキャッシュ・フローおよびマイナスの実効金利が含まれる。

　本ケーススタディでは，B 社が債務不履行となる場合，A 銀行の未払利息は B 社が支払うべき元本の金額と相殺される。これにより契約上の支払金額は減少し，結果として IFRS 第 9 号に定義されるキャッシュ不足額および信用損失は減少する。キャッシュ不足額を算定する際にマイナス金利のキャッシュ・フローを考慮するため，当該キャッシュ・フローの割引にマイナスの実効金利を用いることは整合的である。

　したがって，貸付金の金利がマイナスであり，利息の金額が債務不履行時に純額決済される場合，予想信用損失の計算は次のとおり行う。

● キャッシュ不足額を算定する際，マイナス金利のキャッシュ・フローを含める。
● 当初のマイナスの実効金利を用いて割り引く。

ケーススタディⅡ－3－2 ▶ ロールオーバーの可能性のある貸付金の予想信用損失の測定

前 提

　A 銀行は，当初の貸付期間が30日間の短期貸付を実行している。契約上，債務者が貸付期日の延長を求めた場合には，A 銀行が追加で30日間，貸付期間を延長する選択権を有することが定められている。A 銀行は，貸付期日の延長を認める義務は負っておらず，30日後に貸付金を終了させる実質的な契約上の権利を有している。

　なお，A銀行は，債務不履行を90日延滞の発生と定義している。

1．予想信用損失の測定期間
　A銀行は，どの期間に対する予想信用損失を測定すべきか。

ポイント

　信用リスクに晒される最長の契約期間を検討する。

考え方

　IFRS第9号は，予想信用損失を測定する際に考慮すべき最長の期間は，企業が信用リスクに晒される最長の契約期間（延長オプションを含む）であり，たとえそれより長い期間が事業慣行と整合する場合でも，その長い期間ではないと定めている（IFRS第9号第5.5.19項）。
　A銀行は，30日後に貸付金を終了させる実質的な契約上の権利を有するため，予想信用損失を測定する最長の契約期間は30日となる。当該貸付金はリボルビング信用枠ではないため，より長い期間を考慮することは適切ではない。

2．債務不履行の定義との関係
　A銀行は，債務不履行を90日延滞の発生と定義しており，当該貸付金の予想信用損失測定の目的における貸付期間は30日である。この場合，30日の貸付期間においては，債務不履行発生リスクがないことを意味するか。

ポイント

　予想信用損失を測定する際には，信用損失が発生する可能性および信用損失が発生しない可能性を検討する。

考え方

　予想信用損失を測定する際に，企業は，信用損失が発生する可能性が非常に低い場合であっても，信用損失が発生する可能性および信用損失が発生しない可能性を反映する必要がある。
　A銀行は，90日延滞がIFRS第9号における債務不履行の定義として適切かどうかを評価する必要がある。定性的要因と将来予測的な情報の両方を含む，過大なコストや労力を掛けずに利用可能なすべての合理的で裏付け可能な情報を考慮する必要がある。
　A銀行は，最長の契約期間の末日（すなわち，30日後）に債務者が債務不履行になる可能性，および銀行が貸付金を終了させる可能性について検討する必要がある。90日延滞は，あくまでも，より将来予測的で定性的な規準で補足され，契

約上の支払日における債務不履行を確認する規準であるため，30日の貸付期間の貸付金に債務不履行発生リスクがないことを意味するわけではない。

3．予想信用損失の測定方法

A銀行は，予想信用損失をどのように測定すべきか。

ポイント

貸付期間の延長の可能性を予想信用損失の測定に織り込むか検討する。

考え方

IFRS第9号は，信用損失について，契約上のキャッシュ・フローと企業が受け取ると見込んでいるキャッシュ・フローとの差額の現在価値であると定めている（IFRS第9号B5.5.29項）。

予想信用損失測定の目的上，30日の貸付期間の延長の可能性について考慮せず，貸付金の存続期間である30日を用いる必要がある。最長の契約期間である30日より後（すなわち，裁量による貸付金の延長期間中）の債務不履行から生じる予想信用損失は，予想信用損失の測定に含めない。したがって，契約上のキャッシュ・フローは，30日後に契約上の支払期日が到来する金額となる。

予想キャッシュ・フローは，貸付金がロールオーバーまたは延長されなかった場合に企業が受け取ると見込んでいるキャッシュ・フローである。これには，30日後に支払期日が到来する金額について，契約上の支払期日後に受け取ると見込んでいるキャッシュ・フローも含まれる。実務上，企業の回収方針の一環として貸付期間の延長を認めている場合，これらのキャッシュ・フロー（すなわち，貸付期間を延長しない場合の予想キャッシュ・フロー）は，貸付期間の延長を見込んだキャッシュ・フローと類似する可能性がある。

なお，損失評価引当金の変動は，その他の包括利益を通じて公正価値で測定する金融資産に係る損失評価引当金の変動を含め，純損益に認識する。ただし，その他の包括利益を通じて公正価値で測定する金融資産に係る損失評価引当金は，財政状態計算書における当該金融資産の帳簿価額を減額するのではなく，その他の包括利益に認識する（IFRS第9号第5.5.2項，第5.5.8項）。

ケーススタディⅡ－３－３ ▶ その他の包括利益を通じて公正価値で測定する金融資産に係る予想信用損失の測定

<u>前　提</u>

　A社は，公正価値が1,000百万円の負債性金融商品（債券）を20X0年12月15日に購入し，当該債券を，その他の包括利益を通じて公正価値で測定する。当該債券は，10年の契約期間にわたり金利が５％であり，実効金利は５％である。また，A社は，当初認識時に，当該債券が購入または組成した信用減損金融資産ではないと判断している。

　20X0年12月31日（報告日）に，当該債券の公正価値が，市場金利の変動の結果として950百万円に下落した。A社は，当初認識以降に信用リスクの著しい増大はなかったと判断し，予想信用損失を12か月の予想信用損失に等しい金額（30百万円）で測定すると判断した。

　20X1年１月１日に，A社は，当該債券を，同日現在の公正価値である950百万円で売却した。

　この場合，20X0年12月31日（報告日）および20X1年１月１日（売却日）の会計処理はどのようになるか。

<u>ポイント</u>

　その他の包括利益を通じて公正価値で測定する金融資産（負債性金融商品）の場合，公正価値の変動のうち，どの部分についてその他の包括利益を通じて認識するかを検討する。

<u>考え方</u>

　20X0年12月31日（報告日）における会計処理は次のとおりである。なお，単純化のため，受取利息および税効果についての仕訳は示していない。

（単位：百万円）

| （借）減損損失（純損益） | 30 | （貸）その他の包括利益を通じて公正価値で測定する金融資産 | 50 |
| その他の包括利益 | 20 | | |

　報告日現在のその他の包括利益における損失累計額は20百万円となる。当該金額は，公正価値変動の合計額50百万円（＝1,000百万円－950百万円）を，12か月の予想信用損失を表す減損累計額の変動（30百万円）と相殺した金額で構成される。

　20X1年1月1日（売却日）の会計処理は次のとおりである。

（単位：百万円）

| （借）現金 | 950 | （貸）その他の包括利益を通じて公正価値で測定する金融資産 | 950 |
| 　　売却損（純損益） | 20 | 　　その他の包括利益 | 20 |

　その他の包括利益を通じて公正価値で測定する金融資産について認識の中止を行い，その他の包括利益に累積された金額を純損益に振り替える。

② 　ローン・コミットメントの未使用枠

　予想信用損失は，金融商品の残存期間にわたる，図表Ⅱ－3－2に示される差額の確率加重した見積りである（IFRS第9号B5.5.30項）。

（図表Ⅱ－3－2）ローン・コミットメントの予想信用損失

保有者が引き出した場合の契約上のキャッシュ・フローの現在価値		引き出された場合に企業が受け取ると見込んでいるキャッシュ・フローの現在価値

　ローン・コミットメントに係る予想信用損失の見積りは，ローン・コミットメントの実行についての予想と整合的である必要がある。12か月の予想信用損失を見積る場合には，ローン・コミットメントのうち12か月以内に実行されると見込まれる部分，全期間の予想信用損失を見積る場合には，ローン・コミットメントのうちローン・コミットメントの予想存続期間にわたって実行されると見込まれる部分を考慮する（IFRS第9号B5.5.31項）。

③ 　金融保証契約

　金融保証契約については，企業は，債務者の債務不履行の場合にのみ，保証している金融商品の条件に従って支払を行うことを要求される。したがって，キャッシュ不足額は，発生した信用損失について金融保証契約の保有者に弁済するための支払見込額から，保有者，債務者または他の者から企業が受け取る

と見込んでいる金額を控除した金額である。資産が完全に保証されている場合には，金融保証契約についてのキャッシュ不足額の見積りは，当該保証の対象となる資産についてのキャッシュ不足額の見積りと整合的となる（IFRS 第9号 B5.5.32項）。

Short Break　発行した金融保証契約に関する予想信用損失の測定

　ITG は，2015年4月の会議において，発行した金融保証契約に係る予想信用損失を測定する際，金融保証契約の保有者から受け取る将来の受取保証料を考慮すべきかどうかについて議論した。

　ITG のメンバーは，保証の対象となっている資産に係るキャッシュ不足額の測定の際に，保有者からの将来の保証料の受取りを考慮すべきではないことについておおむね同意した。これは，保証に基づくキャッシュ・フローは，保証付き金融資産の債務不履行発生リスクに左右されるのに対し，保証料の受取りは，保有者自身の債務不履行発生リスクに左右されるためである。この議論に基づき，ITG のメンバーは，保有者からの将来の受取保証料に係る予想信用損失は別個に検討すべきであるという見解を支持した。

④　信用減損金融資産

　報告日現在で信用減損しているが，購入または組成した信用減損金融資産（第Ⅲ部第1章「購入または組成した信用減損金融資産」（158頁）を参照）ではない金融資産の場合，予想信用損失は，当該金融資産の総額での帳簿価額と，見積将来キャッシュ・フローを当該金融資産の当初の実効金利で割り引いた現在価値との差額である。調整があれば，減損利得または減損損失として純損益に認識される（IFRS 第9号 B5.5.33項）。

⑤　リース債権

　リース債権に係る予想信用損失の算定に使用するキャッシュ・フローおよび割引率は，IFRS 第16号「リース」に従ったリース債権の測定に用いられたキャッシュ・フローおよび割引率と整合的である必要がある（IFRS 第9号 B5.5.46項）。

⑵　景気後退期における予想信用損失の見積りに対する変更

　景気後退期では債務者の行動が変化する可能性があり，その結果，企業は，償却原価で測定する貸付金の将来キャッシュ・フローの見積りを修正する場合がある。このような変化は，例えば，債務者による期限前返済オプションまたは延長オプションの行使に関する予想の変化によって生じる可能性がある。事実および状況ならびに採用した予想信用損失の算定手法に応じて，予想信用損失の見積りに係るすべての要素に対する見直しが必要になる可能性がある。

　次の例はすべてを網羅するものではないが，デフォルト確率（PD），デフォルト時損失率（LGD），デフォルト時エクスポージャー（EAD），および予想信用損失を割り引くために用いる実効金利に対する見直しの例である。

①　期限前返済率がデフォルト確率（PD）に与える影響

　企業が期限前返済に関する予想をデフォルト確率（PD）に織り込む方針を採用している場合，過去のデフォルトデータに固有の期限前返済率は，将来の債務者の行動を表していない可能性がある。したがって，期限前返済に関する過去の予想が今後どのように変化し，デフォルト確率（PD）の見積りにどのような影響を及ぼすかを評価する際に判断が必要となる。

②　回収戦略がデフォルト時損失率（LGD）に与える影響

　景気後退シナリオにおいて，特に貸付金の売却市場が変化している場合や企業が異なる回収方針の採用を考えている場合には，過去の実務は目的適合性が低い可能性がある。これらが変化している，または変化すると見込まれる場合，例えば，デフォルト時損失率（LGD）における将来キャッシュ・フローの見積りの見直しが必要となる可能性がある。

③　期限前返済オプションが予想残存期間に与える影響

　景気後退期において変化した債務者の行動は，期限前返済オプションを行使する可能性および行使時期の変化を生じさせる可能性がある。そのような変更は，予想信用損失を測定する期間を決定する際に考慮する必要がある。

④　予想信用損失を測定する際に用いる割引率に対する影響

　景気後退期においては，実効金利の計算上，債務者のセグメント区分を見直す必要がある可能性がある。さらに，市場状況の変化を踏まえると，過去の債務者の特性が新規の債務者には当てはまらない可能性がある。

　予想信用損失を見積る際に一部の項目について見直しを行った場合，予想キャッシュ・フローに及ぼす影響は，償却原価測定の一部としても考慮する必要がある。さらに，見積技法または重大な仮定に対して見直しが行われる場合，IFRS 第 7 号第35G 項(c)に基づく開示が必要となる（第Ⅳ部第 2 章 4 .(1)⑦「インプット，仮定および見積技法」(195頁）を参照）。これが，重大な会計上の判断または重要な会計上の見積りを生じさせる場合，IAS 第 1 号第122項および第125項に基づく開示が必要となる（第Ⅳ部第 2 章 5 .「その他の開示—見積りの不確実性の主要な発生要因および予想信用損失を算定する際の判断」(206頁）を参照）。

3 ．貨幣の時間価値の考慮

　予想信用損失を算定する際，12か月の予想信用損失または全期間の予想信用損失にかかわらず，貨幣の時間価値を考慮する必要がある。企業は，予想信用損失を算定するために，受け取ると見込んでいるキャッシュ・フローを，当初認識時に算定した実効金利またはその近似値で割り引く。金融商品が変動金利である場合には，予想信用損失は，現在の実効金利を用いて割り引く必要がある（IFRS 第 9 号 B5.5.44項）。

　ローン・コミットメントに係る予想信用損失は，当該ローン・コミットメントから生じる金融資産を認識する際に適用される実効金利またはその近似値を用いて割り引く必要がある。ローン・コミットメントの実行後に認識される金融資産は，新しい金融商品ではなく，当該コミットメントの継続として扱われる（IFRS 第 9 号 B5.5.47項）。

　金融保証契約または実効金利が算定できないローン・コミットメントに係る予想信用損失は，貨幣の時間価値および当該キャッシュ・フローに固有のリスクについての現在の市場の評価を反映する割引率を適用して割り引く必要があ

る。この場合，リスクは，キャッシュ・フローの調整ではなく割引率の調整を通じて考慮される（IFRS 第 9 号 B5.5.48項）。

Point Of View 　営業債権の実効金利

　IFRS 第15号「顧客との契約から生じる収益」は，契約が重大な金融要素を含んでいる場合には，貨幣の時間価値の影響を会計処理することを求めている（IFRS 第15号第60項）。なお，IFRS 第15号は，関連する詳細なガイダンスを提供しており（IFRS 第15号第61項，第62項），さらに，契約開始時において，企業が約束した財またはサービスを顧客に移転する時点と顧客が当該財またはサービスに対して支払を行う時点との間が 1 年以内と見込んでいる場合には，約束した対価の金額を重大な金融要素の影響について調整する必要はないという実務上の便法がある（IFRS 第15号第63項）。

　財またはサービスの顧客への移転から 1 年以内に営業債権が決済されると見込まれるときの実務上の便法を適用する場合を含め，重大な金融要素を含んでいない営業債権は，IFRS 第15号の要求事項に基づいて，当初測定される（IFRS 第 9 号第5.1.3項）。

　これは，重大な金融要素を含まない営業債権に係る予想信用損失を割り引く際の実効金利がゼロであることを意味するため，予想信用損失を測定する際，見込まれるキャッシュ不足額に対して割引率ゼロが適用される。金利が高い国であっても，企業が IFRS 第15号に従って実務上の便法を適用する場合，支払遅延が生じたときでも，その予想信用損失は増加しない。

　重大な金融要素があるかどうかを決定する際には，IFRS 第15号第60項から第63項に従う必要がある。IFRS 第15号は，顧客との契約に重大な金融要素を有さない要因について次のとおり説明している（IFRS 第15号第62項）。

① 　顧客が財またはサービスに対して前払いしており，当該財またはサービスの移転の時期が顧客の裁量で決定される。

② 　顧客が約束した対価のうち相当な金額に変動性があり，当該対価の金額または時期が，顧客または企業の支配が実質的に及ばない将来の事象の発生または不発生に基づいて変動する。

③ 　約束した対価と財またはサービスの現金販売価格との差額が，顧客または企業のいずれかに対する資金提供以外の理由で生じており，そ

の差額が相違の理由に見合っている。

　また，前述した IFRS 第15号第63項が定める実務上の便法では，契約に基づく支払期日ではなく，顧客が支払うと企業が見込んでいる時点について言及している。例えば，契約上の支払期日が財またはサービスの引渡しの60日後であるが，ある地域の顧客は通常18か月後に支払う場合，実務上の便法を適用できないと考えられる。また，一部の営業債権は1年以内に支払われるが，その他の営業債権は1年以内に支払われない可能性がある場合には，営業債権を異なるグループに区分する必要がある可能性がある。

　IFRS 第15号第62項に含まれる要因を考慮することは必要であるが，IFRS 第15号第63項が定める実務上の便法は，容認規定であり要求事項ではない。そのため，企業は，この実務上の便法を適用せずに，重大な金融要素を個別に会計処理することを選択できる。その場合，重大な金融要素を収益の減額として取り扱い，予想信用損失の測定において，実効金利はゼロにはならない。

Point Of View　クレジットカードやその他の類似商品に対する予想信用損失の測定における割引率

　クレジットカードやその他の類似商品の契約上の金利に重要性があり，使用する割引率が予想信用損失の測定に重要な影響を及ぼす場合がある。そのため，クレジットカードやその他の類似商品に関する予想信用損失を測定する際，どのような割引率を使用するかについて論点となる場合がある。

　IFRS 第9号は，信用損失について，購入または組成した信用減損金融資産を除き，当初の実効金利で割り引くと定めている。

　実務上，クレジットカードやその他の類似商品の当初の実効金利の算定は，複雑であり判断を要する場合がある。これは，同一のクレジットカードの顧客に対する契約上の金利が，期間ごとに著しく異なるためである。例えば，契約条件により，顧客がカードの使用額を特定の期間内（例えば，1か月後）に支払う場合には，当該顧客に付される利息はゼロであるが，顧客がカードの使用額を特定の期間内に支払わない場合には，当該顧客（「リボルビング利用者」と呼ばれる場合がある）に高い金利（例えば，15％）が付されると規定されていることがある。

　こうした場合において，当初の実効金利を算定する企業のアプローチが IFRS 第9号において適切であるかどうかを判断するにあたっては，次のような考慮すべき関連性のある要因が挙げられる。

項目	内容
使用する金利の内部的な整合性	IFRS 第9号は，予想信用損失の算定にあたって，関連するキャッシュ・フローを当初の実効金利を用いて割り引くと定めている。 　したがって，予想信用損失の測定に用いる割引率には，金利収益の測定，条件変更による利得または損失の測定，および当初の実効金利の使用が要求されるその他の計算と同一の実効金利を適用する必要がある。
セグメント分け	ITGが2015年12月の会議において，リボルビング信用枠に係る予想信用損失を測定する期間の決定に関して議論したように，予想信用損失を算定する際に，ポートフォリオを共通の特性に基づいて適切にセグメント分けまたはグルーピングする必要がある。ポートフォリオのセグメント分けによって，偏りのない方法で予想信用損失が測定され，類似する特性を有していない異なる信用枠を混在させていないことを確かめる必要がある。適切なセグメント分けは重要であり，予想信用損失の算定に関する他の側面と同様に，実効金利にも適用される。 　したがって，企業は，過大なコストまたは労力を掛けずに利用可能な合理的で裏付け可能な情報に基づいて，通常の顧客とリボルビング利用者との区別を含む，細分化およびセグメント区分について適用する水準が適切であるかどうか評価する必要がある。
セグメント区分のモニタリング	個々の顧客の信用枠は，金利ゼロの顧客から金利15%のリボルビング利用者に対するものまで異なる，または信用枠の残存期間にわたって異なる場合がある。このようなクレジットカードを変動金利の金融商品とみなす場合には，セグメント区分について継続的に検討する必要があり，報告期間ごとに変更が必要となる場合がある。
ステージ2に移行した場合の取扱い	報告日において，信用枠の信用リスクが著しく増大し，ステージ2に該当した場合，顧客が将来における債務残高を支払うことができなくなるという評価に基づいて，予想信用損失を測定する必要性が生じる可能性がある。そうした場合には，債務不履行時に未回収の債権残高が存在し，信用損失が発生する。その時点では，顧客には金利15%が付されるはずであり，ステージ2の信用枠に対する実効金利をゼロとすることは適切ではない。

4．予想信用損失を見積る期間

(1)　測定期間

　予想信用損失を測定する最長の期間は，企業が信用リスクに晒される最長の契約期間である。ローン・コミットメントおよび金融保証契約の場合，当該期間は企業が信用を供与する現在の契約上の義務を有している最長の契約期間である（IFRS 第9号 B5.5.38項）。

　金融商品の中には，クレジットカードや当座貸越を含むリボルビング信用枠など，貸付金とコミットメント未使用枠の両方を含んでいる金融商品がある。これらの金融商品は，企業が貸付金の返済を要求しコミットメント未使用枠を解約できる契約上の能力を有している場合でも，信用損失に対する企業のエクスポージャーは必ずしも契約上の期間に限定されないときがある。

　これらの金融商品は，金融商品の性質，管理方法，および信用リスクの著しい増大に関する利用可能な情報の範囲に起因して，次の3つの一般的な特性を有している（IFRS 第9号 B5.5.39項）。

- ●当該金融商品には固定された期間の定めがないか，または返済の仕組みがなく，通常，短い契約上の解約期間（例えば，1日）が定められている。
- ●個々の信用枠のレベルで信用リスクが増大したことに企業が気付いた時に限り，契約を解約する可能性があるが，当該金融商品に対する通常の日常的な管理において，契約は解約されていない。
- ●当該金融商品が集合的なベースで管理されている。

　このような金融商品については，予想信用損失を見積る期間を決定する際に，次の要因を考慮する必要がある（IFRS 第9号 B5.5.40項）。

- ●類似した金融商品についての企業が信用リスクに晒された期間
- ●類似した金融商品についての信用リスクが著しく増大してから債務不履行が発生するまでの期間の長さ
- ●当該金融商品に係る信用リスクが増大した場合に，引出可能限度額の引下げまたは撤回など，企業が実行する信用リスク管理行動の内容

　企業は，ローン・コミットメントに係る予想信用損失の算定期間を見積る際

に，引出可能限度額の引下げや撤回など，信用リスクが増大した場合に実行する信用リスク管理行動の内容を考慮する必要があり，企業が信用リスクに晒される期間にわたる予想信用損失を測定する必要がある。企業が信用リスクに晒されている期間においては，企業は信用リスク管理行動によって予想信用損失を軽減できない。

Point Of View　予想信用損失を測定する際に考慮すべき最長の期間

　自動延長条項が含まれる金融商品については，予想信用損失の測定期間をどのように検討すべきかが論点となる場合がある。

　例えば，A銀行が変動金利の住宅ローン・ポートフォリオを集合的に管理している場合を想定する。この場合，当該住宅ローンの契約上の貸付期間は6か月であるが，債務者または銀行が住宅ローン契約を終了しない限り，さらに貸付期間が6か月延長される自動延長条項が含まれている。ただし，A銀行は，いつでも契約延長を拒否できる。

　実際には，債務者は借換えのメリットがないため，通常，住宅ローン契約を終了させず，場合によっては30年後まで貸付期間を延長する可能性がある。A銀行は，ローン実行後は定期的な審査を行わず，特定の債務者の信用状況に関する不利な情報を入手した場合に限り，その住宅ローンを解約することが考えられる。

　ITGは，2015年4月の会議において，本論点について議論し，6か月の貸付期間終了時において住宅ローンを解約する実質的な権利を銀行が有する限り，予想信用損失を測定する際の最長の契約期間を6か月とすることにおおむね同意した。

　一部のITGメンバーは，銀行が6か月の貸付期間終了時に住宅ローンを解約する実質的な権利を有しているかどうかを判定する際に，規制当局の権限を考慮する必要がある可能性があると指摘した。

　例えば，規制当局が，顧客を公平に取り扱うことを求める規制によって，6か月の貸付期間終了時に住宅ローンを解約する契約上の権利を銀行が行使することを制限している場合，より長い期間を予想信用損失の測定に用いる方が適切となる可能性がある。このような評価は，個々の取引ごとに実施する必要がある。

　このように，ITGは，契約期間を超えて信用リスクに晒されている，貸

付金とコミットメント未使用枠の両方を含んでいる金融商品（すなわち，リボルビング信用枠）に限り，契約期間を参照するという IFRS 第9号の要求事項に対する例外的な取扱いを適用することを再確認した。

　したがって，本事例においては，銀行は6か月後に返済を要求する実質的な能力を有しており，当該能力によってエクスポージャーが契約期間に限定されているため，例外的な取扱いは適用されない。

ケーススタディⅡ－3－4 ▶ 予想信用損失の測定期間の決定における債務者が有する期限前返済オプション

前　提

　A銀行は，10年満期の貸付契約を締結しており，当該貸付契約には，5年目に債務者が期限前返済できるオプションが付されている。

　A銀行は，将来予測的な情報を含む関連性のあるすべての合理的で裏付け可能な情報を評価した結果，債務者が5年目に貸付金を期限前返済する可能性を60％，債務者が満期（すなわち10年目の末日）に貸付金を返済する可能性を40％と予測している。

　A銀行が予想信用損失の測定期間を決定する際に，債務者が有する期限前返済オプションによる影響を考慮すべきか。

ポイント

　IFRS 第9号に従った予想信用損失の見積りに期限前返済オプションを含めるべきか検討する。

考え方

　IFRS 第9号が定める信用損失の定義によって，企業は，期限前返済，延長，コールおよび類似のオプションといった，金融商品に係るすべての契約条件を考慮したうえで，予想存続期間にわたる金融商品のキャッシュ・フローを見積ることが必要である。また，IFRS 第9号は，期限前償還の影響を含め，予想信用損失の見積りに関連性のあるすべての合理的で裏付け可能な情報を考慮することを求めている（IFRS 第9号 B5.5.51項）。

　本ケーススタディの場合，予想信用損失額は，貸付期間が5年間と10年間という2つのシナリオの期待キャッシュ・フローに基づく確率加重金額となる。その後の報告日において，予想信用損失の測定期間を継続的に見直し，予想を見直した場合には修正する必要がある。

　貸付ポートフォリオの予想信用損失を測定する際にも，債務者による期限前返済を考慮する必要がある。また，A銀行は，信用リスクに関連する要因に加えて，期限前返済の条件および期限前返済を促す可能性のある要因を考慮して，貸付ポートフォリオを貸付金のグループに細分化するかどうかを検討する必要がある。

ケーススタディⅡ－3－5 ▶ その他の包括利益を通じて公正価値で測定する負債性金融商品に係る予想信用損失の測定における売却の意図

前 提

　A社は，報告日から2年後を満期日とする債券を保有している。当該債券は，IFRS第9号における契約上のキャッシュ・フロー要件を満たし，「回収または売却のために保有する」事業モデルで保有されている（金融資産の分類については，第Ⅰ部第2章1.「金融資産の分類」（3頁）を参照）。したがって，A社は，当該債券を，その他の包括利益を通じて公正価値で測定している。報告日において，当該債券は債務不履行に陥っておらず，信用減損も発生していない。A社は，6か月後に当該債券を売却する意図を有している。

　A社は，報告日における予想信用損失を算定する際，その予想存続期間を6か月に限定すべきか。

ポイント

　予想信用損失を算定する際の予想存続期間の見積りに，自身の売却の意図を反映することができるか検討する。

考え方

　IFRS第9号付録Aは，信用損失について，契約に従って企業に支払われるべきすべての契約上のキャッシュ・フローと，金融商品の予想存続期間にわたって企業が受け取ると見込んでいるすべてのキャッシュ・フローとの差額（すなわち，すべてのキャッシュ・フロー不足）と定義している。

　契約上のキャッシュ・フローおよび金融商品の予想存続期間は，金融商品を保有する企業が当該金融商品を売却するという意図によって変更されない。報告日において債券が債務不履行に陥っていない，または信用減損していない場合，すなわち当該債券がステージ1またはステージ2に分類されている場合，A社は，報告日時点における予想信用損失の算定において，予想存続期間を6か月に限定してはならない。

(2)　契約期間より長い期間の予想信用損失を測定する金融商品

　IFRS第9号は，特定のリボルビング信用枠に係る予想信用損失について，最長の契約期間よりも長い期間にわたって測定することを求めている（IFRS第9号5.5.20項）。しかしながら，これは個人向けのクレジットカードや当座貸越についてのみ適用されるわけではない。この取扱いは個人顧客に提供されるクレジットカードや当座貸越に関して議論されることが多いが，IFRS第9号第5.5.20項は，これらの種類の商品にのみ適用されるとは定めていない。

　したがって，ホールセールや法人顧客に提供されるものを含め，IFRS第9号第5.5.20項の範囲に含まれる可能性のあるすべてのリボルビング信用枠のそれぞれの特性について検討し，その適用範囲に含まれるかどうかを評価する必要がある。銀行が，リボルビング信用枠を多数保有している場合には，この評価を実施する際に，類似の特性を有するリボルビング信用枠ごとにグルーピングすることが適切となる場合がある。

　IFRS第9号第5.5.20項は，この取扱いの対象となる金融商品の範囲について定めており，IFRS第9号B5.5.39項は，これらの金融商品と一般的に関連性のある特性について説明している。この取扱いの適用範囲に係る基礎的要件，関連性のある特性および関連する開示要求事項について，以降で説明する。

①　契約期間より長い期間の予想信用損失を測定するための基礎的要件

　予想信用損失の測定期間を最長の契約期間に制限するというIFRS第9号の原則的な要求事項に対して，第5.5.20項の例外規定は，次の基礎的要件を満たす金融商品についてのみ適用される。

- 金融商品に，貸付金とコミットメント未使用枠の両方が含まれている。
- 企業は，貸付金の返済を要求し，コミットメント未使用枠を解約する契約上の権利を有している。
- 信用損失に対する企業のエクスポージャーが契約上の通知期間に限定されていない。

　結果として，貸付金の返済を要求しコミットメント未使用枠を解約する契約上の権利を有するリボルビング信用枠のすべてが，IFRS第9号第5.5.20項の範囲に含まれるわけではない。とりわけ，ホールセールおよび法人顧客に対する

リボルビング信用枠のうち，どの信用枠が第5.5.20項の適用範囲に含まれるかを判定する際に判断が必要となる。

ITGは，2015年12月の会議において，このIFRS第9号第5.5.20項の例外規定は，集合的なベースで管理されるリボルビング信用枠に関する特定の懸念に対応するために定められたものであり，本来限定的に適用されることが意図されていると指摘している。

したがって，金融商品が集合的なベースではなく個別に管理されている場合，一般的には，当該金融商品はIFRS第9号第5.5.20項の対象範囲に含まれず，代わりにIFRS第9号第5.5.19項に従って，最長の契約期間にわたって予想信用損失を測定する。

また，IFRS第9号B5.5.39項は，IFRS第9号第5.5.20項の対象範囲に含まれる金融商品の一般的な特性，とりわけ「信用損失に対する企業のエクスポージャーが契約上の通知期間に限定されていない」ことの意味を示している。

しかしながら，これらの一般的な特性は，決定的な要因ではないため，IFRS第9号第5.5.20項を適用するうえで，必ずしもすべてを満たす必要はない。IFRS第9号B5.5.39項に定められた一般的な特性の一部が存在する場合，企業は，IFRS第9号第5.5.20項の原則，すなわち，「金融商品の中には，貸付金とコミットメント未使用枠の両方を含んでいるものがあり，企業が返済を要求しコミットメント未使用枠を解約する契約上の能力は，信用損失に対する企業のエクスポージャーを契約上の通知期間に限定しない」とする定めを考慮する必要がある。

IFRS第9号第5.5.20項が定める基礎的要件を満たさない場合には，IFRS第9号第5.5.20項の要求事項を適用してはならない。

②　3つの一般的な特性

ⅰ．金融商品には固定された期間の定めがないか，または返済の仕組みがなく，通常，契約上の解約期間が短いこと（例えば，1日）（IFRS第9号B5.5.39項(a)）

2015年12月に開催されたITGの会議で強調されているとおり，企業は，金融商品のすべての条件を検討すべきである。例えば，リボルビング信用枠を使

用して引き出された貸付金の満期が 5 年に固定されており，貸手が引き出された貸付金の返済を要求する契約上の能力を有していない場合，これは，IFRS 第 9 号第5.5.20項が定める，引き出された金額の返済を要求できるリボルビング信用枠と整合しない。しかし，固定された満期が 5 年ではなく 1 か月である場合，当該金融商品が IFRS 第 9 号第5.5.20項の対象範囲に含まれないかどうかの判定には判断が必要となる。

　一方，上記のとおり，金融商品が IFRS 第 9 号第5.5.20項の基礎的要件を満たす場合には，一般的な特性を有していないことのみを理由として第5.5.20項の対象範囲に含めることを妨げるものではない。

　2015年12月に開催された ITG の会議では，この点について検討が行われ，満期が 5 年に固定されているが，直ちに取消可能なリボルビング信用枠について説明されている。この事例において，ITG は，信用枠の満期が固定されているにもかかわらず，貸手が貸付金とコミットメント未使用枠の両方を含む信用枠全体をいつでも解約する契約上の能力を有しているため，IFRS 第 9 号第5.5.20項が定める信用枠の種類と整合すると結論付けている。

ⅱ. 契約を解約する契約上の能力が，当該金融商品の通常の日常的な管理においては行使されず，契約が解約される可能性があるのは，企業が当該信用枠のレベルでの信用リスクの増大に気付いた時のみであること（IFRS 第 9 号 B5.5.39項(b)）

　IFRS 第 9 号 BC5.255項は，「契約上の期間の使用は，一部の種類のローン・コミットメントについては特に懸念があると指摘した。集合的に管理されていて，企業が，損失事象が発生する前にコミットメントを撤回したり，信用損失に対するエクスポージャーを与信を行うことを約束している契約上の期間に限定したりする実質的な能力がないものについてである」と言及している。

　したがって，検討すべき重要な要因は，貸手が，損失事象が発生する前に契約を解約できる実質的な能力を有するために利用可能な情報の内容である。

　実務上，貸手のポートフォリオの管理方法の結果として，特定の債務者の信用リスクの増大の識別に関連する情報を入手できない，または貸手がそのような情報を入手しないことを選択しているため，特定の債務者の信用リスクの増

大が生じるまで，貸手が当該状況に気付かない場合，その信用枠は，一般的な特性を満たすと考えられる。これには，通常，集合的に管理されている金融商品が該当する。

一方，貸手がより早く行動できるようになる関連情報を入手することが合理的に見込まれる場合，その信用枠は，一般的な特性を満たすとは考えられない。これには，通常，個別に管理される金融商品が該当する。

情報の利用可能性が重要な要因であるため，貸手が関連情報を入手している場合であっても，例えば，重要な債務者との営業上の関係を維持するために，当該情報に基づいて行動しないことを選択する場合には，その信用枠は一般的な特性を満たさない。なぜなら，貸手は，損失事象が発生する前にコミットメント枠を撤回したり，または信用損失に対するエクスポージャーを契約上の期間に限定する実質的な能力を有しているにもかかわらず，そうしないことを選択しているためである。

ⅲ．金融商品が集合的なベースで管理されていること（IFRS 第 9 号 B5.5.39項(c)）

IFRS 第 9 号は，「集合的なベースでの管理」という用語について定義していない。しかしながら，IFRS 第 9 項 B5.5.1項は，信用リスクの著しい増大の有無の評価を集合的に行うことが必要となる場合があり，これは，例えば，金融商品のグループまたはサブグループに係る信用リスクの著しい増大を示す情報を考慮することによって行われると言及している。

さらに，IFRS 第 9 号 B5.5.3項は，小口ローンなどの金融商品で，顧客が契約条件に違反するまで，個々の金融商品について定期的に入手されモニターされている更新された信用リスク情報がほとんど，またはまったくないものが存在することに言及している。これは，上記の原則を補完するものであり，検討すべき重要な要因は，遅くなり過ぎる前に信用リスク管理行動を実施するために用いる情報の利用可能性である。

その結果，「集合的なベースでの管理」という用語は，信用リスクのエクスポージャーを管理するために用いられる情報が，主に集約されたレベルで入手されるポートフォリオを意味する。

　IFRS第9号は「集合的」という用語についての詳細なガイダンスを提供していないため，金融商品が集合的なベースで管理されているかどうかおよび利用可能な情報の範囲について集合的な管理と個別管理との間に境界線をどこで引くかを評価する際には，判断が必要となる。

　この判断は，個々の事実および状況，特に銀行の信用リスクの管理方法に依存する。特定のエクスポージャーについては，銀行は，他のエクスポージャーよりも多くの情報を有しているため，より早期の行動が可能な場合もある。とりわけ，実務上，債務者の種類や規模に応じて，取扱いが異なる可能性がある。

　なお，特定の金融商品について，個別に入手されモニターされる信用リスク情報で，集合的なベースではなく個別に管理されている状況を示す例としては，定期的な財務制限条項の遵守報告，管理会計の情報，債務者との定期的な連絡によって入手される財務業績に関する最新情報および公開情報から入手される債務者の信用リスク情報などが挙げられる。

　金融商品が集合的なベースで管理されているのか，それとも個別に管理されているのかの判断に関連するその他の指標には，**図表Ⅱ－3－3**に示される項目が含まれる。

（図表Ⅱ－3－3）金融商品の管理方法の識別に関連する指標

項目	例示
公開情報の利用可能性	債務者が大企業や上場企業である場合には，個々の債務者に関する情報が公開されている可能性が高い。
情報の入手頻度	個々の債務者に関する情報を定期的に入手している場合には，その信用供与枠は個別にモニターされているとみなされる可能性が高い。
与信担当者によるモニタリングの内容および範囲	個々の与信担当者の業務が1件の融資先をモニターするのみである場合には，当該債務者は個別にモニターされているとみなされる。一方，与信担当者が他にも999件の融資先をモニターする責任を負う場合には，その信用枠は一般的には個別にモニターされているとみなされない。
過去の実務	同じように管理されている金融商品について，損失事象が発生する前に，個々の債務者に対して信用リスク管理行動を実行する積極的な意思決定を行ったという証拠が過去にあるかどうか。

なお，個々のリボルビング信用枠のレベルで口座の使用率をモニターすることは，貸手自身の記録から容易に入手できる情報を用いて実施できるが，金融商品が集合的なベースで管理されているか個別に管理されているかを評価する際の決定的な要因にはならない。

③　開　示

IFRS第7号は，予想信用損失の測定に用いた仮定についての説明を企業に求めているため（IFRS第7号第35G項），企業は，IFRS第9号第5.5.20項の適用範囲の決定やB5.5.39項を適用する際に行った判断について開示する必要がある。

さらに，リボルビング信用枠の管理方法に関する開示は，企業の信用リスク管理の実務ならびにそれが予想信用損失の認識および測定にどのように関連しているのかについての情報の提供を求めているIFRS第7号第35B項における開示要求事項に関連している。

Point Of View　**リボルビング信用枠の当初認識日および存続期間**

1．ステージ1およびステージ2に分類されたリボルビング信用枠に係る予想信用損失の算定に用いる存続期間

　ITGは，2015年4月の会議において，ステージ1およびステージ2に分類されたリボルビング信用枠に係る予想信用損失の算定に用いる適切な存続期間について議論した。

　ITGのメンバーは，信用リスクに晒され予想信用損失が信用リスク管理行動によって軽減されない期間に基づく予想信用損失の計算は，契約期間に基づく予想信用損失の計算と比較して，著しく複雑化することにおおむね同意した。当該期間を決定するためには，適切な場合には12か月未満の期間を含め，より多くのセグメント分けが必要となる可能性がある。

　ITGの会議では，IFRS第9号の要求事項における「晒される期間」と「信用リスク管理行動による軽減」が何を意味するかに焦点が当てられた。

　クレジットカードに関して，年次の信用状況調査を実施していないが，弁済状況および外部の信用情報に基づいて債務者の行動の変化を月次で評価している銀行の場合が示された。当該銀行では，債務者が債務不履行に

陥っていることを示す強い証拠を入手しない限り，その信用枠を打ち切る
可能性は低いことが示された。

　ITG のメンバーは，各企業の信用リスク管理の状況には多様性が存在す
ること，リスク管理は会計とは異なること，およびクレジットカードに係
るリボルビング信用枠の予想信用損失の測定には高度な判断が必要となる
ことを指摘した。

2．信用リスクの著しい増大の有無の評価におけるリボルビング信用枠の
　　当初認識日
　2015年4月に開催された ITG の会議では，信用リスクの著しい増大の
有無を評価する際のリボルビング信用枠の当初認識日についても議論が行
われた。

　一部の ITG のメンバーは，クレジットカードに係るリボルビング信用
枠の当初認識日の決定は，適用上の重大な課題になると指摘した。

　クレジットカード信用枠には，顧客関係が存続する期間にわたって数多
くの変更が行われる可能性があり，これにはカードの種類の変更，カード
の有効期限満了および更新，融資限度額の変更および定期的な与信審査な
どが含まれる。ITG のメンバーは，そのような事象が IFRS 第9号に従っ
て認識の中止および新たな金融商品の認識を生じさせるかどうかを判断す
ることが極めて重要であり，これには慎重な判断が必要となると指摘した。

　企業は，信用リスクの著しい増大の有無を判定するために，例えば，前
回報告日時点におけるデフォルト確率（PD）または内部格付けとの比較
など，一定の実務の単純化を図る可能性がある。

Point Of View　リボルビング信用枠の予想信用損失の測定期間およびそ
　　　　　　　　　の決定における考慮要因の相互関係

　リボルビング信用枠の予想信用損失の測定期間を決定する際に，企業は，
IFRS 第9号 B5.5.40項(a)〜(c)が定める次の3つの要因のすべてについて検
討する必要がある。
　(a)　類似した金融商品についての企業が信用リスクに晒された期間
　(b)　類似した金融商品についての信用リスクが著しく増大してから債務
　　　　不履行が発生するまでの期間の長さ
　(c)　当該金融商品に係る信用リスクが増大した場合に，引出可能限度額の

　　　引下げまたは撤回など，企業が実行する信用リスク管理行動の内容
　このうち，予想信用損失を測定する目的上，期間を最も短くする要因は，
特定の信用枠の存続期間の決定に関連性のある要因である。例えば，ポー
トフォリオ内のリボルビング信用枠の中には，債務不履行の発生が見込ま
れないもの，または信用リスク管理行動を実行することが見込まれないも
のがある。そのような信用枠に係る存続期間を決定する場合，類似した金
融商品についての信用リスクに晒された期間（IFRS 第 9 号 B5.5.40項(a)）
が最も関連性がある。
　一方，債務不履行の発生が見込まれる他のリボルビング信用枠の場合に
は，IFRS 第 9 号 B5.5.40項(b)または(c)の要因が，期間を最も短くする要因
となる。すなわち，リボルビング信用枠について債務不履行が発生する前
に，信用リスクに対するエクスポージャーを軽減させる信用リスク管理行
動を実行することが見込まれる場合には，IFRS 第 9 号 B5.5.40項(c)の要因
がより高い関連性を有する。そのような信用リスク管理行動を実行する前
に債務不履行の発生が見込まれる場合は，IFRS 第 9 号 B5.5.40項(b)の要因
がより高い関連性を有する。
　これらの要因に関連する 1 つまたは複数の合理的で裏付け可能な情報に
基づいて，例えば大企業に対する信用枠など，特定の信用枠を識別するこ
とが可能な場合がある。そうでなければ，ITG が2015年 4 月の会議におい
て提言したように，ポートフォリオをサブグループに適切に階層化し，セ
グメント分けを行う必要がある。
　企業は，ポートフォリオの具体的な特性および IFRS 第 9 号 B5.5.40項が
定める要因との関連性を考慮して，当該ポートフォリオについてセグメン
ト分けを行い，各サブグループの予想信用損失の測定期間を最も適切に決
定する方法を確認する必要がある。例えば，ポートフォリオ内の，よりリ
スクの高いエクスポージャーが信用リスク管理行動の対象となることが見
込まれる場合には，当該エクスポージャーの存続期間は，その信用リスク
管理行動の範囲でポートフォリオ内の他の信用枠よりも短い可能性がある。
　信用リスクの特性が同質的な信用枠のサブグループにおいては，複数の
要因が関連している可能性がある。当該サブグループの一定割合について
は，当初にその構成内容が明らかではない可能性があるとしても，特定の
1 つの要因と予想存続期間が関連している可能性がある。
　例えば，リボルビング信用枠は，ステージ 1 からステージ 2 へ移動した
後に再びステージ 1 に戻るなど，その存続期間中に，ステージ間を移動す

る場合がある。ステージ間の移動自体は，リボルビング信用枠の存続期間に影響を及ぼすものではないが，信用リスクの著しい増大によって信用リスク管理行動が実行される場合があり，リボルビング信用枠の存続期間の決定にそうした行動が関連する可能性がある。

　ポートフォリオのセグメント区分と予想信用損失の測定期間の決定は，過去のデータと経験に加えて，将来予測的な情報および将来の方針の変更（例えば，銀行が信用リスク管理方針を変更して，従来と比較してより早いタイミングで信用リスク管理行動を実行することが見込まれる場合）の影響に基づく必要がある。これは，重要な判断を伴う可能性が高く，企業は，IAS第1号第125項に従って，見積りの不確実性の主要な発生要因となる重要な判断に関する情報を財務諸表に開示する必要がある（第Ⅳ部第2章5.「その他の開示—見積りの不確実性の主要な発生要因および予想信用損失を算定する際の判断」（206頁）を参照）。

ケーススタディⅡ－3－6 ▶ リボルビング信用枠の予想信用損失の測定における信用リスク管理行動の影響

　IFRS第9号は，特定の種類の金融商品について，信用リスクに晒される期間にわたり予想信用損失を測定する必要があり，たとえ当該期間が最長の契約期間を超えて延長される場合であっても，予想信用損失は信用リスク管理行動によって軽減されないとする例外規定を定めている（IFRS第9号第5.5.20項）。また，IFRS第9号B5.5.40項は，予想信用損失を測定する期間を決定する際に企業が考慮すべき要因を定めている。

　本ケーススタディでは，3つのケースを用いて，クレジットカードの与信審査およびIFRS第9号B5.5.40項(c)が言及する信用リスク管理行動が予想信用損失の測定に及ぼす影響について取り扱う。

（ケース1）

前　提

　A銀行は，クレジットカード・ポートフォリオのすべての信用枠について，年1回，与信審査を行っている。A銀行は，これまでの経験に基づき，次回の与信審査の結果，信用枠全体の9％の契約を解約すると見込んでいる。

　IFRS第9号第5.5.20項の適用範囲に含まれるリボルビング信用枠の予想信用損失の測定期間を決定する際，次回の与信審査までの期間を対象ポートフォリオ全

体の存続期間として用いることはできるか。

ポイント

　IFRS 第 9 号に従った予想信用損失の測定期間を次回の与信審査までの期間に短縮できるか検討する。

考え方

　IFRS 第 9 号 B5.5.40項は，第5.5.20項の範囲に含まれるリボルビング信用枠の存続期間を決定する際に検討すべき 3 つの要因について定めており，その第 1 の要因である類似した金融商品についての信用リスクに晒された期間（IFRS 第 9 号 B5.5.40項(a)）について検討する。

　この点，与信審査の実施自体は，本質的には信用枠の認識の中止を示唆するものではなく，契約条件に基づいて信用供与を継続する場合，企業は信用リスクに晒され続ける。しかしながら，当該金融商品に係る信用リスクが増大した場合に企業が実行すると見込んでいる信用リスク管理行動（未使用限度額の引下げまたは撤廃など）（IFRS 第 9 号 B5.5.40項(c)）も信用枠の存続期間の決定に関連するため当該項目についても検討する。

　ケース 1 では，信用枠の解約が見込まれるポートフォリオの 9 ％のみについて，次回の与信審査によって見込まれる信用リスク管理行動の時期を反映して，存続期間を短縮する必要がある。ポートフォリオの残りの部分については，B5.5.40項が定める他の要因，またはその後に見込まれる信用リスク管理行動が関連する。

　企業は，合理的で裏付け可能な情報を用いて，どの信用枠が信用リスク管理行動の対象となるかを具体的に識別できる場合には，その特定の信用枠の存続期間を短縮する必要がある。そうでなければ，予想される信用リスク管理行動を反映するために，例えば，ポートフォリオを階層化し，セグメント分けすることによって，ポートフォリオの一部または特定のセグメントの存続期間を短縮する対応が適切である。

　信用リスク管理行動の違いは，ポートフォリオの予想存続期間に影響を及ぼす。例えば，A 銀行，B 銀行，C 銀行のすべてが定期的に与信審査を行うが，存続期間に及ぼす影響は次のように異なる。

- A 銀行は，追加的な信用リスク管理行動を行わないと予想しているため，与信審査自体は，予想存続期間に影響を与えず，また短縮もしない。
- B 銀行は，一部の信用枠を完全に解約することを予想しているため，当該信用枠の予想存続期間のみを短縮する。
- C 銀行は，信用リスクが増大した信用枠を完全に解約することを予想しているため，信用リスクの増大が見込まれるすべての信用枠の予想存続期間を次

　回の与信審査日までの期間に短縮する。

　また，他の例として，X銀行およびY銀行は同一の信用格付け制度を採用しているが，X銀行は信用格付けが8以下の債務者の信用枠を完全に解約する方針を有している一方，Y銀行は信用格付けが7以下の債務者の信用枠を完全に解約する方針を有していることを想定する。この場合，他の条件が同一であれば，X銀行は，Y銀行よりもリスクの高い商品に対するより長期のエクスポージャーを有すると見込まれる。そのため，X銀行は，IFRS第9号B5.5.40項(c)が定める要因に基づき，これらのエクスポージャーについて，Y銀行よりも長い期間にわたって予想信用損失を測定することが見込まれる。

（ケース2）

|前　提|

　実行が見込まれているIFRS第9号B5.5.40項(c)が定める信用リスク管理行動の内容が，信用枠の未使用限度額の引下げ（全面的な撤廃とは異なる）である場合，当該信用枠全体の存続期間は，引下げの実施予定日までの期間に限定すべきか。

|ポイント|

　IFRS第9号に従った予想信用損失の測定にあたっては，ローン・コミットメントの実行方法についての予想を検討する。

|考え方|

　ローン・コミットメントに係る予想信用損失についての企業の見積りは，ローン・コミットメントの実行についての予想と整合的である必要がある（IFRS第9号B5.5.31項）。

　信用枠の未使用限度額の引下げは，当該引下げが見込まれる金額のみに係る存続期間を短縮する。例えば，未使用限度額が100万円から60万円に引き下げられることが見込まれる場合，引下げ対象となる40万円の信用枠のみについて，その存続期間は引下げの実施予定日までの期間に短縮され，残りの60万円の信用枠の存続期間は影響を受けない。

（ケース3）

|前　提|

　債務者は，100万円の信用枠限度額を有していたが，信用リスクが増大した結果，信用枠限度額は60万円に引き下げられた。その後，信用リスクが減少した結果，当初の信用枠限度額である100万円に引き上げられた。

　IFRS 第 9 号 B5.5.40項(c)が定める企業の信用リスク管理行動について検討する際，信用リスクを軽減する信用リスク管理行動のみを検討し，信用枠限度額の引上げなど，信用リスクを軽減しない信用リスク管理行動を考慮しないこととすべきか。

ポイント

　IFRS 第 9 号に従った予想信用損失の測定にあたって，引き下げた与信限度額が復活する可能性を考慮すべきか検討する。

考え方

　ITG は，2015年12月の会議において，企業が信用リスク管理行動を実行した場合の最長期間を決定する際，対象エクスポージャーがその後に治癒し，引き下げた与信限度額が復活する可能性について考慮することは適切ではないと指摘した。

　IFRS 第 9 号 B5.5.40項(c)が定める企業の信用リスク管理行動について検討する際，信用リスクを軽減する信用リスク管理行動のみを検討し，信用リスクを軽減しない信用リスク管理行動を考慮してはならない。

Point Of View　貸付金とコミットメント未使用枠の両方を含む金融商品に係る予想信用損失の測定

　IFRS 第 9 号には，特定の種類の金融商品について，信用リスクに晒される期間が契約期間を超える場合であっても，予想信用損失を信用リスクに晒される期間にわたり測定するという例外規定がある（IFRS 第 9 号第 5.5.20項）。この例外規定は，貸付金とコミットメント未使用枠の両方を含む一部の金融商品に適用される。

　この例外規定を適用するためには，信用枠が引出し済み部分と未引出し部分の両方を含む必要があると示唆しているように見える。例えば，クレジットカードや当座貸越といった信用枠は，多くの場合，いずれの時点においても未使用部分のみを有している。この例外規定を適用するためには，報告日において，対象とする金融商品が引出し済み部分と未引出し部分の両方を有する必要があるかどうかが論点となる。

　この例外規定の理論的根拠は，企業が貸付金の返済を要求するか，またはコミットメント未使用枠を解約する契約上の能力により，信用損失に対する企業のエクスポージャーが契約上の通知期間に限定されない契約について，十分な損失評価引当金を計上することにある。

　また，IFRS第9号B5.5.39項は，貸手が短い通知期間で撤回できるが，実務上，より長い期間にわたって信用リスクに晒されている金融商品の例として，クレジットカードを挙げている。クレジットカードのポートフォリオは，いずれの時点においても，引出し済みの金額と未引出しの金額を有する商品を含む可能性が高い。

　クレジットカードや当座貸越などは，報告日現在では未引出し部分のみであって，当該金融商品の性質上，存続期間中にわたり引出し済み部分がゼロから引出し限度額の間で変動し，引出し済み部分と未引出し部分の両方を有する可能性がある。このような場合，予想信用損失は，報告日において引出し済み部分と未引出し部分の両方を有している金融商品の未引出し部分に係る予想信用損失の測定方法と同じ方法を用いて測定すべきである。例えば，報告日の直前に発行され未だ使用されていないクレジットカードについても，損失評価引当金の認識が必要となる。

5．予想信用損失を測定する際に考慮する情報

　予想信用損失は，次の事項を反映する方法により，金融商品の残存期間にわたり測定する必要がある（IFRS第9号第5.5.17項）。

- 一定範囲の生じ得る結果を評価することにより算定される偏りのない確率加重金額
- 貨幣の時間価値
- 過去の事象および現在の状況についての合理的で裏付け可能な情報，ならびに報告日における将来の事象および経済状況についての合理的で裏付け可能な予測

　企業は，予想信用損失を見積る際に，過大なコストや労力を掛けずに合理的に利用可能な情報を考慮する必要がある。見積りに必要となる判断の程度は，詳細な情報の利用可能性に左右される（IFRS第9号B5.5.50項）。

　企業は，予想信用損失を見積るために，さまざまな情報源を用いることができ，それらは企業内部のものである場合も企業外部のものである場合もある。考えられるデータとしては，企業内部の過去の信用損失の実績，内部格付け，

他の企業の信用損失の実績，外部格付け，報告および統計がある。しかし，企業は，特定の金融商品または類似の金融商品の信用リスクに関する観察可能な市場の情報を考慮する必要がある（IFRS 第 9 号 B5.5.51項，B5.5.54項）。

　過去情報は，予想信用損失を測定するための基礎として使用できる。こうした情報は，過去データの基礎となる期間に影響を与えていなかった現在の状況および将来の状況の予測を反映し，過去の期間における状況のうち将来の契約上のキャッシュ・フローに関連性のない状況の影響を除去するように調整する必要がある。

Point Of View　将来予測的な情報の区分

　IFRS 第 9 号は，企業が減損を評価する際に，次の事項を求めている。
- 減損の評価は，個々の金融商品について，または共通の信用リスク特性を有する金融商品のグループについて集合的に実施する（IFRS 第 9 号 B5.5.5項）。
- 評価対象とする特定の金融商品または金融商品のグループに関連性のある，将来予測的な情報を含む合理的で裏付け可能な情報を考慮する（IFRS 第 9 号 B5.5.16項）。

　マクロ経済予測などの将来予測的な情報を予想信用損失の算定に織り込む場合，企業は，特定の金融商品または金融商品グループに係る当該情報の関連性およびより関連性の高い情報の利用可能性を検討する必要がある。なぜなら，ある金融商品に関連性がある将来予測的な情報は，信用リスクを生じさせる特定の要因に応じて，他の金融商品には関連性が異なる場合もあるためである。

　したがって，2015年 9 月に開催された ITG の会議において指摘されたとおり，異なる金融商品またはポートフォリオには，異なる将来予測的な情報を適用する必要がある。

　IFRS 第 9 号では，共通の信用リスク特性に基づいて金融商品をグルーピングする必要があり，信用リスクを生じさせる特定の要因に応じて，どの情報が評価対象である特定の金融商品またはポートフォリオと関連性があるか，およびその情報をどの程度ウェイト付けするかを決定する必要がある（IFRS 第 9 号 B5.5.5項）。

　例えば，ある地域の特定の産業における将来の失業水準に関する予測は，

当該地域の当該産業で働いている債務者に対する住宅ローンのサブポートフォリオについてのみ関連性がある。逆に，当該金融商品またはポートフォリオと異なる金融商品またはポートフォリオが類似するリスク特性を共有している場合，これらの類似した特性を反映するため，比較可能で首尾一貫した方法で当該金融商品またはポートフォリオに関連性のある将来予想的な情報を適用する必要がある。

　最善の合理的で裏付け可能な情報は，調整前の過去情報となる場合もあるが，当該過去情報の性質および計算された時期，報告日現在の状況との比較および検討する金融商品の特性に左右される。予想信用損失の変動の見積りは，失業率，不動産価格，商品価格など，関連する観察可能なデータの各期の変動を反映し，それと方向が一致する必要がある。

　企業は，予想信用損失の見積りと実績との間の差異を減らすため，予想信用損失の見積りに用いる方法論および仮定を定期的に見直す必要がある（IFRS第9号 B5.5.52項）。

　過去の信用損失率に関する情報は，その過去の信用損失率が観察されたグループと整合的な方法で定義したグループに対して適用する必要がある。予想信用損失の見積りに使用する方法は，金融資産の各グループを，類似したリスク特性や現在の状況を反映する適切な観察可能なデータと関連付けできる必要がある（IFRS第9号 B5.5.53項）。

　企業は，利用可能な予測情報，例えば，事業計画に含まれる内部情報や，予想される信用格付けの変更を示唆する価格変動など市場から入手する外部情報も考慮する必要がある。

　予想信用損失の見積りは，遠い将来の期間についての詳細な見積りを必要としない。そうした期間については，企業は，利用可能な詳細情報からの予測を延長できる。「合理的で裏付け可能な予測」を超える期間については，企業は，現在の状況や将来の事象および経済状況の予測に関する報告日現在の情報を考慮し，どのように予測に反映することが最善なのかを検討する必要がある（IFRS第9号 B5.5.50項）。

　IFRS第9号は，利用可能な情報からの予測を延長する方法について具体的

に言及していないが，さまざまな延長方法を使用できる。例えば，企業は，残存期間について，予想信用損失の平均値を適用するか，または利用可能な直近の予測に基づく一定の予想信用損失率を使用できる。これらは一例であり，他の方法を適用する可能性もある。

　企業は，当該方法を選択し，継続的に適用する必要がある。選択した方法が重要である場合には，IFRS 第 7 号に基づいて当該方法の内容を開示する。これは，極めて高度な判断が求められる領域であり，損失評価引当金に大きな影響を与える可能性がある（IFRS 第 7 号第35G 項）。

　予想信用損失の見積りには，一定範囲の生じ得る結果を評価して算定される偏りのない確率加重した金額を反映する。企業は，少なくとも 2 つの結果を考慮する必要があり，特に，信用損失が発生する可能性と信用損失が発生しない可能性を考慮する必要がある（IFRS 第 9 号 B5.5.41項）。

Short Break　予想信用損失を計算する際に単一シナリオの使用は認められるか

　金融資産に係る損失評価引当金を測定する際，単一の「最も可能性の高い」シナリオを使用できるかどうかが論点となる場合がある。

　IFRS 第 9 号は，予想信用損失に確率加重金額を反映することを求めており，たとえ信用損失が発生する確率が非常に低い場合であっても，信用損失が発生する可能性と信用損失が発生しない可能性を考慮することを求めている（IFRS 第 9 号第5.5.18項）。したがって，単一の「最も可能性の高い」シナリオの使用はIFRS 第 9 号においては認められない（IFRS 第 9 号 BC5.263項）。

　企業は，損失評価引当金を算定する際には，少なくとも 2 つの異なるシナリオを決定する必要がある。これには，通常，デフォルト時損失率（LGD）の異なるシナリオが含まれ，例えば，貸付金の担保権の実行，担保物件の売却，リストラクチャリング，支払猶予，または回収などがある。

Point Of View　発行国の通貨建ての国債に係る予想信用損失の測定

　国債，特に発行国の自国通貨建て国債の予想信用損失をゼロとみなすことができるかが論点となる場合がある。

　この点，当該国債の予想信用損失をゼロとみなすことは認められない。

なぜなら，IFRS第9号第5.5.18項は，信用損失が発生する確率が非常に低い場合であっても，信用損失が発生する可能性と信用損失が発生しない可能性を考慮することを求めているためである。

　さらに，国が自国通貨を発行する場合でさえ，実務的には，広範な経済的帰結などの要因により，自国通貨建て国債を償還するために政府が紙幣を追加的に発行することは，どのような状況においても可能とは限らない。

　自国通貨建て債務を償還する意思と能力があると政府が主張する場合であっても，そのような状況における予想信用損失の測定には判断が必要となる。このような判断を行い，偏りのない予想信用損失を見積る際に関連性のある要因として，次の項目が挙げられる。

- ●信用損失が発生するシナリオが少なくとも1つは含まれている，発生可能性がある複数の経済シナリオの範囲
- ●財政的な困難に陥っている政府，または類似の状況下にある国の政府における過去の事例
- ●財政的に困難な状況に陥った場合における，政府の紙幣増刷権限に対する可能性のある制約
- ●政府財源の逼迫度を理解する観点より，自国通貨建ての政府の他の債券および金融債務の金額，期限およびそれらの相対的な弁済順位

　予想信用損失を見積るために用いる方法は，ポートフォリオの状況および性質に応じた適切な方法でなければならない。場合によっては，比較的単純なモデルで十分である可能性もある。例えば，リスク特性が共通している金融商品の大きなグループの平均信用損失が，確率加重金額の合理的な見積りとなる場合がある。そうでない状況では，特定の結果に係るキャッシュ・フローの金額および時期を特定する複数のシナリオとそれらの結果の確率の見積りが必要となる可能性がある（IFRS第9号B5.5.42項）。

Point Of View　報告期間後の新型コロナウイルス感染症（COVID-19）に関する追加的な情報の予想信用損失の見積りへの反映方法

　IAS第10号「後発事象」は，報告期間後に利用可能な情報を評価して，「修正を要する後発事象」であるかどうかの判断を求めている。

　ここで，IAS 第10号において，「後発事象」は，報告期間の末日と財務諸表の発行の承認日との間に発生する事象で，企業にとって有利な事象と不利な事象の双方をいい，次の２種類の事象に分類できると定義されている（IAS 第10号第３項）。

- 報告期間の末日に存在した状況についての証拠を提供する事象（「修正を要する後発事象」）
- 報告期間後に発生した状況を示す事象（「修正を要しない後発事象」）

「修正を要する後発事象」に該当する場合，企業は，財務諸表に認識した金額を修正する。他方，「修正を要しない後発事象」は，報告期間後に発生した状況を示すものであり，財務諸表に認識した金額を修正せず，開示のみが求められる。

　報告期間後であるが財務諸表の発行承認前の新型コロナウイルス感染症（COVID-19）に関する事象は，IFRS 第９号の予想信用損失の算定上どのように織り込むべきかが論点となる。

　IFRS 第９号は，予想信用損失を，過去の事象，現在の状況および将来の経済状況の予測について，報告日に利用可能な情報を反映する方法で見積ることを求めている（IFRS 第９号第5.5.17項(c)）。

　しかし，IAS 第10号は，報告期間後に経営者が利用可能となった追加情報が報告期間の末日時点に存在した状況を示している場合には，予想信用損失を見積る際に，当該情報を考慮する必要があるとしている。具体的には，IAS 第10号は，報告期間後に発生した債務者の倒産を例示し，これは報告期間の末日時点で債務者が信用減損していたことを確認するものであると説明している（IAS 第10号第９項(b)(i)）。

　他方，報告期間の末日時点で市場参加者が知ることができずに報告期間後に入手した情報は，公正価値の見積りに係る修正を要する後発事象には該当しないとされているため，予想信用損失の測定は，IAS 第10号の適用上，公正価値の測定とは異なる取扱いとなっている。

　予想信用損失に対する IAS 第10号の適用は，一定範囲の生じ得る結果を評価することによって予想信用損失を算定するという IFRS 第９号の具体的な要求事項により，さらに複雑となる。予想信用損失との関係において，後発事象は，次の３つに分類できる。

分類	分類と補足説明	事実パターンおよび予想信用損失に対する分析の例
1	報告期間後に利用可能となった情報で，報告日前または報告日時点の状況や事象に明らかに関連する情報 当該情報は，IAS第10号の適用上，修正を要する後発事象に該当する。	報告日は2020年6月30日とする。2020年7月2日に，2020年5月時点の失業データが公表され，基本シナリオにおける予想よりも大幅に悪化していた。 当該情報は，報告日時点の状況に関する証拠を提供するため，修正を要する後発事象として，報告日である2020年6月30日現在の予想信用損失の評価に織り込む必要がある。
2	報告期間後に利用可能となった情報で，報告期間後の状況や事象に明らかに関連するが，報告日時点では合理的に予測できなかった情報 当該情報は，IAS第10号の適用上，修正を要する後発事象ではなく，予想信用損失の見積りへの反映が必要とされる，報告日において利用可能な合理的で裏付け可能な情報でもない。	報告日は2019年12月31日とする。2020年初頭に新型コロナウイルス感染症（COVID-19）の感染例が急増し，経済への悪影響が増大した。2019年12月31日現在の状況としては，世界保健機関（WHO）に報告された未知のウイルスによる感染件数は限定的であり，当該時点では，ヒトからヒトへの感染に関する明示的な証拠は存在しなかった。 当該情報は，報告日時点の状況に関する証拠を提供するものではないため，修正を要しない後発事象である。2019年12月31日現在においては，予想信用損失の見積りへの反映が必要とされる，合理的で裏付け可能な情報が利用可能であったことを示していない。
3	報告期間後に利用可能となった情報で，報告期間後の状況や事象に明らかに関連し，報告日時点で生じ得るシナリオとして予測されていた可能性のある情報 当該事象が，報告日における合理的かつ裏付け可能な情報および	報告日は2020年6月30日とする。2020年7月21日に，政府は，一部の事業再開を認めるロックダウンの緩和を発表した。6月30日時点では，政府が3週間以内にロックダウンを見直すであろうとの報道があったが，確実な決定事項ではなかった。 政府によるロックダウンの緩和は，

報告日における予想信用損失に反映される可能性のあるシナリオの範囲や発生確率のウェイト付けの観点で，より多くの示唆をもたらすかどうかを検討する必要がある。　多くの示唆をもたらす場合，報告日におけるシナリオやウェイト付けの修正が正当化される可能性がある。ただし，報告日時点で不確実性が存在していた場合は，特定のシナリオへのウェイト付けを100%としない。	報告日時点の状況に関する証拠を提供するものではないが，報告期間後に生じ得る将来の結果について，より多くの示唆をもたらす。したがって，企業は，当該シナリオが生じ得ることを示す合理的かつ裏付け可能な情報が報告日に存在していたかどうかを検討する必要がある。当該情報が報告日に存在していた場合，企業は，そのような状況が報告日において選択されたシナリオやウェイト付けにすでに適切に織り込まれているかどうかを考慮し，織り込まれていない場合には適切な調整を行う必要がある。

　報告期間後の情報および事象が，報告日時点に存在した利用可能な情報および状況や報告日時点に予想された将来シナリオに関する情報を反映しているかどうか，ならびにその程度を決定するために，判断が必要となる可能性がある。新型コロナウイルス感染症（COVID-19）による影響に関しては，事態が急速に展開しており，将来の結果について潜在的に高い不確実性があるため，特に判断が必要となる可能性がある。

　報告期間後の情報および事象が予想信用損失に及ぼす影響を評価する際には，多くの場合，次の事項の検討が適切である。

項目	説明
重要性および影響の評価	重要な後発事象に焦点を当て，それらが予想信用損失の見積りに重大な影響を及ぼす可能性があるかどうかを評価する必要がある。 　後発事象が予想信用損失に重大な影響を及ぼす可能性があるかどうかを評価する際には，直接的な影響だけでなく，間接的または二次的な影響も考慮する。例えば，予測よりも悪い失業率データは景気悪化の傾向を示すが，景気悪化の動きに対して政府の追加的な措置が見込まれる場合には，予想信用損失への影響は緩和される可能性がある。このように，多くの後発事象は，個別的にではなく集合的に検討する必要がある場合がある。
結果の予測	重要な後発事象が発生した場合，報告日時点のシナリオやウェイト付けをこの結果を予測して決定していたかどうか，および修

		正が適切かどうか決定するために判断が必要となる可能性がある。こうした状況は，特に，シナリオおよびそのウェイト付けを最初に選択した際，各シナリオにおいて生じ得る将来の結果についての詳細なリストを作成していなかった場合に顕著となる。
不確実性の解消または新たな情報		新型コロナウイルス感染症（COVID-19）の状況や将来の結果が非常に不確実である状況では，多くの場合，後発事象は，生じ得る将来の結果の全体的な方向性が報告日時点の当初の見積りと大きく異なっていたことを示すものではなく，報告日時点において不確実性が存在していたことを単に確認するものとなる。そのような状況では，通常，報告日時点の予想信用損失に対する修正は必要とならない。

　次の表では，2020年6月30日（すなわち，新型コロナウイルス感染症（COVID-19）がパンデミックと宣言された後）を報告日とする銀行を想定し，生じ得る後発事象を，報告日時点において予想信用損失を評価する際の検討事項の分析とあわせて例示している。

　本リストは網羅的ではなく，判断が必要となるため，個々の事実および状況が，以下の例示および分析で想定されているものと異なる場合，検討すべき要因や導かれる結論も異なる可能性がある。

	事実パターン	予想信用損失に対する分析の例
1	2020年7月3日に，銀行監督当局は，銀行がすでに実施した個人向け住宅ローンの支払猶予に加え，クレジットカードについても支払猶予を認めることを要求すると発表した。パンデミックの影響を受けた他の法域においても，クレジットカード保有者に対して同様の施策が講じられている。	急速に事態が進展している状況を踏まえると，政府による当該決定は，すでに2020年6月30日に行われており当該時点の状況の証拠を与えるものであったとは仮定できない。 　ただし，報告日以降に生じ得る将来の結果について多く示唆を与えるものである。6月30日以前に住宅ローンの支払猶予を求める政策がすでに実施されていたことおよび他の法域においてクレジットカードに対する類似の施策が実施されていたことを考慮すると，6月30日時点で，このような状況が進展することを示す利用可能な合理的で裏付け可能な情報が存在していた。 　したがって，銀行は，選択したシナリオやそのウェイト付けにこのような状況が適切に織り込まれていたかどうかを検討し，織り込まれていない場合には，適切な修正を行う。これは，前述の「分類3」の事象の例である。

		なお，クレジットカードの支払猶予による条件変更の会計処理は，予想信用損失への影響とは別に，実際に変更が行われた時にのみ行われる，修正を要しない後発事象である。詳細については，*Point Of View*「新型コロナウイルス感染症（COVID-19）による支払猶予がステージ判定に及ぼす影響」（143頁）を参照。
2	2020年7月5日に，銀行は，支払猶予を認めるために債務者との契約条件の変更を開始した。これは，債務者からの要求に基づき，6月30日以前に発動されていた政府要請に従って実施しているにすぎない。	当該情報は，報告日における状態を確認するものであり，新たな情報を提供するものではない。報告日時点で既知の政府の政策により予想される影響は，前述の「分類1」の事象と同様に，修正を要する後発事象として予想信用損失の評価に織り込む必要がある。 　なお，支払猶予による償却原価の再測定または条件変更の会計処理は，予想信用損失への影響とは別に，IAS第10号の適用において，別個に考慮する必要がある。 　支払猶予の予想信用損失への影響については，*Point Of View*「新型コロナウイルス感染症（COVID-19）による支払猶予がステージ判定に及ぼす影響」（143頁）を参照。
3	2020年7月10日に，政府は，これまで政府支援の恩恵を受けていなかった業界セクターに対して，新たな新型コロナウイルス感染症（COVID-19）の支援制度を公表した（例えば，事業主が一時帰休した従業員への給与支払を継続できるようにするための政府補助金の提供）。 　6月30日時点では，同セクターが財務上の困難に陥っている兆候が存在しており，また予想されるロックダウンの継続によりさらに	政府による当該支援制度の公表は，それが報告日時点で確実であったことの証拠を与えるものではない。 　ただし，ロックダウンの状況下で財務上の困難に陥った業界セクターに関する報告日以降に生じ得る将来の結果について，より多くの示唆を与えるものである。企業は，報告日時点の政府の政策を検討する際，政府が同様の困難に陥った他の類似セクターを過去に支援していた実績があったことを踏まえ，2020年6月30日時点で，このように進展することを示す利用可能な合理的で裏付け可能な情報が存在していたと判断した。 　企業は，すでに選択したシナリオやそのウェイト付けにそのような状況が適切に織り込まれているかどうかを検討し，織り込まれていない

	悪化することが予想されていた。しかし，事態の急速な進展を理由として，6月30日までに，政府は同セクターの支援を決定していなかった。	場合には，適切な修正を行う。これは前述の「分類3」の事象の例である。 　ただし，政府の政策が突発的なものであり，報告日時点で合理的に生じ得るとみなされない場合には，企業は，報告日時点の予想信用損失の評価に織り込んではならないと判断する可能性がある。このようなシナリオは，前述の「分類2」の事象である。
4	2020年7月20日に，主要な債務者が破産または破産管財手続に入った。	これは，IAS第10号第9項が定める，報告期間後に発生した債務者の倒産の例と類似しており，通常，報告期間の末日において，信用減損が生じていたことの確認となる。同様に，この後発事象は，2020年7月1日から20日の間に著しい信用悪化のトリガーとなる重大な事象が生じていない限り，報告日において信用減損が生じており，前述の「分類1」の修正を要する後発事象であることを示している。 　また，銀行は，報告日に，類似の業種または状況にある他の債務者への影響を考慮する必要がある可能性がある。
5	2020年7月21日に，主要な債務者が未払債務残高の全額を弁済した。	未払債務の事後的な決済は，報告日時点に生じ得る将来の結果の1つを確認するものにすぎない。他方，弁済が行われなかった場合も，報告日に存在する状況または報告日以降に生じ得る事象としての結果の1つである。 　したがって，これは報告日における状況を確認するものではなく，修正を要する後発事象ではないため，予想信用損失の見積りをゼロにしてはならない。これは，前述の「分類3」の事象の1つの例である。しかし，実務上，このような状況においては，予想信用損失は僅少となる可能性がある。
6	2020年7月23日に，ある製薬会社が，新型コロナウイルス感染症（COVID-19）に対するワクチンの試験を成功させ，世界的なワ	銀行は，マクロ経済シナリオの予測および2020年6月30日時点のウェイト付けが，この結果の発生可能性を適切に反映しているかどうかを検討する。これは，前述の「分類3」の事象の1つの例である。

	クチン製造について規制当局の承認を得たと発表した。 　6月30日時点では，製薬会社が試験を完了させており，間もなくの規制当局によるワクチン承認を得る可能性があるという利用可能な情報があった。	
7	2020年7月30日に，2020年6月30日以降に実施した住宅ローンの支払猶予の件数が50,000件に達した。景気悪化の初期の兆候のみが示されており，6月30日以前に見られていた傾向が継続している。	報告期間後に実施した住宅ローンの支払猶予の件数は，2020年6月30日より前に見られた傾向を確認するものとして，銀行はすでに報告日時点の予想信用損失の見積りに反映されていると判断した。 　したがって，予想信用損失に対する追加の修正は必要ない。これは，前述の「分類3」の事象の1つの例である。

Point Of View　新型コロナウイルス感染症（COVID-19）の状況における合理的で裏付け可能な情報

　予想信用損失の見積りを行う際に，IFRS第9号は，次の2つの主要な見積りの要素について，合理的で裏付け可能な情報を使用することを求めている。

- ●ステージ判定（ステージ1か，ステージ2・3か）

　IFRS第9号は，信用リスクの著しい増大を示す合理的で裏付け可能な情報の使用を求めている（IFRS第9号第5.5.4項，第5.5.9項および第5.5.11項）。

- ●予想信用損失の測定

　IFRS第9号は，過去の事象，現在の状況および将来の経済状況の予測について，報告日において利用可能な合理的で裏付け可能な情報を反映するように予想信用損失を測定することを求めている（IFRS第9号第5.5.17項）。

　新型コロナウイルス感染症（COVID-19）は，世界的に重大な事象であり，経済的に著しいマイナスの影響を与えている。当該情報自体が合理的

で裏付け可能であるとみなされ，高度な判断を用いることになるものの，予想信用損失の見積りに反映する必要がある。

　したがって，予想信用損失を見積る際に，新型コロナウイルス感染症（COVID-19）の影響を無視することは，合理的で裏付け可能であるとは考えられない。これは，当初認識以降の信用リスクの著しい増大の有無を判断する場合および予想信用損失を測定する場合の両方に当てはまる。

　ITG は，2015年 9 月に開催された会議において，新たに発生した不確実な将来事象に対する合理的で裏付け可能な情報に関する論点について検討した。この会議での議論は，新型コロナウイルス感染症（COVID-19）の観点で，合理的で裏付け可能ではないとして，対象とする情報を除外すべきかどうかを評価する際に検討すべき要素について有益な洞察を提供している。これらは，次の 5 つの主要な項目に要約される。

① 　要求される判断
② 　二次的影響
③ 　集合的アプローチか個別アプローチか
④ 　低い発生可能性および不確実性
⑤ 　開示

① 　要求される判断

　新たに発生した不確実な事象に関しては，利用可能な将来予測的な情報が広範囲になる可能性が高く，その中には合理的で裏付け可能な情報もあれば，そうでない情報もある。どの情報が合理的で裏付け可能であるか，およびそれが予想信用損失の測定に及ぼす影響を分析する際には，高度な判断が求められる。

　IFRS 第 9 号 B5.5.51項に示されるとおり，企業は，情報の網羅的な調査を行う必要はないが，利用可能なすべての情報を考慮し，それが合理的で裏付け可能であるかどうかの判断を行う必要がある。ある情報に関して入手可能な証拠の程度は，その情報がどれだけ裏付け可能であるかを判断する際の 1 つの要因となる。特に，類似の傾向を示す情報源が複数存在している状況は，合理的で裏付け可能な情報を示す状況となる。

　新型コロナウイルス感染症（COVID-19）の状況において，どの情報が合理的で裏付け可能であるかを評価する際に求められる高度な判断は，企業にとって困難ではあるが不可能ではなく，判断の必要性自体は，合理的で裏付け可能な情報が存在しないことを意味しない。このことは，企業は，

二次的影響を含め，不確実な将来事象が金融商品の信用リスクおよび予想信用損失の測定に及ぼす影響を忠実に見積る努力をする必要があるというITGの会議における説明からも裏付けられる。

　したがって，合理的で裏付け可能であると判断され，その結果，信用リスクの著しい増大の有無の評価および予想信用損失の測定の両方に含める必要がある新型コロナウイルス感染症（COVID-19）に関する将来予測的な情報は複数存在すると予想される。これらには，例えば，格付機関による格下げやエコノミストによる予測なども含まれる。

②　二次的影響

　不確実な将来事象について検討する際，予想信用損失の目的上，これを2つの要素，すなわち，事象自体の不確実性と当該事象が発生した場合における特定の金融商品のキャッシュ・フローへの影響（いわゆる「二次的影響」）に分解することが有益となる可能性があるが，特に，二次的影響の分析は困難となる可能性がある。

　ITGの会議では，これらの二次的影響を測定するためにどのような情報が合理的で裏付け可能であるかを検討する際，情報は，必ずしも統計モデルや信用格付けプロセスによるものである必要はないと説明されている。

　IFRS第9号B5.5.52項では，予想信用損失は，失業率，商品価格など，観察可能なデータの変動を反映し，それと方向が一致したものとすべきであると説明されている。したがって，例えば，原油価格の下落，株価の下落，失業率の上昇といった現時点で入手可能で観察可能なデータは，検討対象の資産に関連する範囲で，二次的影響の測定における合理的で裏付け可能な情報として予想信用損失の見積りに織り込む必要がある。

　さらに，政府が実施する支援計画がもたらす二次的影響は，その情報が合理的で裏付け可能である場合には，その経済的影響およびその結果生じる予想信用損失の見積りに織り込む必要がある。なぜなら，その情報を織り込まなければ，偏りをもたらす可能性があり，IFRS第9号における要求事項に反するためである。

③　集合的アプローチか個別アプローチか

　合理的で裏付け可能な情報は，必ずしも個々の金融商品レベルで入手可能であるとは限らないため，予想信用損失の測定において，経済的な影響を基礎となるモデルに対して補正を行って織り込むか，または経済的な影

響を集合的に織り込むことが必要となる場合がある。この取扱いは，個々の金融商品レベルで情報が得られない場合には，将来予測的なマクロ経済情報を含むすべての関連性のある信用情報を織り込んだ包括的な信用リスクの情報を考慮し，集合的に予想信用損失を測定することを求めているIFRS 第 9 号 B5.5.4項によって示されている。したがって，個々の金融商品レベルでは詳細な情報がないことを理由として，予想信用損失の見積りから関連性のあるマクロ経済情報の影響を除外することは認められない。

　IFRS 第 9 号設例 5（ケーススタディ II － 1 － 5「「トップダウン」アプローチと「ボトムアップ」アプローチの比較」（52頁）を参照）は，貸付金ポートフォリオのケースにおいて集合的アプローチを適用する場合の例を示している（IFRS 第 9 号 IE38項，IE39項）。

　なお，ITG の会議でも言及されているとおり，影響を二重に織り込むことを避けるために注意が必要である。例えば，新型コロナウイルス感染症（COVID-19）の結果，失業率の上昇が予想される場合，補正によりその影響を織り込む前に，基礎となるモデルにすでに織り込まれている可能性のある失業率に関する仮定を二重に織り込む結果とはならないことを確かめる必要がある。

④　低い発生可能性および不確実性

　IFRS 第 9 号における予想信用損失を測定する際の重要な要求事項は，確率を加重した結果を反映することである。このため，ITG の会議では，当該事象の発生可能性が低いもしくはほとんど可能性がない，または当該事象が信用リスクもしくは予想信用損失額に及ぼす影響が不確実であるという理由だけで，関連性のある情報を予想信用損失の評価から除外すべきではないと指摘されている。

　また，IFRS 第 9 号は，予想信用損失を測定する際，たとえ確率が非常に低い場合であっても，損失が発生する可能性と損失が発生しない可能性を反映することを求めている（IFRS 第 9 号第5.5.18項）。したがって，ある事象の発生確率が低いことは，合理的で裏付け可能ではないとの理由で，当該事象を予想信用損失の見積りから除外する十分な理由にはならない。

　同様に，新型コロナウイルス感染症（COVID-19）の影響により幅広い範囲の結果が予想されたとしても，そのことが合理的で裏付け可能ではないことを意味するわけではない。こうした状況は，そのような範囲の予想を反映したさまざまなシナリオへの適切なウェイト付けによって対処が可能である。

⑤ 開 示

　新型コロナウイルス感染症（COVID-19）の影響に関する重大な不確実性に鑑みると，どの情報が合理的で裏付け可能であるかを評価し，それらの情報を利用して二次的影響を測定するために高度な判断を伴う可能性がある。場合によっては，それらの情報を評価した結果，一部の情報は合理的で裏付け可能であると結論付けられない可能性がある。

　しかし，このような場合には，財務諸表利用者が予想信用損失の測定に関する制約の程度を理解できるように，企業が関連性のある開示を行うことが重要であり，例えば，次のような開示が考えられる。

- 通常は個々の金融商品レベルで予想信用損失を測定するが，合理的で裏付け可能な情報が個々の金融商品レベルで入手できないことを理由として，集合的アプローチまたは補正を適用している場合の開示
- 合理的で裏付け可能な情報が入手できないと判断したため，当初認識以降の信用リスクの著しい増大の有無の評価または予想信用損失の測定において，特定のリスクまたは事象を織り込むことができなかった場合の開示

Point Of View　気候変動の観点における合理的で裏付け可能な情報

　気候変動は，不確実かつ影響の評価に多大な判断を伴う世界規模の経済的影響を伴う事象である。気候変動の潜在的影響に関する情報と分析データの量は増加し続けており，世界中でより持続可能かつ炭素排出量の少ない経済への移行に関心が集まっている。この関心度とデータ量自体は合理的で裏付け可能な情報とみなすことができる。したがって，予想信用損失を見積る際に気候変動の影響を無視することは，合理的で裏付け可能であるとは考えられない。

　しかしながら，以降で検討するように，気候変動の影響を検討する場合には，どの情報が合理的で裏付け可能であり，対象となる金融商品に関連するかどうかの評価において，対象となる金融商品の期間は非常に関連性がある。なぜなら，金融商品の満期後に生じる影響は予想信用損失の見積りにおいて関連性を有していないためである。例えば，契約から決済までの期間が1年未満の短期債権のポートフォリオは，15年から20年先の長期予測の影響を受けない。

　以降では，気候変動の観点で，次の5つの主要な項目を検討する。

- ①　要求される判断
- ②　二次的影響
- ③　集団的アプローチか個別アプローチか
- ④　低い発生可能性および不確実性
- ⑤　開示

①　要求される判断

　気候変動の影響は，気候条件の変化の影響や極端な事象（例えば，山火事，干ばつ，洪水など）の発生リスクの変動などにより増大している物理的リスクや，炭素排出量の低減あるいはより持続可能な経済への移行から生じる（例えば，政府主導の法律や移行関連の規制によってもたらされる）移行リスクなど，さまざまな形で顕在化する可能性がある。

　気候変動の影響に関しては，利用可能な将来予想的な情報が広範囲になる可能性が高く，その中には合理的で裏付け可能な情報もあれば，そうでない情報もある。どの情報が合理的かつ裏付け可能であるか，およびそれが予想信用損失の測定に及ぼす影響を分析する際には，高度な判断が求められる。

　企業は，情報の網羅的な調査を行う必要はないが，利用可能なすべての情報を考慮し，それが合理的で裏付け可能であるかどうかの判断を行う必要がある。ある情報に関して入手可能な証拠の程度は，その情報がどれだけ裏付け可能であるかを判断する際の１つの要因となる。特に，類似の傾向を示す情報源が複数存在している状況は，合理的で裏付け可能な情報を示す状況となる。

　また，対象となる金融商品の期間も，どの情報が合理的で裏付け可能であるかの評価に関連性を有している。なぜなら，金融商品の満期後に生じる影響は予想信用損失の見積りにおいて関連性を有していないためである。

　気候変動の観点において，どの情報が合理的で裏付け可能であるかを評価する際に求められる高度な判断は，企業にとって困難ではあるが不可能ではなく，判断の必要性自体は，合理的で裏付け可能な情報が存在しないことを意味しない。このことは，企業は，二次的影響を含め，不確実な将来事象が金融商品の信用リスクおよび予想信用損失の測定に及ぼす影響を忠実に見積る努力をする必要があるという ITG の会議における説明からも裏付けられる。

　したがって，気候変動に関連する利用可能な情報の中には，合理的かつ裏付け可能であると判断される情報があり，当該情報は信用リスクの著しい増大の有無の評価および予想信用損失の測定に含める必要がある。実務的な情報の例としては，以下が挙げられる。

	利用可能な情報の例
1	エコノミストによる予測
2	ESG（環境（Environment），社会（Social），ガバナンス（Governance））に係る問題が信用リスク格付けに与える影響の評価を提供する，格付機関によるESG格付け
3	金融安定理事会（FSB：Financial Stability Board）により設置された気候関連財務情報開示タスクフォース（TCFD：Task Force on Climate-related Financial Disclosures）の勧告に沿った，持続可能性，気候変動リスク，戦略に関する情報の開示など，年次報告書で提供される個々の債務者に固有の情報
4	気候変動の問題に早期に対応した他の国における新たな法規制が債務者に及ぼす潜在的な影響を理解するための情報
5	山火事や洪水のような過去の極端な気象現象の影響に関するデータ（過去の発生頻度が低い事象であっても，過去のデータは，将来生じ得る損失を推定するための基礎として用いることができる）
6	気候関連のエクスポージャーおよびリスクについて規制当局に提供される情報
7	気候関連のリスク評価や，それが新規融資の価格付けに与える影響など，既存のポートフォリオのリスクに関する知見を提供するその他の企業内部の情報
8	炭素集約型産業への融資の削減について他の銀行により公表されたコミットメント（炭素集約型の債務者が貸付契約満期時に再融資を受ける可能性が，当該貸付金の予想信用損失の見積りに関連する場合）

②　二次的影響

　不確実な将来事象について検討する際，予想信用損失の目的上，これを2つの要素，すなわち，事象自体の不確実性と当該事象が発生した場合における特定の金融商品に生じるキャッシュ・フローへの影響（いわゆる「二次的影響」）に分解することが有益となる可能性がある。
　ITGの会議では，これらの二次的影響を測定するためにどのような情報が合理的で裏付け可能であるかを検討する際，情報は，必ずしも統計モデ

ルや信用格付けプロセスによるものである必要はないと説明されている。

　IFRS第9号B5.5.52項では，予想信用損失は，失業率，商品価格など，観察可能なデータの変動を反映し，それと方向が一致したものとすべきであると説明されている。

　気候変動の観点においては，次のような二次的影響が考えられる。

	項目	補足説明
1	気候の段階的な変化	気候の変化は，主要な産業またはセグメントにおいて，事業の生産性またはマージンに徐々に影響を与える可能性がある。 　例えば，気温が少しずつ上昇すると，農業やエネルギー事業（例えば，熱発電所や水冷装置を使ったプロセスに依存する事業）に影響が及び，生産量の減少やプロセス改善のためのコスト増加によるマージンの縮小が生じる可能性がある。
2	極端な事象に対する予想の変化	山火事や洪水のような極端な事象について予想される変化がある場合，関連する場所の不動産の価値に影響を与え，さらにそのような場所の住宅ローンの債務者に影響を与える可能性がある。 　また，予想される資産の損傷にも影響を与え，生産時間の喪失や資産の取替コストの増加が生じる可能性もある。
3	低炭素排出経済またはより持続可能な経済への移行	緑化もしくはより持続可能な社会に移行するための，政府，規制当局または企業主導の取組み，あるいは関連する法規制は，債務者に直接的な影響を与える可能性がある。 　また，そのような取組みなどにより，例えば，ガソリン燃料のエンジンや自動車などの特定の物品の購入の減少など，消費者行動の変化を通じて，あるいはこれらの取組みが実施されない場合のコスト（例えば，賦課金または税金）の増加の結果として影響を与える可能性がある。 　さらに，プラスチック製ストローや特定の化学薬品など，特定の製品の使用を禁止することは，関連する産業に直接的な影響を与える可能性がある。

　上記は，気候変動の事象がキャッシュ・フローに二次的影響を及ぼし，ひいては予想信用損失の測定に影響を与える可能性があることを示す例である。これらの影響の規模と関連性のあるデータの利用可能性の判断は，困難となる可能性が高く，進展中の領域でもある。しかし，そのような情

報が過大なコストや労力を掛けずに利用可能であり，合理的で裏付け可能であると評価される場合には，当該情報を予想信用損失の見積りに織り込む必要がある。

　しかし，そのような影響を評価する際には，IFRS 第 9 号の要求事項と矛盾するような偏りが反映されないよう，影響を受けた人々に対する政府の財政支援，新たな洪水防御策の構築，保険，企業による事業モデルの適応などといった，リスク軽減活動の効果を考慮することも重要である。同様に，多額の資金源を有する債務者は，気候変動による信用リスクにほとんど，またはまったく影響を受けない可能性があり，気候変動によって財務上の便益を受ける債務者が存在する可能性もある。

③　集合的アプローチか個別アプローチか

　気候変動の影響に関する合理的で裏付け可能な情報は，必ずしも個々の金融商品レベルで入手可能であるとは限らないため，予想信用損失の測定において，基礎となるモデルに対して補正を行って経済的な影響を織り込むか，または経済的な影響を集合的に織り込むことが必要となる場合がある。この取扱いは，個々の金融商品レベルで情報が得られない場合には，将来予測的なマクロ経済情報を含むすべての関連性のある信用情報を織り込んだ包括的な信用リスクの情報を考慮し，集合的に予想信用損失を測定することを求めている IFRS 第 9 号 B5.5.4 項によって示されている。したがって，個々の金融商品レベルにおいて詳細な情報がないことを理由として，予想信用損失の見積りから関連性のある気候変動の情報の影響を除外することは認められない。

　IFRS 第 9 号設例 5（ケーススタディⅡ－ 1 － 5「「トップダウン」アプローチと「ボトムアップ」アプローチの比較」（52頁）を参照）は，貸付金ポートフォリオのケースにおいて集合的アプローチを適用する場合の例を示している（IFRS 第 9 号 IE38項，IE39項）。ここで使用された例では，石炭輸出の大幅な減少と炭鉱の閉山の予想を含んでいる。このシナリオは，気候変動および炭素排出量削減との関連性が高い。このケーススタディⅡ－ 1 － 5 は，利用可能な情報の程度に応じて，既存のモデルに集合的な補正を適用するために，「ボトムアップ」アプローチまたは「トップダウン」アプローチのいずれかを用いることを例示している。

　なお，ITG の会議でも言及されているとおり，影響を二重に織り込むことを避けるために注意が必要である。例えば，気候変動の結果，債務者の

信用力の低下が予想される場合，補正によりその影響を織り込む前に，基礎となるモデルにすでに織り込まれている可能性のある仮定（例えば，すでに予想される低下が織り込まれている格付機関による格付けの利用）を二重に織り込む結果とはならないことを確かめる必要がある。

④　低い発生可能性および不確実性

　IFRS 第 9 号における予想信用損失を測定する際の重要な要求事項は，確率を加重した結果を反映することである。このため，ITG の会議では，当該事象の発生可能性が低いもしくはほとんど可能性がない，または当該事象が信用リスクまたは予想信用損失額に及ぼす影響が不確実であるという理由だけで，関連性のある情報を予想信用損失の評価から除外すべきではないと指摘されている。したがって，将来における炭素税の増税のようなシナリオが最も可能性の高い結果とはみなされない場合であっても，そのことにより，当該シナリオを評価から除外できることを意味するわけではない。

　また，IFRS 第 9 号は，予想信用損失を測定する際，たとえ確率が非常に低い場合であっても，損失が発生する可能性と損失が発生しない可能性を反映することを求めている（IFRS 第 9 号第5.5.18項）。したがって，ある事象の発生確率が低いことは，合理的で裏付け可能ではないという理由で，当該事象を予想信用損失の見積りから除外する十分な理由にはならない。

　同様に，気候変動の影響により幅広い範囲の結果が予想されたとしても，そのことが合理的で裏付け可能ではないことを意味するわけではない。こうした状況は，そのような範囲の予想を反映したさまざまなシナリオへの適切なウェイト付けによって対処が可能である。

⑤　開　示

　気候変動の影響に関する重大な不確実性に鑑みると，どの情報が合理的で裏付け可能であるかを評価し，それらの情報を利用して二次的影響を測定するために高度な判断を伴う可能性がある。場合によっては，それらの情報を評価した結果，一部の情報は合理的で裏付け可能であると結論付けられない可能性がある。

　しかし，このような場合には，財務諸表利用者が予想信用損失の測定に関する制約の範囲を理解できるように，企業が関連性のある開示を行うことが重要であり，例えば，次のような開示が考えられる。

- 通常は個々の金融商品レベルで予想信用損失を測定するが，合理的で裏付け可能な情報が個々の金融商品レベルで入手できないことを理由として，集合的アプローチまたは補正を適用している場合の開示
- 合理的で裏付け可能な情報が入手できないと判断したため，当初認識以降の信用リスクの著しい増大の有無の評価または予想信用損失の測定において，特定のリスクまたは事象を織り込むことができなかった場合の開示

なお，企業が合理的で裏付可能な情報を用いて予想信用損失の見積りに気候変動の影響を織り込んでいるが，そのことが重要な影響を及ぼしていない場合には，当該事実の開示を検討することが考えられる。これは，年次報告書における財務諸表の外において気候変動の影響に関する記述が充実しているため，財務諸表利用者が予想信用損失の見積りに気候変動の重要な影響があると想起させるような場合が該当する可能性がある。

ケーススタディⅡ－3－7 ▶ 12か月の予想信用損失と全期間の予想信用損失を組み合わせた計算の可否

前 提

A社は，デフォルト確率（PD）に基づく複数の将来予測的なシナリオを用いて，貸付金の予想信用損失を算定する。具体的には，資産がステージ1に分類される各シナリオ（すなわち，信用リスクの著しい増大がないシナリオ）については12か月の予想信用損失を用い，資産がステージ2に分類される各シナリオ（すなわち，信用リスクの著しい増大があるシナリオ）については全期間の予想信用損失を用いて，確率加重平均した予想信用損失を計算する。

A社は，将来の失業率の変動に高い感応度を有する貸付金を保有している。また，A社は，将来予測的な失業率の予測情報を入手しており，その予測による将来の失業率は次のとおりである。

将来の失業率	シナリオの発生確率
2％	20％
4％	45％
5％	35％

（注）本ケーススタディにおけるすべての数値は，単に例示目的であり，現実的ではない可能性がある。例えば，12か月PDと全期間PDを検討する際の各シナリオの発生確率が同一であり，各シナリオのデフォルト時損失率（LGD）が同一で

あると仮定することは，実務的ではない可能性がある。また，実務上，将来予測的なシナリオ数は，本ケーススタディにおけるシナリオ数とは異なる可能性がある。

　A 社は，予想信用損失の算定にさまざまなアプローチを使用できるが，本ケーススタディでは，将来予測的なシナリオのそれぞれについて，将来予測的な情報を含む，関連性があり合理的で裏付け可能なすべての情報に基づき，次のデータを用いる。

将来の失業率	シナリオの確率	12か月PD	全期間PD	デフォルト時損失率（LGD）	デフォルト時のエクスポージャー（EAD）（単位：百万円）	12か月の予想信用損失（12か月PD×LGD×EAD）（単位：百万円）	全期間の予想信用損失（全期間PD×LGD×EAD）（単位：百万円）
2 %	20%	1 %	2 %	50%	1,000	5	10
4 %	45%	4 %	10%	55%	1,000	22	55
5 %	35%	12%	32%	80%	1,000	96	256

　A 社は，当初認識以降の全期間 PD の増加に基づき信用リスクの著しい増大の有無を評価しており，現在の全期間 PD が15％以上増加した場合に信用リスクの著しい増大が発生したと判断している。A 社は，信用リスクの著しい増大を個別には生じさせないシナリオ（将来の失業率が 2 ％および 4 ％のケース）には12か月の予想信用損失を用い，信用リスクの著しい増大を個別に生じさせるシナリオ（将来の失業率が 5 ％のケース）には全期間の予想信用損失を用い，各シナリオの発生可能性を考慮して，予想信用損失を101百万円（＝ 5 百万円×20％＋22百万円×45％＋256百万円×35％）と計算した。

　当該方法は，IFRS 第 9 号に基づいた適切な算定方法であるか。

ポイント

12か月の予想信用損失と全期間の予想信用損失を組み合わせて，予想信用損失を算定できるか検討する。

考え方

IFRS 第 9 号は，次の 2 段階のプロセスを要求している。

● まず，A 社は，関連性のあるすべての要因とそれらの相対的なウェイト付けを併せて考慮して，貸付金の当初認識以降に信用リスクが著しく増大しているかどうかを評価する。この評価では，関連性のある将来予測的な情報，生じ得る将来のシナリオ，およびその発生可能性を考慮する必要がある。これ

に基づいて，A社は，貸付金がステージ１またはステージ２のいずれに分類
されるかを判定する。
- 次に，A社は，12か月の予想信用損失（貸付金がステージ１にある場合）ま
たは全期間の予想信用損失（貸付金がステージ２にある場合）のいずれかに
基づいて予想信用損失を計算する。

　上記の単純化した例では，A社は，現在の全期間PDの平均として，発生し得
る複数の将来シナリオの発生可能性で確率加重した値16.1％（＝２％×20％＋
10％×45％＋32％×35％）を算出したうえで，当初認識時点のPDと比較して，
当初認識以降に信用リスクの著しい増大の有無を評価する必要があるため，A社
の計算方法はIFRS第９号に基づいた適切な算定方法ではない。

　本ケーススタディでは，A社は現在の全期間PDが15％以上増加した場合に信
用リスクの著しい増大が発生したと判断していることから，対象となる貸付金は
ステージ２に分類される。このため，A社は，各シナリオの全期間の予想信用損
失に各シナリオが発生する可能性を考慮して，確率加重平均した予想信用損失を
116百万円（＝10百万円×20％＋55百万円×45％＋256百万円×35％）と計算する
必要がある。

　ステージ１の資産については，すべてのシナリオに対して12か月の予想信用損
失を計算し，ステージ２の資産については，すべてのシナリオに対して全期間の
予想信用損失を計算するという原則，すなわち，貸付金が同時にステージ１とス
テージ２に該当することはないため，両者を組み合わせた計算を行わないことは，
共通の信用リスク特性を有する貸付金のグループにも適用される。

　しかしながら，ケーススタディⅡ－１－５「「トップダウン」アプローチと「ボ
トムアップ」アプローチの比較」（52頁）で説明しているとおり，具体的な状況に
応じて，「トップダウン」アプローチまたは「ボトムアップ」アプローチを用いて，
貸付金のポートフォリオを共通の信用リスク特性を有するより小さな貸付金のグ
ループに細分化して，それぞれの貸付金のサブグループがステージ１またはス
テージ２に分類されるかを判定する場合がある。

Point Of View　予想信用損失の測定における将来予測的なマクロ経済シナリオの数

　2015年12月に開催されたITGの会議および2016年７月にIASBが公表
したウェブキャストにおいて議論されているとおり，IFRS第９号に基づ
く予想信用損失を算定する際には，複数の将来予測的なマクロ経済シナリ

オを検討する必要がある。

　これは，複数の将来予測的なシナリオとそれに関連する信用損失との間には，予想信用損失に重大な影響を及ぼす非線形の関係が存在する場合があるためであり，信用リスクの著しい増大の有無の評価にも，予想信用損失の測定にも適用される。

　非線形の関係については，次のような住宅ローン・ポートフォリオの例を用いて説明できる。

- 住宅価格が10％下落した場合，経験上，超過担保による影響が依然として大きいため，予想信用損失は1％増加する。
- 住宅価格が20％下落した場合，経験上，多くのローンが担保不足となり損失が発生するため，予想信用損失は10％増加する。

　予想信用損失は，住宅価格の下落に伴って直線的には増加せず，住宅価格が下落するにつれて，より高いペースで増加する。これが「非線形性」である。

　その結果，複数の将来予測的なシナリオと，これに関連する債務不履行発生リスクの変動との間に非線形の関係がある場合，または予想信用損失の変動との間に非線形の関係がある場合には，最も発生可能性が高い結果に基づく中心的な経済シナリオ（「基本シナリオ」と呼ばれることがある）のような，単一の将来予測的なマクロ経済シナリオの使用は，IFRS第9号の目的を満たさない。

　したがって，予想信用損失を測定する際，少なくとも複数の将来予測的なマクロ経済シナリオを使用するが，どのくらいの数のマクロ経済シナリオを考慮する必要があるかが論点となる場合がある。

　この点，重要な非線形性を捕捉するシナリオの数を適切に決定するためには判断が必要となる。このシナリオの数は事実および状況によって異なり，定期的に再評価する必要がある。したがって，例えば，基本シナリオ，景気回復シナリオ，景気悪化シナリオを用いることは多いものの，必ずしも3つのシナリオが適切な数であるとは限らない。

　適切なシナリオの数の決定に関連する検討事項には，次の項目が含まれる。

項目	説明
過大なコストや労力を掛けずに利用可能な情報	IFRS第9号は，予想信用損失を算定する際に，過大なコストや労力を掛けずに利用可能な範囲で情報を使用することを求めている。

	利用可能な情報には，過去の損失データや将来の信用損失の可能性に関する予測などの企業自身の内部情報や，エコノミストによる予測，一部の法域や業界における過去の損失統計などの外部情報が含まれる。
代表的なシナリオ	IFRS第9号BC5.265項は，多くの生じ得る結果がある場合，企業は期待値計算のために完全な分布の中の代表的なサンプルを使用できると言及している。 　したがって，必ずしもすべての考え得るシナリオをモデル化する必要はないが，偏りのない予想信用損失が測定されると考えられるシナリオを選択すべきであり，これには判断が必要となる。 　企業が異なる地域にポートフォリオを有する場合，代表的なシナリオを決定する際には，それらの地域の異なる特性を考慮する必要がある。
重要な非線形性の理解	予想信用損失測定の目的上，どのシナリオが完全な分布状況を最もよく表しているかの決定は，ポートフォリオ内に重要な非線形性が存在しているかどうか，および存在する場合どこに存在しているかによって異なる。 　完全な分布状況を最もよく表しているシナリオとされるためには，選択したシナリオがこれらの重要な非線形性を捕捉している必要がある。 　対象ポートフォリオに存在する非線形性を理解する際には，企業が有している既存の管理情報が役立つ場合がある。例えば，銀行規制上のストレスシナリオの下で計算した信用損失は，会計に直接使用する目的ではなく，銀行監督を目的として算出されたものであるが，ポートフォリオ内のどこに重要な非線形性が存在するのかを理解し，どのような種類のシナリオが重要な非線形性を捕捉できるかを理解するために役立つ可能性がある。
発生確率	ストレスシナリオなどのより極端なシナリオは，予想信用損失の計算に使用するシナリオの1つとして選択する必要がない可能性がある。 　なぜなら，発生確率が非常に低いシナリオは，シナリオの選択に含めたとしても，結果として得られる確率加重平均ベースによる予想信用損失に重要な影響を及ぼさないことを意味するためである。 　しかし，シナリオが極端であるという理由だけで，当該シナリオを自動的に検討から除外できるわけではない。

合理的で裏付け可能な情報	IFRS第9号は，情報が合理的で裏付け可能な場合に，予想信用損失の計算に当該情報を使用することを求めている。 単に不確実性があるからといって，または判断が必要となるからといって，必ずしも当該情報が合理的で裏付け可能ではないとはならない。
状況の変化	必要とされるシナリオの数は時の経過とともに変化する可能性がある。こうした変化は，次のような要因の変化に起因する可能性がある。 ●事業内容 　例えば，ある企業が異なるリスク特性を有する貸付金の組成を新たに開始した場合，新たなポートフォリオにおいてのみ存在する新たな非線形性を捕捉するために追加シナリオが必要となる場合がある。 ●マクロ経済環境 　例えば，経済状況の悪化により，従来考慮する必要はなかったが，現在は予想信用損失に重要な影響を与える可能性のある非線形性を捕捉するために，追加的な景気悪化シナリオが必要となる場合がある。

　IFRS第7号で求められるとおり，将来予測的なマクロ経済シナリオなどの将来予測的な情報をどのように予想信用損失の算定に織り込んだのかについて，開示する必要がある（IFRS第7号第35G項）（第Ⅳ部第2章4.(1)⑦「インプット，仮定および見積技法」(195頁) を参照）。また，予想信用損失の見積りに含まれる代表的な将来予測的なマクロ経済シナリオの選択が見積りの不確実性の主要な発生要因である場合には，IAS第1号第125項が求める開示を行う必要がある（第Ⅳ部第2章5.「その他の開示—見積りの不確実性の主要な発生要因および予想信用損失を算定する際の判断」(206頁) を参照）。

ケーススタディⅡ－3－8 ▶ 複数の将来予測的なマクロ経済シナリオのウェイト付けの検討

前提

　IFRS第9号は，予想信用損失について，一定範囲の生じ得る結果を評価することにより算定される，偏りのない確率加重金額を反映する方法で見積ることを求めている（IFRS第9号第5.5.17項(a)）。企業が使用するシナリオを決定した場合，

選択したシナリオそれぞれに適用するウェイト付けについて検討する必要がある。

　複数の将来予測的なマクロ経済シナリオのウェイト付けをどのように決定すべきか。

（注）本ケーススタディでは，予想信用損失の計算に適用するアプローチとして，モンテカルロ法などではなく，別個の将来予測的なマクロ経済シナリオの使用を前提とする。

ポイント

　IFRS第9号の目的を考慮して，シナリオのウェイト付けのアプローチを検討する。

考え方

　IFRS第9号では，ウェイト付けの決定方法について定めていないため，さまざまなアプローチが可能である。ウェイトの割当ては，事実および状況によって異なるため判断が必要であり，定期的に再評価する必要がある。

(1)　シナリオに適用するウェイトを決定する際の検討事項

　選択したそれぞれのシナリオに適用するウェイトを決定する際の検討対象には，次の事項が含まれる。

　①　ウェイト付けの目的

　　IFRS第9号BC5.265項は，多くの生じ得る結果がある場合，企業は期待値計算のために完全な分布の中の代表的なサンプルを使用できると言及している。代表的なシナリオを選択した場合，それらは生じ得るシナリオの完全な分布のうちの部分集合を表している。

　　したがって，選択したそれぞれのシナリオは，当該シナリオの結果（予想信用損失を測定する場合，損失発生額）が代表しているシナリオの部分集合が全体に占める割合に基づいてウェイト付けする必要がある。

　　例えば，0パーセンタイルのシナリオを最悪シナリオ，100パーセンタイルのシナリオを最良シナリオ，10パーセンタイルのシナリオを景気悪化シナリオとして選択し，すべての考え得るシナリオを苛酷度の順に並べた単純化した例を検討する。選択した個々のシナリオの制約の中で，10パーセンタイルのシナリオで生じる損失が，0パーセンタイルから33パーセンタイルまでの間のすべてのシナリオで生じる損失を最もよく表している場合（例えば，0パーセンタイルから33パーセンタイルまでの間の損失特性が相対的に変わらない場合），10パーセンタイルのシナリオのみに基づくことも適切であるとみなして，IFRS第

9号第5.5.17項に従った偏りのない予想信用損失の測定において，10％のウェイト付けではなく，33％のウェイト付けとすることが見込まれる。

これについては，ケーススタディⅡ－3－9「複数の将来予測的なマクロ経済シナリオのウェイト付けの決定方法」（122頁）でより詳細に検討する。シナリオは完全な分布を最もよく表すものとして選択されるため，適用したウェイトの合計は100％となる。

② 情報の利用可能性

すべての考え得るシナリオにわたる完全な損失特性といった，理論上，完全なウェイト付けの計算に必要とされる情報が，過大なコストや労力を掛けずに利用可能であることは，実務上，非常に稀である。このため，信用分析に関する専門的判断が必要となる。

一方，単に不確実性があるからといって，もしくは判断が必要とされるからといって，必ずしも当該情報が合理的で裏付け可能ではない，または過大なコストや労力を掛けないと利用可能でないというわけではない。特に，次の情報の一部または全部は，過大なコストや労力を掛けずに利用できる場合があり，企業が適切なウェイト付けを決定する際の手掛かりとして使用される場合がある。

● 企業における債務不履行および損失に関する過去データ
● 類似企業または業界における債務不履行および損失に関する過去データ
● 将来シナリオが信用リスクに及ぼす潜在的影響を分析するための企業自身のモデル（例えば，規制上のストレステストのモデル）

(2) ウェイト付けに関連した留意事項

過大なコストや労力を掛けずに利用可能な情報の範囲は，企業の相対的な洗練度や特定の融資事業の経験度といった要因によっても異なるが，複数のシナリオに適用するウェイト付けに関連して企業が留意すべき事項として，次の項目がある。

① 定期的な再評価

選択した複数のシナリオとそれらに適用するウェイト付けは，各報告日または状況が変化した時点で再評価する必要がある。

合理的で裏付け可能な最新の情報によって，直近の報告日に用いたウェイト付けが引き続き裏付けられる場合には，ウェイト付けを変更しないことが適切である。例えば，企業が期中財務諸表を作成しており，前年度の年次財務諸表以降，企業の状況や外部のマクロ経済環境に大きな変化がなかった場合が該当する可能性がある。

　ウェイト付けを決定するための全体的なアプローチを策定する際，企業は，今後のどのような動向によりウェイト付けを変更するか，または変更しないかについて，これを裏付けるために行われる分析とともに検討する必要がある。これにより，首尾一貫したアプローチを継続的に適用できる。

② シナリオおよびウェイト付けの同時検討

　シナリオとウェイト付けは同時に検討する必要がある。例えば，報告日において，より極端なシナリオを選択する場合，他のすべてが同じであれば，より小さいウェイト付けが適用されることが予想される。

　一方，経済見通しが悪化している場合，一連の報告日を考慮し，ウェイト付けを常に修正する必要があると推定すべきではない。例えば，選択した景気悪化シナリオよりもさらに悪化することが見込まれる場合，その景気悪化シナリオへのウェイト付けは，時間の経過とともに一定であり続ける可能性がある。

③ 予想信用損失の測定と信用リスクの著しい増大

　2015年12月に開催されたITGの会議では，複数の将来予測的なマクロ経済シナリオの検討は，予想信用損失の測定と信用リスクの著しい増大の有無の評価の両方に関連すると明確化された。したがって，シナリオのウェイト付けの決定に用いるアプローチは，これら両方の要素について考慮する必要がある。

④ 開　示

　予想信用損失の見積りに含まれる将来予測的なマクロ経済シナリオに適用するウェイト付けの決定が重要な見積りに該当する場合には，IAS第1号第125項および第129項が定める開示を行う必要がある（第Ⅳ部第2章5.「その他の開示―見積りの不確実性の主要な発生要因および予想信用損失を算定する際の判断」（206頁）を参照）。

ケーススタディⅡ－3－9 ▶ 複数の将来予測的なマクロ経済シナリオのウェイト付けの決定方法

| 前　提 |

A銀行は，次の事項を前提として，1件の貸付金を保有している。

● 考え得るシナリオは，すべて苛酷度が高い順に並べることができる。0パーセンタイルのシナリオは最悪シナリオであり，100パーセンタイルのシナリオは最良シナリオである。

● 10パーセンタイル（景気悪化シナリオ），50パーセンタイル（基本シナリオ），90パーセンタイル（景気回復シナリオ）という3つのシナリオが，完全な分

布を適切に表すものとして正当化されている。

● 複数のシナリオおよび将来予測的な情報の影響を考慮して，貸付金のステージ分類を適切に決定している。

A銀行は，複数の将来予測的なマクロ経済シナリオのウェイト付けをどのように決定すべきか。

(注) 本ケーススタディは，シナリオのウェイト付けが選択したシナリオから生じる結果に基づくという原則を説明するため，意図的に単純化しており，予想信用損失の計算に関する他の側面についての見解を提供することを意図したものではない。また，すべての必要な情報（特に，完全な損失特性）について，合理的で裏付け可能であり，過大なコストや労力を掛けずに利用可能であることを前提としているが，実務上，こうした状況は稀である。

ポイント

複数のシナリオを考慮して予想信用損失を計算するために，代表されるシナリオに対してウェイト付けを検討する。

考え方

複数のシナリオを考慮して予想信用損失を計算するために，選択したシナリオそれぞれについて，ケーススタディⅡ-3-8「複数の将来予測的なマクロ経済シナリオのウェイト付けの検討」を踏まえて，選択したシナリオから生じる結果に代表されるシナリオの部分集合に基づいたウェイト付けを行う。

A銀行は，次のとおり，選択したシナリオから生じる結果（すなわち，損失）に代表されるシナリオの部分集合に基づいたウェイト付けを行った。

ケース	損失の範囲	ウェイト付け
景気悪化シナリオの10パーセンタイルで生じる損失95百万円が，0パーセンタイルから34パーセンタイルまでの間のすべてのシナリオで生じる損失を最もよく表すとみなされる。	100百万円から62百万円まで	34%
基本シナリオの50パーセンタイルで生じる損失30百万円が，34パーセンタイルから57パーセンタイルまでの間のすべてのシナリオで生じる損失を最もよく表すとみなされる。	62百万円から16百万円まで	23%
景気回復シナリオの90パーセンタイルで生じる損失2.5百万円が，57パーセンタイルから100パーセンタイルまでの間のすべてのシナリオで生じる損失を最もよく表すとみなされる。	16百万円から0百万円まで	43%

これは，完全な損失特性と併せて，次の図のとおり示される。

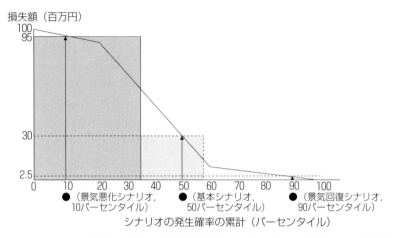

損失額（百万円）

シナリオの発生確率の累計（パーセンタイル）

このアプローチを用いると，予想信用損失は，次の金額の合計として見積られる結果，予想信用損失の見積りは40.3百万円となる。

- 95百万円（景気悪化シナリオにおける損失）×34％＝32.3百万円
- 30百万円（基本シナリオにおける損失）×23％＝6.9百万円
- 2.5百万円（景気回復シナリオにおける損失）×43％＝1.1百万円

当該金額は，すべての単一シナリオで生じる損失を考慮した場合の予想信用損失の見積り（上図の損失線の下の部分の面積に等しく，41百万円と算定される）に非常に近似している。

この結果は，同一の事例において，選択したそれぞれのシナリオに対応するパーセンタイルに紐づけてウェイト付けした場合とは対照的となる。このようなアプローチを適用する１つの方法は，次のとおりである。

- 同程度またはより悪いシナリオが発生し得る可能性は10％であるため，10パーセンタイルの景気悪化シナリオに対して10％のウェイト付けを行う。
- 同程度またはより良いシナリオが発生し得る可能性は10％であるため，90パーセンタイルの景気回復シナリオに対して10％のウェイト付けを行う。
- すべてのウェイト付けの合計を100％にするために，50パーセンタイルの基本シナリオに対して80％のウェイト付けを行う。

　このアプローチは，次の図のとおり示される。

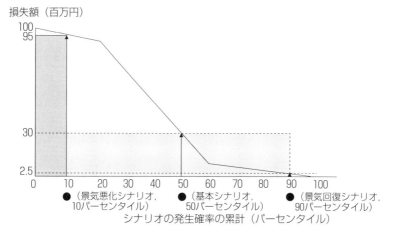

損失額（百万円）

　このアプローチを用いると，予想信用損失は，次の金額の合計として見積られる結果，予想信用損失の見積りは33.75百万円となる。
- ●95百万円（景気悪化シナリオにおける損失）×10％＝9.5百万円
- ●30百万円（基本シナリオにおける損失）×80％＝24百万円
- ●2.5百万円（景気回復シナリオにおける損失）×10％＝0.25百万円

　当該金額は，すべての単一シナリオで生じる損失を考慮した場合の予想信用損失の見積り41百万円より18％小さい。この差異が重要な場合には，予想信用損失の見積りが33.75百万円となるアプローチが，IFRS 第 9 号第5.5.17項が定める偏りのない予想信用損失の見積りとはならない。

ケーススタディⅡ－ 3 －10 ▶ グループ全体で同一の複数シナリオが用いられる場合における，グループ内の異なる部門への異なるウェイト付けの検討

| 前　提 |

　IFRS 第 9 号は，予想信用損失について，一定範囲の生じ得る結果を評価することにより算定される，偏りのない確率加重金額を反映する方法で見積ることを求めている（IFRS 第 9 号第5.5.17項(a)）。
　A 銀行グループが，本社の経済調査部門を通じて，首尾一貫して適用される将来予測的なマクロ経済の複数シナリオの一組のセットを選択し，報告日においてグループ全体で使用する場合を想定する。

　この場合，Ａ銀行グループ内の異なる部門，例えばリテール・バンキング部門とホールセール・バンキング部門は，報告日において，同一の複数シナリオに対して異なるウェイト付けを適用できるか。

（注）本ケーススタディでは，予想信用損失の計算に用いるアプローチとして，モンテカルロ法などではなく，別個の将来予測的なマクロ経済シナリオの使用を前提とする。なお，グループ内のさまざまな活動全体にわたる重要な非線形性を捕捉する必要がある場合には，グループ内の各部門は，同一の将来予測的な複数シナリオの使用が可能であると自動的に仮定すべきではない。例えば，法人向け貸付金ポートフォリオの重要な非線形性は，個人向け貸付金ポートフォリオと比較して，より厳しい景気悪化シナリオにおいてのみ発生する可能性があり，逆もまた同様である（*Point Of View*「予想信用損失の測定における将来予測的なマクロ経済シナリオの数」（116頁）を参照）。しかしながら，本ケーススタディでは，Ａ銀行グループが，同一の将来予測的な複数のシナリオをグループ内の異なる部門で使用することを正当化している状況を前提とする。

ポイント

　IFRS第9号の目的を考慮して，グループ内の異なる部門に異なるウェイト付けを適用することを検討する。

考え方

　IFRS第9号の目的は確率加重された予想信用損失の算定であるため，特定のシナリオに適用するウェイト付けを決定する際，偏りのない予想信用損失が算定されるようにウェイト付けを決定する必要がある。

　Ａ銀行グループがグループ全体にわたって複数シナリオの同一のセットを適用する場合に，グループ内の異なる部門が異なるエクスポージャーの特性を有するときには，グループ内のすべての部門に同一のウェイト付けをすることが適切であると仮定すべきではない。

　これは，2015年9月に開催されたITGの会議において，異なる要因が異なる金融商品に関連している場合があり，したがって，特定の項目に関する将来予測的な情報の関連性は，信用リスクの特定の発生要因に応じて，金融商品によって異なる可能性があるとした結論と整合している。

　特定のシナリオの結果が，生じ得るシナリオの完全な分布上のより大きな部分集合を最もよく表す場合があり，そのため，そのシナリオにより大きなウェイト付けが必要となる場合がある。例えば，ある金融商品のグループ（例えば，個人向け貸付金ポートフォリオやＸ地域で組成された貸付金）については，他の金融

商品（例えば，法人向け貸付金ポートフォリオやY地域で組成された貸付金）と比較して，特定のシナリオにより大きなウェイト付けが行われる場合がある。これについては，ケーススタディⅡ－3－11「グループ全体で同一の複数シナリオが用いられる場合における，グループ内の異なる部門への異なるウェイト付けの決定方法」で，より詳細に検討する。

　実務上，企業は，グループ全体のエクスポージャーの特性を考慮して，グループ全体のシナリオのウェイト付けをグループレベルで定義し，その後，グループ内の特定の部門のエクスポージャーの特性が著しく異なる場合にのみ，グループ報告目的上，そのウェイト付けを修正する方法を選択できる可能性がある。

　さらに，シナリオのウェイト付けの影響は，通常，ステージ1に分類される金融商品の方が，ステージ2に分類される金融商品より小さいと見込まれる。

ケーススタディⅡ－3－11 ▶ グループ全体で同一の複数シナリオが用いられる場合における，グループ内の異なる部門への異なるウェイト付けの決定方法

| 前　提 |

　個人向け貸付金を提供するリテール・バンキング部門であるA部門および法人向け貸付金を提供するホールセール・バンキング部門であるB部門から構成されるX銀行グループについて，次の事項を前提とする単純化した例を検討する。

- ●考え得るシナリオはすべて苛酷度が高い順に並べることができる。0パーセンタイルのシナリオは最悪シナリオ，100パーセンタイルのシナリオは最良シナリオである。
- ●10パーセンタイル（景気悪化シナリオ），50パーセンタイル（基本シナリオ），90パーセンタイル（景気回復シナリオ）という3つのシナリオが，X銀行グループレベルの完全な分布を適切に表すものとして正当化されている。
- ●複数のシナリオの影響を考慮して，貸付金のステージ分類を適切に決定している。
- ●両部門の損失特性は異なる。下図に示すとおり，ほとんどの場合，リテール・バンキング部門（A部門）で生じる損失は，ホールセール・バンキング部門（B部門）より大きい。

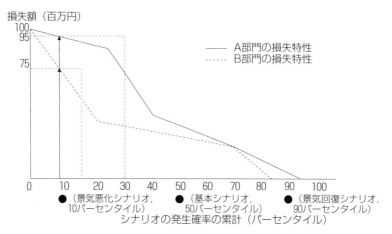

X銀行グループのA部門およびB部門において各シナリオのウェイト付けはどのように決定すべきか。

（注）本ケーススタディは，グループ全体で同一の複数シナリオを使用する場合，グループ内の異なる部門に対して異なるシナリオのウェイト付けが必要になる可能性があるという原則を説明するため，意図的に単純化している。これは，予想信用損失の計算に関する他の側面についての見解を提供することを意図したものではない。また，すべての必要な情報（特に，完全な損失特性）について，合理的で裏付け可能であり，過大なコストや労力を掛けずに利用可能であることを前提としているが，実務上，こうした状況は稀である。

ポイント

グループ内で同一の複数シナリオが用いられる場合において，グループ内の異なる部門に異なるウェイト付けを適用することを検討する。

考え方

ケーススタディⅡ－3－10「グループ全体で同一の複数シナリオが用いられる場合における，グループ内の異なる部門への異なるウェイト付けの検討」（125頁）を踏まえて，グループ全体で同一の複数シナリオが用いられる場合における，グループ内の異なる部門に異なるウェイト付けを適用することの可否について検討する。

景気悪化シナリオから生じる結果または損失が代表するシナリオの部分集合に基づいて，A部門とB部門に対して別個に景気悪化シナリオのウェイト付けを決定する場合（ケーススタディⅡ－3－8「複数の将来予測的なマクロ経済シナリ

オのウェイト付けの検討（119頁）を参照），事実パターンとウェイト付けは次のとおりとなる。

部門	事実パターン	ウェイト付け
A部門	景気悪化シナリオの10パーセンタイルで生じる損失95百万円が，０パーセンタイルから30パーセンタイルまでの間のすべてのシナリオで生じる損失を最もよく表すとみなされる。	30%
B部門	景気悪化シナリオの10パーセンタイルで生じる損失75百万円が，０パーセンタイルから15パーセンタイルまでの間のすべてのシナリオで生じる損失を最もよく表すとみなされる。	15%

つまり，２つの部門の損失特性が異なるため，景気悪化シナリオから生じる損失は，B部門のケースよりもA部門のケースの方がより多くのシナリオを代表する。

したがって，この場合には，その影響の大きさに応じて，グループ内の異なる部門（すなわち，A部門およびB部門）について，グループ全体で使用する同一の複数シナリオに，異なるウェイト付けを適用することが適切であると考えられる。

6．担保と信用補完

⑴　担保に係るキャッシュ・フローの見積り

IFRS第9号は，予想信用損失の見積りにおける予想されるキャッシュ不足額の見積りに，契約条件の一部である担保および他の信用補完から見込まれるキャッシュ・フローのうち企業が別個に認識していないキャッシュ・フローを反映することを求めている（IFRS第9号B5.5.55項）。

担保付の金融商品について予想されるキャッシュ不足額の見積りは，担保の取得および売却のためのコストを控除した，抵当権実行により見込まれるキャッシュ・フローの金額および時期を反映する。抵当権実行の可能性が高いかどうかにかかわらず，期待キャッシュ・フローの見積りには，抵当権実行の確率とそれから生じるキャッシュ・フローを考慮する。

したがって，契約の満期後に担保の実現から見込まれるキャッシュ・フロー

がある場合には，キャッシュ・フローの見積りに含める必要がある。抵当権実行により取得した担保は，関連する資産の認識要件を満たす場合を除き，担保付の金融商品と別個の資産として認識しない（IFRS 第 9 号 B5.5.55項）。

(2)　信用補完付きの金融資産に係る予想信用損失の測定

　企業は，金融資産に関して，担保や金融保証またはクレジット・デフォルト・スワップなど他の形式の信用補完から便益を受ける場合がある。このような信用補完から生じるキャッシュ・フローについては，次の両方に該当する場合には，関連する金融資産の予想信用損失の測定に含める必要がある。

- ●当該信用補完は，実質的に，金融資産の契約条件の一部（すなわち，不可分）である。
- ●当該信用補完は，会計上，別個に認識されていない。

　2015年12月に開催された ITG の会議において指摘されているとおり，予想信用損失の測定に含まれる信用補完は，明確に契約条件の一部であるもののみに限定されるべきではない。企業は，信用補完が契約条件と不可分であるかを評価する必要があり，その評価を行う際には，すべての関連する事実および状況を考慮する。

　信用補完が別個に会計処理される場合，同一のキャッシュ・フローの二重計上を避けるため，当該信用補完から生じるキャッシュ・フローを予想信用損失の測定に含めてはならない。例えば，IFRS 第 9 号付録 A の金融保証契約の定義を満たさないデリバティブなどは別個に会計処理することが求められ，当該取引から生じるキャッシュ・フローは，関連する金融資産の予想信用損失の測定に含めてはならない。

Short Break　IFRS 第 9 号における金融保証契約の定義

　IFRS 第 9 号において，「金融保証契約」とは，特定の債務者が負債性金融商品の当初または変更後の条件に従った期日の到来時に支払を行わないため，契約保有者に発生する損失の補償を目的として，当該保有者に対する所定の支払を契約発行者に要求する契約をいう（IFRS 第 9 号付録 A）。

　金融保証契約の会計処理は，その法的形態（例えば，信用状，クレジット・デ

フォルトスワップ契約）や，発行者が保険会社かどうかによって異ならない。な
お，IFRS 第 9 号には，金融保証契約に関する保有者側の観点からの詳細なガイ
ダンスはない。

　支払の前提条件として，期限の到来時点に保証した資産に関して債務者の不履
行に晒され，それによる損失が保有者に生じることを要求しない，信用度に関連
した保証は，金融保証契約ではなくデリバティブであり，IFRS 第 9 号に基づい
て会計処理する。しかし，期日の到来時にデリバティブ契約の相手方が支払を行
わなかった場合に，企業に対して支払を要求する契約は，金融保証契約の定義を
満たす可能性がある。この契約におけるリスクは，保証されているデリバティブ
に固有のリスクではなく，相手方が債務不履行となった場合において保証されて
いる相手方の信用リスクである（IFRS 第 9 号 B2.5項(b)）。

　保有する金融保証を保証対象の金融資産と別個に会計処理するかどうかにつ
いては，IFRS に明確なガイダンスが定められていないため，判断が必要とな
る。考慮すべき要因には，次の事項が含まれる。

- ●金融保証に係るコストが保証対象の金融資産の取引コストの定義を満たす
か。

　　なお，「取引コスト」は，IFRS 第 9 号付録 A において，金融資産また
は金融負債の取得，発行または処分に直接起因する増分コストと定義され
ており，「増分コスト」は，企業が当該金融商品を取得，発行または処分
していなければ発生しなかったコストと定義されている。

- ●金融保証は，保証対象の金融資産と同じ会計単位の一部とみなすことが可
能であるか。

Point Of View　貸付金に係る信用補完の取扱い

　ここでは，銀行が実行した貸付金に係る信用補完の取扱いについて具体
的に検討する。なお，この原則は，銀行以外の貸手にも同様に適用される。
　ケース 1 からケース 5 は金融保証を，ケース 6 はクレジット・デフォル
ト・スワップを取り扱っている。なお，*Point Of View*「保証対象の不可
分な一部ではない金融保証の認識および測定」（136頁）では，金融保証が
保証対象の貸付金とは別個に認識される場合の会計上の影響について検討

している。

(1)　ケース1

　貸付契約上，貸付開始時に借手が銀行に信用補完を提供する条件が含まれている。貸付開始時に，借手は，第三者との間で金融保証契約を別途締結して銀行に保証を提供し，当該第三者に保証料を支払うケースを想定する。

　貸付契約上，金融保証を提供することが明示的に言及されているため，当該金融保証は貸付契約と不可分であるとみなされる。また，当該金融保証は貸付契約の成立条件であり，銀行が当該第三者に対して支払う当該金融保証に関連するコストは，すべて貸付金の組成に直接起因する増分コストに該当するため，貸付金の取引コストとして取り扱われる。さらに，当該金融保証は，保証対象の貸付金と同一の会計単位の一部とみなすことが可能であり，会計上，別個に認識されない。

　したがって，当該貸付金に係る予想信用損失の測定には，当該金融保証から見込まれるキャッシュ・インフローを織り込む。なお，貸付開始時に金融保証の提供が契約条件の中で明確に要求されていることは必要ではなく，例えば，次のケースでも会計処理は変わらない。

ケース	例示
貸付契約上，借手が銀行に金融保証を提供することは明示的には求められていないが，金融保証に言及する別の文書への相互参照が含まれている。	借手による保証料の支払が織り込まれた貸付金の返済スケジュールにおいて，金融保証について言及されている。
貸付契約上，借手が銀行に金融保証を提供することは明示的には求められていないが，貸付契約に係る現地の法規制により金融保証が要求されている。	一部の法域の法規制では，借手がほとんど，またはまったく頭金の支払を行わない特定の種類の貸付金について，銀行が金融保証契約を締結することが義務付けられている。

(2)　ケース2

　貸付契約の条件は，銀行が借手（ある企業の子会社）への貸付金について，当該借手の親会社から金融保証を得ることを借手に要求できることを定めている。銀行が要請した場合には，当該借手の親会社は金融保証の提供を拒否できない。貸付実行後の借手の信用リスクの増大に伴い，銀行は，

貸付契約に基づき，当該借手の親会社から金融保証を取得するケースを想定する。

　この場合，当該金融保証は，保証対象の貸付金の契約条件と不可分である。なぜなら，貸付契約上，借手（子会社）の親会社に対して金融保証を求めることができる選択権を銀行が保有していることが明示的に定められているためである。さらに，当該金融保証は，貸付金の契約条件の一部であり，保証対象の貸付金と同一の会計単位の一部とみなすことができるため，当該貸付金と別個に会計処理されない。

　したがって，当該貸付金に係る予想信用損失は，当該金融保証から生じる予想キャッシュ・インフローを織り込んで算定される。

(3)　ケース3

　貸付契約および関連文書は，金融保証について明示的には言及していないが，貸付金の当初認識日に，銀行は，貸付金に係る信用リスクを軽減するために第三者である保証提供者に対してプレミアムを支払い，金融保証を取得するケースを想定する。

　この場合，銀行は，次の2つの判断を行う必要がある。
- 当該金融保証は，保証対象の貸付金と不可分であるか。
- 当該金融保証は，貸付金とは別個に会計処理されるか。

　ケース3における重要な事実は，保証対象の貸付金の当初認識日に銀行が金融保証を取得しているため，当該金融保証が貸付金と不可分であると判断される可能性がある点である。この状況は，特に，銀行が金融保証を得なければ貸付契約を締結しないような場合などに該当する。実務上，銀行が金融保証を得るまでに一定の短い期間が必要となる場合があるが，実務上の理由による多少の遅延は，会計処理に影響を与えない。

　金融保証が貸付金とは別個に会計処理されるかどうかを評価する際に考慮すべき要因は，前述のとおりであるが，さらに，当該貸付金に係る金融保証に係るコストが取引コストの定義を満たすかどうか，および当該金融保証を貸付金と同一の会計単位であるとみなすかどうかも考慮する。

　前述の「当初認識日」への言及は，貸付金の組成および購入に対して同様に適用される。すなわち，当該判断は，銀行が貸付金の当初認識時に金融保証を取得することを前提とする限り，貸付金の組成か購入かにかかわらず適用される。

会計処理は，銀行の判断によって，次のとおり異なる。

事実パターン	会計処理
金融保証は，貸付金にとって不可分であり別個に会計処理する必要がないと銀行が判断する。	銀行が負担する支払保証料を当該貸付金の実効金利の一部として取り扱い，保証対象の貸付金の予想信用損失の測定に当該金融保証から生じる予想キャッシュ・フローを含める。
金融保証は，保証対象の貸付金にとって不可分ではない，または保証対象の貸付金とは別個に会計処理すると銀行が判断する。	保証対象の貸付金の予想信用損失の測定に当該金融保証から生じるキャッシュ・フローを含めるべきではない。 この場合，*Point Of View*「保証対象の不可分な一部ではない金融保証の認識および測定」（136頁）で説明しているとおり，別個の補填資産が認識される。

⑷　**ケース 4**

　貸付契約上，金融保証について明示的には言及していないが，貸付実行後に，銀行は貸付金に係る信用リスクを軽減することを決定し，第三者から金融保証を取得するケースを想定する。

　この場合，既存の貸付金に対する保証を受ける目的で金融保証を取得しているため，当該金融保証は，貸付条件の一部ではなく（すなわち，不可分ではなく），貸付金の一部として認識されない。金融保証に係るコストは，保証期間と保証対象の貸付金の予想存続期間のいずれか短い期間にわたって償却する。

　当該金融保証は，別個に認識されるため，保証対象の貸付金の予想信用損失の測定に含めることはできない。ただし，*Point Of View*「保証対象の不可分な一部ではない金融保証の認識および測定」（136頁）において説明しているとおり，別個の補填資産が認識される。

⑸　**ケース 5**

　銀行は，貸付金ポートフォリオに対する金融保証を第三者から取得し，保証料の支払を行った。個々の貸付金は，その当初認識日から当該金融保証の対象となるが，当該保証契約は，貸付金とは別個に締結されている。すなわち，当該金融保証の対象となる個々の貸付金の貸付契約においては，借手が銀行に対して金融保証を提供することを要求していないケースを想定する。

　銀行は，当該金融保証を通じて，ポートフォリオ内のすべての貸付金に生じる損失が補償され，ケース 3 と実質的な違いはないため，ケース 3 と同様の判断が適用される。

事実パターン	会計処理
金融保証は，保証対象の貸付金ポートフォリオと不可分であると銀行が判断する。	金融保証に係るコストを当該貸付金ポートフォリオの実効金利に含め，予想信用損失が当該金融保証で補償される範囲において，保証対象の貸付金の予想信用損失の測定に金融保証から生じる予想キャッシュ・フローを含める。
金融保証は，保証対象の貸付金にとって不可分ではない，または保証対象の貸付金とは別個に会計処理すると銀行が判断する。	当該貸付金ポートフォリオに係る予想信用損失の測定に当該金融保証から生じるキャッシュ・フローを含めず，別個に補填資産を認識する。

　金融保証が個々の貸付金ではなく貸付金ポートフォリオを補償しているという事実，および銀行が借手からではなく第三者から金融保証を取得し，その保証料を支払うという事実は，会計処理に影響を及ぼさない。しかしながら，保証対象の貸付金の当初認識後しばらくしてから，金融保証を取得した場合には，当該金融保証は，当該貸付金とは別個に会計処理し，保証対象の貸付金の予想信用損失の測定に含めない。この場合，ケース 4 と実質的な違いはない。

⑹　ケース 6

　銀行が債券を購入すると同時に，当該債券に係る信用リスクを軽減するため，第三者とクレジット・デフォルト・スワップを締結するケースを想定する。なお，クレジット・デフォルト・スワップの契約条件において，クレジットイベント発生時に決済代金を受け取るために，銀行が当該債券を保有することは要求されていない。

　当該クレジット・デフォルト・スワップは，銀行が保有する債券に係る信用リスクを軽減するものの，IFRS 第 9 号付録 A の金融保証契約の定義を満たしていない。なぜなら，当該クレジット・デフォルト・スワップは，銀行が実際に債券に係る損失を被るかどうかにかかわらず，債券のデフォルトに対して銀行に支払を行う契約であるためである。

　このようなクレジット・デフォルト・スワップについては，デリバティ

ブとして，純損益を通じて公正価値で測定する必要がある。デリバティブ
として会計処理される信用補完は純損益を通じて公正価値で測定されるた
め，そのような信用補完からのキャッシュ・フローを信用補完の対象の金
融資産の予想信用損失の算定に含めることはできない。

Point Of View　保証対象の不可分な一部ではない金融保証の認識および測定

　金融保証からのキャッシュ・フローが保証対象の貸付金の予想信用損失
の測定に含まれない場合，当該金融保証からの補填は，IAS 第37号「引当
金，偶発負債及び偶発資産」に従って別個の資産として取り扱われる。こ
のような補填に係る資産が，いつ認識し，どのように測定すべきかが論点
となる場合がある。

　IAS 第37号は，企業が義務を決済すれば補填を受け取ることがほぼ確実
となる場合，企業が補填に係る資産を認識することを求めている（IAS 第
37号第53項）。したがって，支払期日に債務者が支払を行わないことによ
り生じる損失が保証によって補填されることがほぼ確実である場合には，
企業は，保証対象の貸付金に係る損失評価引当金を認識する時点で補填に
係る資産を認識する。

　補填に係る資産の額は，保証対象の貸付金の損失評価引当金の額を上
回ってはならない。損失評価引当金に認識されたキャッシュ不足額のうち
金融保証によって補填される額についての企業の予想は，認識される補填
に係る資産の金額に織り込まれる。

　このように，補填に係る資産およびこれに対応する利得の認識によって，
貸付金に係る損失評価引当金およびこれに対応する損失は補填される。こ
れは，実務上，被保証者は，保証によって補償される範囲内であれば損失
を被らないことを示している。

　しかしながら，金融保証契約が締結された時点で，過去に認識したすべ
ての予想信用損失を戻し入れ，関連する減損利得を認識することによって，
初日の利得を認識するのは適切でない。なぜなら，金融保証に係る独立第
三者間の支払手数料は，当初時点で予想された損失および将来の信用悪化
によって発生し得る追加的な損失が織り込まれているという経済的実態を
反映しないためである。したがって，そのような初日の利得は，金融保証
の契約締結時には存在しない。

　補塡に係る資産は，財政状態計算書において損失評価引当金と相殺できないが，補塡に係る利得は，純損益計算書において減損に係る表示科目に含められる可能性がある（IAS 第37号第54項）。
　また，金融保証に係るコストを前払いする場合，当該コストは，適切な基礎に基づき，保証期間と保証対象の貸付金の予想存続期間のいずれか短い期間にわたり償却する必要がある。ただし，契約開始時において前払いしたコストの一部は，実質的には，補塡に係る資産に対する前払いであるため，当該部分を二重計上してはならない。

7．条件変更

　金融資産の契約上のキャッシュ・フローの条件変更により，既存の金融資産の認識の中止が生じる場合がある。条件変更が既存の金融資産の認識の中止および条件変更後の金融資産の認識を生じさせる場合，条件変更後の金融資産は，新たな金融商品とみなされる（IFRS 第9号 B5.5.25項）。
　その場合，IFRS 第9号の減損の要求事項を適用する際は，条件変更日を当該金融資産の当初認識日として扱う。これは，通常，全期間の予想信用損失を認識するまでは，損失評価引当金を12か月の予想信用損失に等しい金額で測定することを意味する。
　しかしながら，一部の例外的な状況においては，条件変更後の金融資産が当初認識時に信用減損しているため，当該金融資産を組成した信用減損金融資産として認識する必要がある。例えば，価値が毀損している資産について大幅な条件変更が行われ，当初の金融資産の認識の中止が生じる状況が該当する可能性がある（IFRS 第9号 B5.5.26項）。
　他方，条件変更により，金融資産の認識の中止が生じない場合もある。その場合，条件変更後の金融資産の総額での帳簿価額は，条件変更後の契約上のキャッシュ・フローを反映するように調整される。新たな総額での帳簿価額は，条件変更後の将来の契約上のキャッシュ・フローを当該金融資産の当初の実効金利で割り引いた現在価値として算定され，その調整差額については，条件変

更による利得または損失として純損益に認識する必要がある（IFRS 第 9 号第5.4.3項）。

　条件変更後の金融資産について信用リスクの著しい増大の有無を判定する場合，他の金融商品と同じ方法で評価する必要があり，具体的には，企業は，**図表Ⅱ－3－4**に示す①の条件に基づく債務不履行発生リスクと②の条件に基づく債務不履行発生リスクを比較する。この比較により信用リスクの著しい増大が示されない場合には，損失評価引当金は，12か月の予想信用損失に等しい金額で測定される（IFRS 第 9 号第5.5.12項）。

（図表Ⅱ－3－4）条件変更において比較する債務不履行発生リスクの条件

	基準日	キャッシュ・フローのベース
①	報告日	条件変更後の契約条件
②	当初認識時	条件変更前の当初の契約条件

　条件変更されたが認識の中止が行われない金融資産は，自動的に信用リスクが低いとはみなされない。企業は，当初認識以降に信用リスクの著しい増大があったかどうかを，過大なコストや労力を掛けずに利用可能なすべての合理的で裏付け可能な情報に基づいて評価する必要がある。これには，過去の情報と将来予測的な情報および当該金融資産の予想存続期間にわたる信用リスクの評価（条件変更が生じた状況に関する情報を含む）が含まれる。

　全期間の予想信用損失を認識する要件を満たしていないという証拠には，条件変更後の契約条件の下での最新かつ適時の支払実績が含まれる場合がある。通常，債務者の信用リスクが減少したとみなす前に，一定期間にわたる良好な支払行動を立証する必要がある。例えば，支払の不履行または不完全な支払の履歴は，通常，単に条件変更後に 1 回の支払を適時に行っただけでは払拭されない（IFRS 第 9 号 B5.5.27項）。

**ケーススタディⅡ－3－12 ▶ 価格譲歩が営業債権の予想信用損失の見積りに及ぼす
影響**

<u>前　提</u>

　A社は，サービス提供に関連して，1,000百万円の収益と営業債権を計上してい
る。A社は，全期間の予想信用損失に係る損失評価引当金は営業債権の2％と決
定し，1,000百万円の収益を認識した報告期間の末日時点で20百万円の損失評価引
当金を認識した。

　翌報告期間において，収益の当初認識時には予想していなかった新型コロナウ
イルス感染症（COVID-19）による影響があり，A社は，サービス品質の問題に
より100百万円の値引きを行うことを合意した。

　このような価格譲歩は，IFRS第9号の予想信用損失に係る損失評価引当金にど
のような影響を及ぼすか。

<u>ポイント</u>

　価格譲歩について，IFRS第9号を適用するのか，またはIFRS第15号を適用す
るのか検討する。

<u>考え方</u>

　信用リスクによる損失のみがIFRS第9号の予想信用損失に係る損失評価引当
金の範囲に含まれる。他方，結果的に生じる損失が，債務者の信用リスクに起因
する信用損失ではなく，顧客との係争，企業による不効率または困難な取引条件
下の販売インセンティブなどの要因に起因する場合，価格調整または価格譲歩は，
IFRS第15号における要求事項の対象となり，IFRS第9号を適用する前にIFRS
第15号を適用する必要がある。逆に，債務者が支払能力を有していないことから
生じる損失は，予想信用損失の測定に含まれる。

　例えば，新型コロナウイルス感染症（COVID-19）による影響として，当初に契
約で合意した方法または時期に提供できなかった財またはサービスに対して企業
が値引きを行う可能性がある。そのような値引きは，信用損失に該当しないため，
予想信用損失の将来予測的な見積りに織り込むべきではない。企業は，そのよう
な契約について認識した収益の金額を測定する際に，それらの値引きによる影響
を考慮する必要がある。

　IFRS第15号に従って測定された値引きは，純損益計算書の「収益」の表示科目
に直接影響を与える。一方，IFRS第9号の予想信用損失は，「減損損失」などの
費用科目に表示され，認識した収益の金額に影響しない。

　さらに，信用損失率をIFRS第9号の予想信用損失の引当金を見積る基礎とし

　て使用する場合，それらは契約価格の変更により間接的に影響を受ける可能性がある。

　本ケーススタディにおけるＡ社が合意した遡及的な値引きは，IFRS第15号に従い，値引きが認識される期間の収益に100百万円の減額をもたらす。収益減額後の営業債権の帳簿価額は900百万円であり，適用される予想信用損失率は２％のままと仮定すると，損失評価引当金は18百万円となる。

　したがって，この値引きの影響は，収益の減額100百万円および損失評価引当金戻入額２百万円である。なお，価格譲歩については，引当マトリクス（*Short Break*「引当マトリクスを使用する際の留意事項」（168頁）を参照）において類似する他の債権に適用される信用損失率を分析するために用いるデータに対する影響についても考慮する必要がある。

　価格譲歩と顧客の信用リスクに対するエクスポージャーとの区別には，特に価格譲歩が信用リスクが高い顧客に行われる場合，判断が必要となる可能性がある。価格譲歩の会計処理を行う際に重大な判断または見積りが含まれる場合，企業は，IFRS第15号およびIAS第１号における重大な会計上の判断および見積りに求められる開示要求事項を考慮する必要がある。また，価格譲歩に関連するIFRS第15号の一般的な開示要求事項も考慮する必要がある。

Point Of View　貸付金の条件変更とその予想信用損失に及ぼす影響

　ITGは，2015年４月に開催した会議において，条件変更と予想信用損失に係る次の論点について議論している。

論点	議論の内容
条件変更が行われたが認識の中止が行われない貸付金について，IFRS第９号は，条件変更による利得または損失を認識することを求めているが，条件変更による利得または損失をどのように計算すべきか	IFRS第９号は，条件変更による利得または損失について，従前の貸付金の総額での帳簿価額と条件変更後の貸付金の総額での帳簿価額（新たな見積キャッシュ・フローを当初の実効金利で割り引いた現在価値）との差額として測定することを求めている。予想キャッシュ・フローを見積る際，予想信用損失を考慮してはならない。 　条件変更前に貸付金の直接償却が行われていた場合，直接償却は認識の中止に該当する事象であるため，その総額での帳簿価額は直接償却控除後の金額となる。
新たな全期間の予想信用損失をどのように測	条件変更後は信用損失の発生確率が低くなったと企業が判断する場合もあるが，予想信用損失をゼロとは

定すべきか	できない。これは，予想信用損失を測定する目的で使用される予想キャッシュ・フローが信用損失の確率を考慮するのに対し，条件変更後の総額での帳簿価額は信用損失の確率を考慮しないためである。
条件変更による利得または損失と予想信用損失に係る損失評価引当金の変動は，どのように表示すべきか	条件変更による利得または損失と予想信用損失に係る損失評価引当金の変動は，企業の財務業績を理解するのに最も目的適合性の高い方法で表示する必要がある。これにより，条件変更による利得または損失と損失評価引当金の変動は，総額または純額のいずれかにより表示される。なお，その際には，重要性も考慮される。
IFRS第7号第35J項に基づく開示に含まれる条件変更とは何か	すべての条件変更は，IFRS第7号第35J項が求める開示に含める必要がある（第Ⅳ部第2章4.(2)③「認識の中止を生じない金融資産に係る契約上のキャッシュ・フローの条件変更」(201頁) を参照）。すなわち，これには信用力の変動に起因する条件変更も含まれる。 　IFRS第9号は，このような条件変更による利得または損失を識別できるよう，情報を追跡することを求めているが，適用上の課題を生じる可能性がある。なぜなら，多くの企業は，信用力の変動に起因する条件変更に関する情報は収集しているが，商業上または他の理由による条件変更に関する情報を収集していない可能性があるためである。 　また，企業は，信用力の変動に起因する条件変更を行った金融商品について，他の理由に起因する条件変更とは区別して開示するかどうかについても考慮する必要がある。

ケーススタディⅡ－3－13 ▶ 条件変更前後の貸付金のステージ判定

前 提

　債務者が財政上の困難な状況にあり，貸付金に係る契約上のキャッシュ・フローの回収額を最大化するために，銀行が契約条件の変更を申し出る場合がある。例えば，銀行が債務者に対して支払の猶予を申し出る場合がある。これは，財政上の困難な状況にある期間にわたり債務者を支援する一方，契約上のキャッシュ・フローの回収を最大化する目的で行われる。

　また，個人向け住宅ローンなどの貸付金については，このような条件変更により，債務者の住宅による代物弁済を回避できる。このような条件変更は，「支払猶予」と呼ばれることがあるが，当該用語の定義は，銀行間または異なる規制間で異なる場合があり，また，時間の経過とともに変更される場合がある。

　ここで，貸付を行っていたＡ銀行が，債務者の財政上の困難を理由に条件変更を行うが貸付金の認識の中止が生じない場合，⑴条件変更時および⑵条件変更後におけるステージ判定（すなわち，ステージ１，ステージ２，またはステージ３への分類）をどのように検討すべきか。なお，当該貸付金は，購入または組成した信用減損金融資産ではないと仮定する。

ポイント

　貸付金のステージ判定にあたっては，当初認識以降に信用リスクの著しい増大があるかどうか，また当該貸付金が信用減損しているかどうか検討する。

考え方

⑴　条件変更時

　貸付金の適切なステージ判定は，条件変更の具体的な事実および状況によって異なる。IFRS第９号付録Ａでは，ステージ３に分類される「信用減損金融資産」について次のとおり定義しており，対象となる貸付金が当該定義を満たしているかどうかについて考慮する。

> 　金融資産は，当該金融資産の見積将来キャッシュ・フローに不利な影響を与える１つまたは複数の事象が発生している場合には，信用減損している。金融資産が信用減損している証拠には，次の事象に関する観察可能なデータが含まれる。
>
> 　（略）
>
> 　⒞借手に対する融資者が，借手の財政上の困難に関連した経済上または契約上の理由により，そうでなければ当該融資者が考慮しないであろう譲歩を借手に与えたこと（略）

　ここで，貸付金の３つのステージへの分類の可能性について，次のとおり検討する。

　①　ステージ３への分類

　　多くの場合，ステージ３に分類される「信用減損」の定義を満たす。なぜなら，支払猶予という譲歩は，債務者が財政上の困難な状況にある場合にのみ与えられ，そうでなければ，貸手はそうした譲歩を与えることはなく，金利または元本の支払の一部が放棄されるなど，この譲歩は見積将来キャッシュ・フ

ローに不利な影響を与えるためである。

② ステージ2への分類

　対象となる貸付金が「信用減損」の定義を満たさない場合には，当該貸付金をステージ2に分類する。これは，例えば，債務者が重大な財政上の困難に陥っていない場合であって，次のような場合に該当する可能性がある。

- 短期的に支払が中断したが，支払が単に繰り延べられ，未払債務残高に金利が発生しており，その結果，貸付金の見積将来キャッシュ・フローに不利な影響を与えていない。
- 契約上の財務制限条項が改定または撤廃されたが，これによって見積キャッシュ・フローに不利な影響を与えるとは考えられていない。

③ ステージ1への分類

　債務者の財政上の困難を理由に条件緩和した時点で，当該貸付金をステージ1に分類することは適切でない。

(2) 条件変更後

　債務者への財政支援目的でこのような条件変更が行われた場合であっても，当該貸付金の認識の中止が行われない場合には，当該貸付金が自動的に信用リスクが低いとみなされることにはならない（IFRS第9号B5.5.27項）。企業は，当初認識以降に信用リスクの著しい増大の有無について評価する必要がある。

　通常，債務者の信用リスクが減少したとみなし，貸付金をステージ3からステージ2に，またはステージ2からステージ1に移行させる前に，一定期間にわたる良好な支払行動を首尾一貫して立証する必要がある。支払の不履行または不完全な支払の履歴は，通常，1回の支払を適時に行ったのみでは払拭されない。

　IFRS第9号におけるステージ判定は，貸付金が依然として支払猶予の定義を満たすかどうかとは別個の問題である。なぜなら，企業が採用している支払猶予の定義は，異なる猶予期間を求める規制上の取扱いが反映されている可能性があるためである。したがって，規制上の猶予期間を，IFRS第9号の目的上，金融資産がステージ3からステージ2へ，またはステージ2からステージ1へ移行するために必要となる良好な支払行動の期間として使用できると仮定すべきではない。

Point Of View　**新型コロナウイルス感染症（COVID-19）による支払猶予がステージ判定に及ぼす影響**

　新型コロナウイルス感染症（COVID-19）のパンデミック発生前におい

ては，支払猶予は，通常，財政上の困難に陥ったことが判明した債務者からの要請に基づき行われていた。その場合，貸手は，債務者の財政状態を評価し個々の状況に合わせて支払猶予の条件を定めるために，債務者から詳細な財務情報を入手して利用していた。このような状況では，支払猶予の対象の貸付金は，ステージ2またはステージ3に分類されていた（ケーススタディⅡ－3－13「条件変更前後の貸付金のステージ判定」（141頁）を参照）。

　しかしながら，新型コロナウイルス感染症（COVID-19）のパンデミック発生後においては，支払猶予が行われる典型的な状況が大きく変化している。すなわち，支払猶予は，債務者からの要請により行われるものだけでなく，政府による包括的な措置としても行われている。また，個人の債務者から提供される財務情報は，あったとしてもごく僅かである。その結果，通常，例えば住宅ローンなど，特定の顧客すべてに対し，個々の債務者レベルの評価を実施せずに標準化された支払猶予が行われている。

　2020年3月27日にIASBが公表した文書において強調されているとおり，このような環境変化の中で，支払猶予に関する信用リスクの著しい増大の有無を評価する際，過去に確立されたアプローチを機械的に適用することは適切ではない。新型コロナウイルス感染症（COVID-19）に関連する支払猶予が与えられた貸付金のステージ判定を行う際，どのような要因を考慮すべきかが論点となる場合がある。

　この点，最初に支払猶予が与えられた際のステージ判定に関連する可能性のある要因は多岐にわたり，各要因の関連性の程度は，発生する可能性のある影響の重要性ならびに個々の事実および状況に依存する。主要な考慮事項には，次の項目が含まれる。
　(1)　支払猶予期間の延長
　(2)　IFRSにおける技術的な検討事項
　(3)　実務上の検討事項
　(4)　その他の検討事項

(1)　支払猶予期間の延長
　この *Point Of View* において特定されている各要素は，貸手が債務者に関する詳細かつ最新の財務情報を有していない場合に，当初の支払猶予期間が延長された時点で貸付金のステージ判定を評価する際に関連する可能性がある。ただし，支払猶予期間が延長される場合には，次の要素につい

ても考慮する必要がある。

要素	説明
信用リスクの著しい増大の発生可能性	通常，信用リスクの著しい増大の発生可能性は，支払猶予が最初に与えられた時よりも，延長された時の方が大きくなる。なぜなら，短期的な流動性の困難さを理由とする支払猶予の必要性は，時間の経過によって徐々に低下するためである。 　しかし，これは特定の事実および状況によって異なり，次のような例が挙げられる。 ● 関連する地域においてロックダウンが緩和され正常な経済活動が再開され，他の債務者が正常な返済を再開できるようになっているにもかかわらず，債務者から支払猶予期間の延長を要請された場合には，信用リスクの著しい増大の発生が強く推定される。 ● 当初の支払猶予期間が，例えば，3か月という長期間であった場合，当該期間の延長は，当初の支払猶予が1か月という短期間であった場合の延長よりも，単なる短期的な流動性の困難さではなく信用リスクの著しい増大の発生を強く示すことになる。 ● 債務者を区別しない包括的措置として支払猶予期間の延長が与えられた場合，個々の貸付金レベルでのステージ判定に関連する情報が提供されないことになる（後述の(2)「IFRSにおける技術的な検討事項」における「包括的な救済措置としての支払猶予か，債務者からの要請に基づく支払猶予か」を参照）。
債務額	支払猶予期間が延長されても貸付金の満期日が変わらない場合，支払再開後の定期返済額は，延長前よりも増加するため，債務不履行発生確率およびステージ2への移行可能性が高くなることが見込まれる。
信用リスクの高い貸付金	すでにステージ2に分類しており，債務不履行の発生が見込まれる信用リスクの高い貸付金については，個々のどの貸付金が信用減損しており，ステージ3に分類するかを識別するために必要な情報が十分に入手できない可能性がある（後述の(2)「IFRSにおける技術的な検討事項」における「信用減損とステージ3の関係」を参照）。 　しかしながら，IFRS第9号B5.5.5項に示されるとおり，予想信用損失が過小評価され，信用リスクの増大が不明瞭になり偏りが生じる場合には，このような貸付金について損失評価引当金を

	集合的に認識する際，信用リスクの低い貸付金と一緒にグルーピングすべきではない。
データ収集	支払猶予期間を延長する場合，最初に支払猶予を与えた時との比較では，貸手はより長い時間をかけてプロセスを構築でき，より正確に債務者を分類するために必要な顧客データを収集できる機会が高まる可能性がある（後述の(3)「実務上の検討事項」における「今後に対する計画」を参照）。なぜなら，支払猶予を当初に与えた時は，救済制度に債務者が早急にアクセスできることが重要であり，銀行は新たなプロセスを急遽導入する必要があったため，一般的に，必要な最新の財務情報を個々の債務者からほとんど入手できなかったためである。 　影響を受ける貸付金のステージ判定を行う際，このような追加的なデータを考慮する必要がある。
二重計上	時間の経過とともに入手可能な情報が増加するため，インプットの影響の二重計上を避けるために注意する必要がある。支払猶予期間の延長を理由として貸付金をステージ2へ分類する場合に二重計上が発生する可能性がある。なぜなら，支払猶予期間の延長を生じさせたリスクは，予想信用損失を見積るための他のインプットを通じて，信用リスクの著しい増大の有無の評価にすでに反映されている可能性があるためである。特に，予想信用損失を見積る際に集合的アプローチが適用される場合，補正や複数のマクロ経済シナリオの適用などを通じて，二重計上のリスクが大きくなる。 　したがって，後述の(3)「実務上の検討事項」で説明するとおり，経済見通しの変化を反映させるために，最初に，マクロ経済シナリオおよびそのウェイト付けを更新して適用した後，支払猶予期間が延長された貸付金のうちステージ1に継続して分類された貸付金に限定して焦点を当てることが望ましい。

　なお，債務者が財政上の困難に陥っている状況を示す詳細かつ最新の財務情報を貸手が有している場合，この *Point Of View* におけるガイダンスの代わりに，ケーススタディⅡ-3-13「条件変更前後の貸付金のステージ判定」（141頁）におけるガイダンスを適用する必要がある。

　同様に，債務者が支払猶予期間の延長を要請するが，貸手が債務者が最終的に貸付金を返済できないと判断しその要請を拒否した場合，債務者が財政上の困難に陥っていることが示されているため，当該貸付金は，少なくともステージ2に分類する必要がある。

⑵　IFRSにおける技術的な検討事項

　新型コロナウイルス感染症（COVID-19）に関連する支払猶予が与えられた貸付金のステージ判定を行う際のIFRSにおける検討事項として，次の事項が挙げられる。

検討事項	説明
包括的な救済措置としての支払猶予か，債務者からの要請に基づく支払猶予か	IASBの文書において強調されているとおり，特定のクラスの金融商品全体に対して支払猶予が行われたのみでは，当該金融商品は自動的にはステージ2に移行しない。なぜなら，その包括的な支払猶予により債務者が一律に取り扱われる場合，個々の貸付金レベルでのステージ判定のための情報が提供されないためである。例えば，政府が，債務者の個別の財務状況にかかわらず，特定のクラスの貸付金のすべて（例えばすべての住宅ローン）に支払猶予を与えることを要求する場合が挙げられる。 　しかし，このような貸付金についても，信用リスクの著しい増大を示す他の指標を評価する必要がある。包括的な支払猶予の提供が経済見通しの悪化に起因する場合は，通常，それらの貸付金の一部はステージ2への移行が予想される。
集合的な評価	個々の債務者からの支払猶予の要請については，通常，個別の原因に関する詳細な情報が不足しており，債務者の財務状況も多様であるため，支払猶予を行ったどの貸付金をステージ2に区分するかを決定する際には，当初の段階において，集合的なアプローチが必要となる可能性が高い（ケーススタディⅡ－1－5「「トップダウン」アプローチと「ボトムアップ」アプローチの比較」（52頁）を参照）。
短期的な流動性の問題か，信用リスクの著しい増大か	債務者は短期的な流動性の困難さに直面しているのみで，支払猶予によってそうした問題が緩和される場合，債務不履行リスクを軽減するための政府による他の救済措置とも合わせ，当該貸付金は債務不履行発生リスクが著しく増大した状況にはなく，ステージ1に留まる可能性がある。 　さらに，支払猶予の申請プロセス上，非常に簡単な質問のみが行われる場合，支払猶予が与えられた債務者の中には，予防的に手元現金を増加させているだけで，現在は流動性の問題や債務不履行発生リスクの著しい増大に直面していない債務者も存在する可能性がある。 　しかしながら，より長期的な困難に陥る可能性が高い業界に従事しているが，短期的な流動性の困難さに直面していない債務者

	は，政府による救済措置の恩恵も受けない，または政府による救済措置によって債務不履行発生リスクが減少しない場合もある（例えば，債務不履行時における貸手の損失を軽減するだけの保証である場合）。 　したがって，支払猶予が与えられたすべての貸付金がステージ1に留まるという仮定は適切ではない。
条件変更か，既存の契約条項に基づく支払猶予か	貸付金の中には，債務者に支払猶予を認める契約条件が当初から含まれている場合があり，その場合には，支払猶予を認めるために当初の契約条件を変更する必要はない。条件変更を通じて行われた支払猶予に関するこの*Point Of View*におけるガイダンスは，このような場合にも同様に適用される可能性が高い。
信用減損とステージ3の関係	支払猶予が与えられた貸付金が，信用減損したと個別に判断される場合にのみステージ3に移行する。なぜなら，IFRS第9号における信用減損の定義には，個々の金融資産に対する影響が識別できない場合に，集合的な評価のみが行われた金融資産は含まれないためである。
規制と会計の関係	支払猶予に関する規制上の取扱いが変更される場合，こうした変更が，自動的にIFRS第9号に基づく会計上の分析に影響を与えるわけではない。そのような変更が会計処理に影響を与える場合には，規制とは別に分析し，評価する必要がある。

⑶　実務上の検討事項

　上記⑵「IFRSにおける技術的な検討事項」を適用し，どの貸付金をステージ2に分類すべきかを決定する際，貸手が保有する債務者固有の状況に関する情報が限定的である場合には，重要な判断が必要となる可能性がある。

　また，そうした情報の入手可能性は，貸手，地域，時系列によって異なるが，より多くの情報が次第に利用可能となるにつれて，採用した方法を適宜見直す必要がある。

　実務上の検討事項として，次の事項が適切となる可能性がある。

検討事項	説明
複数の経済シナリオの影響	実務上，支払猶予が行われた貸付金のうち，どの貸付金をステージ2に区分するかを評価する際，貸手は，まず経済見通しの変化を反映するように最新のマクロ経済シナリオおよびウェイト付けを適用する可能性がある。これにより，ステージ1に留まる支払猶予が行われた貸付金に焦点を当てることが可能になる。

関連するリスク要因	支払猶予が行われた貸付金のうち，どの貸付金をステージ 2 に区分すべきかを評価する際，データが入手可能な範囲で，次のリスク要因が関連する可能性がある。 ●業種およびセクター 　地域にもよるが，医療セクターのような一部の業種に従事する債務者は，観光セクターのような他の業種に従事する債務者よりも将来の見通しが良い可能性がある。 ●余裕枠 　新型コロナウイルス感染症（COVID-19）の発生前に，信用リスク（例えば，債務不履行の発生可能性）がステージ 2 に区分する閾値に近かった貸付金や，最近の支払遅延などの他のリスク指標に該当していた貸付金は，支払猶予という追加的な要因を考慮すると，当初認識以降に信用リスクの著しい増大が生じている可能性が高い。 ●債務額 　債務者の利益が，新型コロナウイルス感染症（COVID-19）発生前の水準に戻ったとしても，その債務額が支払猶予中も引き続き増加し，将来の返済コストと債務不履行発生リスクが高まる可能性がある。これは，債務者が政府による救済措置を受けられない場合，または政府による救済措置が返済を必要とする短期的な流動性の提供のみである場合や利益の不足に完全に対応したものではない場合に生じる。例えば，政府による失業給付に上限が設けられている場合，新型コロナウイルス感染症（COVID-19）の影響による混乱期の間に債務額が著しく増加する可能性がある。 ●その他の商品 　投資やリボルビング信用枠など，信用リスクの著しい増大の有無の評価に織り込まれていない，債務者が発行したその他の金融商品を貸手が保有している場合，当該他の商品に関する情報は，当該債務者のリスク評価において有用となる場合がある。
今後に対する計画	貸手は，時間の経過とともに状況がどのように進展し，どのようなデータがいつ利用可能になるかを検討する可能性がある。こうした検討は，よりリスクが高い債務者の識別と支援の促進，ステージ判定および予想信用損失に対する影響のより正確な見積り，および社内外の利害関係者の期待の管理のために収集可能となる，追加的なデータまたは既存データより詳細なデータを識別するのに役立つ可能性がある。例えば，次の事項が挙げられる。 ●新規申込者への質問に，個人の債務者が勤務する（または

> 　　　　　勤務していた）業界などに関する質問を追加する。
> - 債務者の状況や，最初に支払猶予を与えた後に債務者の状況がどのように変化したかをより理解するため，サンプル抽出した債務者に連絡を取る。
> - 体系化されていない既存のデータ（例えば，申請書に記載された債務者の雇用状況に関する正確な内容）を収集して分析する。

(4)　その他の検討事項

　必要な判断の程度を考慮すると，少なくとも短期的には，支払猶予を受けた債務者に適用したステージ判定の内容は，財務諸表利用者による詳細な調査の対象となる可能性が高いため，明瞭な開示が不可欠となる。その開示の性質と範囲は，報告の種類（例えば，年次報告か期中報告か，IFRSに基づく報告かその他の種類の報告か）によって異なるが，その種類にかかわらず，次の事項は重要となる。

- 支払猶予が行われた貸付金のステージ判定に適用したアプローチの説明
- 適用した主要な仮定および判断
- 異なる判断を行った場合の潜在的な影響の説明
- 支払猶予が行われた貸付金の信用リスクの集中度の分析（例えば，有担保エクスポージャーに対する債務不履行確率またはLTV比率（Loan-to-Value Ratio：貸付金担保比率）による区分，ステージに基づく区分）
- 過去に適用した信用リスクの著しい増大の有無の評価規準に対する変更の説明
- 不確実性が解消される時間軸に対する予想

ケーススタディⅡ－3－14 ▶ 部分的な債務免除による信用減損のステータスの変更

前　提

　A銀行は，貸付実行後に，当該貸付金の見積将来キャッシュ・フローに不利な影響を与える事象（例えば，債務不履行の原因となる債務者の重大な財政的困難）が発生すると，当該貸付金を信用減損金融資産に分類している。A銀行は，貸付金が信用減損しているか，またはステージ3に分類するかを決定する際，規

制上の債務不履行の定義を用いており，貸付金が債務不履行に陥っている場合には，信用減損金融資産と判断する。

　債務免除前の貸付金の総額での帳簿価額は100百万円であり，ステージ3に分類されていた時の予想信用損失は40百万円であった。その後，貸付金の一部について債務免除が行われた。この債務免除により，貸付金全体の認識の中止は行われなかったが，当該貸付金のうち30百万円について認識の中止が行われ，貸付金の残りの総額での帳簿価額は70百万円となった。

　当該貸付金は信用減損のステータスを脱却し，ステージ3からステージ2またはステージ1に移行できるか。

ポイント

　債務者の重大な財政的困難が解消したという証拠の有無に基づき，ステージ間の移行の必要性について検討する。

考え方

　債務者の重大な財政的困難が解消したという証拠が存在する場合，当該貸付金はステージ2または1へ移行できる。これは，IFRS第9号B5.5.27項および設例11の両方と首尾一貫している。設例11では，貸付金の部分的な債務免除後，当該貸付金はもはや信用減損しておらず，そのためステージ3からステージ2に移行する状況を示している。

　IFRS第9号は，全期間の予想信用損失の認識に関する要件にもはや該当しなくなっているという証拠には，条件変更後の契約条件に対しての最新かつ適時の支払実績の履歴が含まれる場合があると言及している（IFRS第9号B5.5.27項）。当該ガイダンスは，ステージ2のエクスポージャーのみに適用できるのではなく，IFRS第9号設例11と整合的に，ステージ3のエクスポージャーにも適用でき，エクスポージャーがステージ3から脱却できる原則を定めている。

　したがって，適切な期間にわたり首尾一貫した良好な支払行動など，債務者の重大な財政的困難が解消している証拠が存在する場合，当該貸付金は，もはや信用減損していない。

Point Of View　支払猶予が与えられた貸付金に係る延滞状況の検討において考慮すべき要素

　IFRS第9号では，延滞日数が30日または90日を超えている場合における反証可能な推定を定めている。例えば，新型コロナウイルス感染症

（COVID-19）に関連して貸付金に支払猶予が与えられた場合，延滞状況を評価したうえで，当該貸付金に信用リスクの著しい増大が生じているかまたは信用減損しているかを決定する際，どのような要素を考慮すべきかが論点となる場合がある。

IFRS 第 9 号付録 A では，金融資産について，支払の契約上の期限が到来した時に相手方が支払を行わなかった場合には，期日経過となっていると定義している。IFRS 第 9 号にはそれ以上のガイダンスが示されておらず，一定の判断が必要となる可能性がある。

しかしながら，延滞日数の算定方法にかかわらず，支払猶予が与えられた結果，信用リスクの著しい増大が一時的に是正された場合であっても，信用リスクの著しい増大の有無を決定する際には，最近の延滞状況を考慮することが重要である。考慮すべき重要な要因として，次の事項が含まれる。

要因	説明
契約条件	契約上の義務および支払がどの程度延滞しているかを決定するために，当初の貸付金の契約条件および支払猶予による影響について理解する必要がある。 　当該影響の例としては，支払猶予が与えられた結果，これまでに発生した延滞が契約上取り消され，新たな支払期日が設定された場合が該当する。その場合，新たな支払期日までは，延滞していないこととなる。 　支払猶予が与えられた結果，変更後の契約条件に基づき延滞が発生していないとされた場合，延滞日数を数え続けることは適切でない。
信用リスクの著しい増大および信用減損に関する他の指標	延滞日数の計算は，予想信用損失モデルにおける金融商品の適切なステージを評価する際に考慮すべき関連性のある要因の１つでしかない。 　企業は，過大なコストおよび労力を掛けずに利用可能な合理的かつ裏付け可能な情報を用いて，信用リスクの著しい増大および信用減損に関する他のすべての関連性のある指標を予想信用損失のステージ判定に織り込む必要があり，現時点の延滞日数の計算に過度に依存してはならない（詳細は，*Point Of View*「新型コロナウイルス感染症（COVID-19）による支払猶予がステージ判定に及ぼす影響」（143頁）を参照）。 　例えば，支払猶予が与えられた時点で，支払が５日間延滞していた場合，信用リスクの著しい増大の有無を評価する際に，その

	延滞履歴を無視すべきではない。なぜなら，たとえ支払猶予が与えられた後の延滞日数がゼロであっても，契約上の支払期限に支払えなかった過去の履歴は，通常，信用リスクの評価，および信用リスクの著しい増大の有無を評価するための関連性のある要因であると予想されるためである。
報告日の影響を受けない延滞日数の計算	報告期間中に30日超延滞または90日超延滞となり，さらに同じ報告期間の末日以前に支払猶予が与えられた場合（すなわち，報告日時点では30日超延滞または90日超延滞とならない場合），報告期間内の延滞状況を無視できない。なぜなら，延滞日数の計算は信用リスク管理上の堅牢な指標であり，企業の報告日にかかわらず計算される必要があるためである。 　IFRS第9号B5.5.20項およびB5.5.37項それぞれの定めに従い，企業が合理的で裏付け可能な情報に基づき推定を反証しない限り，対象となる貸付金は，30日超延滞または90日超延滞が発生した時点でステージ2またはステージ3に移行される。このステージの移行は，当該貸付金にもはや信用リスクの著しい増大が生じていない，または信用減損していないという証拠がある場合にのみ事後的に取り消される。
規制上のガイダンス	IFRS第9号のガイダンスが明確でないため，銀行などの一部の規制対象企業は，支払猶予が延滞日数の計算に及ぼす影響を考慮する際，延滞日数に関連する利用可能な規制上のガイダンスに従う場合がある。 　この対応は，会計目的の手段と規制目的の手段との整合性を最大化する可能性がある。しかし，IFRS第9号を適用する目的においては，規制上のガイダンスを無条件で適用すべきではなく，まず規制上のガイダンスがIFRS第9号の原則と整合的かどうかを評価する必要がある。 　特に，ステージ2またはステージ3のエクスポージャーの数を不適切に減少させる結果となる場合など，予想信用損失の見積りに偏りを生じさせるような方法により延滞日数を決定することは適切でない。

8．直接償却

IFRS第9号は，企業が金融資産を回収するという合理的な予想を有してい

ない場合，金融資産の総額での帳簿価額を直接減額することを求めている。

　直接償却は，金融資産全体に関連している場合もあれば，一部のみに関連している場合もある。例えば，企業がある金融資産に係る担保の実行を計画しており，その担保処分により回収できるのは当該金融資産の30％程度と予想している場合，企業が当該金融資産からそれ以上のキャッシュ・フローを回収できる合理的な見込みがないときには，当該金融資産の残りの70％を直接償却する必要がある（IFRS第9号第5.4.4項，B5.4.9項）。

> ### Point Of View　直接償却の要件の適用
>
> 　IFRS第9号は，企業が金融資産の全体または一部分を回収するという合理的な予想を有していない場合，金融資産を直接償却するという要求事項を定めている。ここで，「金融資産を回収するという合理的な予想を有していない」という文言はどのように解釈すべきかが論点となる場合がある。
>
> 　「金融資産を回収するという合理的な予想を有していない」という点は，判断の問題であり，具体的な事実および状況によって異なる。次の表では，この判断を行う際に関連する可能性のある指標を示している。これらの指標は，網羅的ではなく，明確な境界線を示すものでもなく，全般的な評価の際における考慮事項である。
>
> | 指標 | 直接償却の要件の適用 |
> | --- | --- |
> | 保証または担保が実行されたか | 　担保権を未だ実行していない範囲で，担保の公正価値に基づく将来キャッシュ・フローが存在するという合理的な予想を見込んでいる。しかし，IFRS第9号B5.4.9項は，担保権を実行する前に，当該金融資産の一部からキャッシュ・フローを回収できるという合理的な予想がない場合には，当該部分の認識の中止を行うべきであると定めている。
　保証または担保権の実行後に，企業は，直接償却する金額を算定するためにその他のキャッシュ・フローを回収する能力および経験を理解する必要がある。 |
> | 債務の強制履行を現在求めているか | 　企業が債務の強制履行を終了する場合，それが直接償却の指標となる可能性がある。しかし，IFRS第7号第35F項(e)は，直接償却したが依然として強制履行活動の対象とする金融商品に係る |

	方針の開示を求めており，強制履行活動を継続していても直接償却する可能性がある（第Ⅳ部第2章4.(1)⑤「企業の直接償却の方針」（195頁）を参照）。
予想される結果の範囲	予想キャッシュ・フローの範囲が大きくなるほど，将来キャッシュ・フローの一部または全部を回収するという合理的な予想が存在していないと企業が主張できる可能性は低くなる。
債務者の状況（例えば，清算または仮差押え手続）	企業は，清算などの手続終了後に，いくらかのキャッシュ・フローを受け取ることを見込むのみである場合，すでに信用減損しているものの，清算人による弁済額を合理的に予想できない可能性がある。 　しかしながら，債務者が清算時に特定の債務を返済するための十分な資産を有していないことが明確な場合，清算が完了する前に直接償却する可能性がある。
延滞日数（最後の支払日からの経過日数も同様）	延滞日数を指標として使用する場合には，将来キャッシュ・フローの合理的な予想が存在しないと証明するために，直接償却後の回収水準に関して客観的な証拠による裏付けが必要となる。 　単一の延滞日数をすべてのポートフォリオに適用できる可能性は低く，また延滞日数の指標が単独で十分とされる可能性は低い。

Point Of View　**回収するという合理的な予想の有無の判断を適用するレベル**

　IFRS第9号第5.4.4項における「金融資産の全体または一部分を回収するという合理的な予想を有していない」という文言は，個々の資産レベルで適用するのか，またはポートフォリオレベルで適用するのかが論点となる場合がある。

　この点，金融資産を回収するという合理的な予想を有していないかどうかについての企業の評価は，事実および状況に応じて，金融資産の性質および信用リスク特性を考慮に入れて，個々の金融資産または金融資産のポートフォリオのレベルで行わなければならない。例えば，個人向け住宅ローンが共通の類似した特性を有している場合には，ポートフォリオレベルで評価することが適切となる可能性がある。一方，法人向けローンの場合には，個々の貸付金レベルで評価することが適切となる可能性がある。

第 Ⅲ 部

金融資産の減損モデル
（一般的なアプローチの例外）

　第Ⅲ部では，第Ⅱ部で述べた一般的なアプローチが適用されない金融資産である，購入または組成した信用減損金融資産，営業債権，契約資産，リース債権について，金融資産の減損をどのように認識し測定するかについて，判断にあたっての留意点とともに具体的に解説する。営業債権と契約資産については，事業会社における適用に焦点を当てて，具体例を用いて解説する。

第1章	購入または組成した 信用減損金融資産

　本章では，IFRS第9号「金融商品」の減損モデル（一般的なアプローチ）とは異なる，購入または組成した信用減損金融資産に係る減損モデルについて取り扱う。

　金融資産の当初認識時に減損の証拠が存在する場合，当該金融資産は購入時または組成時に信用減損しているとみなされる。IFRS第9号では，「信用減損金融資産」の定義として，金融資産が信用減損している証拠を示す要因が次のとおり例示されている（IFRS第9号付録A）。

- 発行者または債務者の重大な財政的困難
- 債務不履行または延滞事象などの契約違反
- 借手に対する融資者が，借手の財政上の困難に関連した経済上または契約上の理由により，そうでなければ当該融資者が考慮しないであろう譲歩を借手に与えたこと
- 借手が破産または他の財務上の再編を行う可能性が高くなったこと
- 当該金融資産についての活発な市場が財政上の困難により消滅したこと
- 発生した信用損失を反映するディープ・ディスカウントで金融資産を購入または組成したこと

　なお，金融資産の信用減損の識別については，単一の区別できる事象を特定できない可能性があるため，いくつかの事象による複合した影響を分析する必要がある。

　購入または組成した信用減損金融資産に係る減損は，当初認識時の全期間の予想信用損失に基づいて算定される。全期間の予想信用損失は，当初認識時に実効金利を算定する際のキャッシュ・フローの見積りに含められ，購入または

組成した信用減損金融資産の存続期間全体にわたる金利収益を認識するための実効金利は，「信用調整後の実効金利」となる。したがって，当初認識時には，損失評価引当金は認識されない（IFRS第9号第5.4.1項，第5.5.13項，B5.5.45項）。

　予想信用損失が当初認識時の見積キャッシュ・フローに含められていた予想信用損失の金額より少ない場合も含め，当初認識以降の全期間の予想信用損失の変動は，そのすべてが直ちに減損利得または減損損失として純損益に認識される（IFRS第9号第5.5.14項）。

Short Break　購入または組成した信用減損金融資産に係る全期間の予想信用損失の有利な変動

　購入または組成した信用減損金融資産の場合，当初認識時における全期間の予想信用損失は，実効金利を計算する際の見積キャッシュ・フローに含められるため，当初認識時において，損失評価引当金は認識されない。しかしながら，各報告日において，企業は，全期間の予想信用損失の変動額を減損利得または減損損失として純損益に認識する（IFRS第9号第5.5.14項）。したがって，購入または組成した信用減損金融資産に係る全期間の予想信用損失の見積りに有利な変動が生じた場合，減損利得をどのように会計処理すべきかが論点となる場合がある。

　この点，全期間の予想信用損失の有利な変動が存在し，その変動額が当初認識時の予想信用損失の見積額を上回る場合でも，当該変動額は，総額での帳簿価額を直接的に修正して認識される。これは，資産控除項目である損失評価引当金は，正の値（資産）とはならないためである。

Point Of View　購入または組成した信用減損貸付金

　債務者の信用リスクが著しく高いことを理由として，企業が貸付実行時の契約金利を高くしたうえで，債務者は貸付金の一部を返済できないと予想している場合，当該貸付金は，IFRS第9号の組成した信用減損金融資産に該当する可能性があるかどうかが論点となる場合がある。

　この点，当該貸付金が組成した信用減損金融資産とみなされる可能性は極めて低い。なぜなら，IFRS第9号は，金融資産の見積将来キャッシュ・フローに不利な影響を与える1つまたは複数の事象が発生している場合に，当該金融資産が信用減損していると定めているが，当該貸付金は組成時点

ではそのような事象が発生していないためである。また，IFRS 第 9 号 BC5.216項は，組成時点で金融資産が信用減損金融資産に該当することは稀であるとしている。

　一方，価値が毀損した貸付金に対して大幅な条件変更が行われることにより当初の金融資産の認識の中止が生じる可能性が挙げられており，そのようなケースでは，条件変更の事実が信用減損の客観的な証拠となる可能性があるため，新たに組成した資産でも信用減損している可能性があると説明されている。

Point Of View　債務不履行となった債務者に対する新規貸付

　ある債務者が財政的困難から債務不履行に陥っており，当該債務者に貸付を行っている銀行は，当該貸付金は信用減損していると評価していると想定する。銀行は，全体的な回収額を最大化するために当該貸付金に対して条件変更を行い，追加的な貸付を行うためのローン・コミットメントも別個に締結し，契約締結後すぐに当該ローン・コミットメントが使用され新たな貸付が実行された。このような場合，ローン・コミットメントの使用により実行された新たな貸付金は，組成した信用減損金融資産の定義を満たすかどうかが論点となる場合がある。

　この点，ローン・コミットメントを使用して新たに実行された貸付金は別個の契約ではあるが，当該契約は，全体的な回収額を最大化するために債務不履行となった既存の貸付金の条件変更の一環として締結された契約である。そのため，実質的に，当該貸付金は，既存の貸付金の条件変更の一部（すなわち既存の貸付金の増加）である。

　銀行は，新たな貸付を含む既存の貸付金の条件変更が，既存の貸付金に対する認識の中止の要件を満たすかどうかを判定する必要がある。認識の中止の要件を満たさない場合，新たな貸付は既存の貸付金の継続として取り扱われ，組成した信用減損金融資産には該当しない。なぜなら，既存の貸付金が当初認識された時点では，信用減損していなかったためである。この場合，銀行は条件変更による利得または損失を認識する必要がある（IFRS 第 9 号第5.4.3項）。

　また，銀行は，条件変更後の貸付金について，信用リスクが当初の貸付金の当初認識以降に著しく増大しているかどうか，報告日においても引き

続き信用減損しているかどうかを評価し，それに応じて予想信用損失の測定および開示を行う必要がある。

　条件変更により既存の貸付金の認識の中止を生じる状況においては，条件変更後の取決め（既存の貸付金と新たな貸付金の両方）は，新たな貸付金として認識され，公正価値で当初測定される。銀行は，新たな貸付金が組成時に信用減損しているかどうか，すなわち，IFRS第9号付録Aにおける組成した信用減損金融資産の定義を満たしているかどうかを評価する必要があり，こうした状況に該当するかどうかは，具体的な事実および状況によって異なる。

ケーススタディⅢ－1－1 ▶ 購入または組成した信用減損貸付金における実効金利および予想信用損失の算定

前　提

　20X1年1月1日に，A銀行は，貸付期間2年の貸付金100百万円を組成した。当該貸付金の金利は3％の固定金利であり，重大な取引コストは発生しないため，当初の実効金利は3％である。

　1年後の20X2年1月1日に，B銀行は，当該貸付金を公正価値70百万円で取得した。取得時点の当該貸付金は，信用減損していないが，前年の経済状況の悪化を反映して，当初認識以降の信用リスクは著しく増大している。また，当該貸付金は，契約資産の分類における企業の事業モデルと契約上のキャッシュ・フローの特性の要件から，償却原価で測定される（第Ⅰ部第2章1.「金融資産の分類」（3頁）を参照）。

　割引キャッシュ・フロー法を用いて測定された当該貸付金の公正価値70百万円は，次の2つの要素を反映している。

- 経済状況の悪化により，予想信用損失は組成時よりも高くなっている。取得日時点で，B銀行は，利息の全額を受け取ると見込んでいるが，元本回収額は70.5百万円と見込んでいる。
- 信用リスクおよび流動性リスクに関するスプレッドが高くなったことにより，現時点の市場条件で当該貸付金を新規に実行する場合の金利は5％と高くなる。

　B銀行は，発生した信用損失を反映してディープ・ディスカウントで取得した当該貸付金に係る実効金利および予想信用損失をどのように算定すべきか。

ポイント

　貸付金が購入した信用減損金融資産に該当するか検討し，購入した信用減金融資産に該当する場合には，信用調整後の実効金利と全期間の予想信用損失を算定する。

考え方

　B銀行が取得した貸付金は，発生した信用損失が反映されたディープ・ディスカウントで購入されたため，当初認識時に信用減損しているとみなされ，購入した信用減損金融資産に該当する。

　IFRS第9号は，購入した信用減損金融資産について，信用調整後の実効金利を計算する際に，当初の予想信用損失を見積キャッシュ・フローに含めることを求めている（IFRS第9号B5.4.7項）。

　信用調整後の実効金利は，見積キャッシュ・フロー73.5百万円（＝満期までの1年間の利息回収予想額3百万円＋元本回収予想額70.5百万円）を公正価値70百万円まで割り引いた金利となり，これは現在の市場金利5％である。20X2年12月31日にB銀行が当初回収予想額73.5百万円の全額を回収した場合，金利収益3.5百万円（＝70百万円×5％）を認識し，減損利得または減損損失は認識しない。

　また，20X2年12月31日にB銀行が当初回収予想額73.5百万円を超える金額を受け取ると見込む場合，損失評価引当金を再測定する必要がある。すなわち，見積キャッシュ・フローの増加分は，取得日の信用調整後の実効金利（5％）を用いて割り引かれ，その差額として算出される利得は，IFRS第9号B5.5.33項に従い，減損利得として純損益に認識する。

　他方，20X2年12月31日にB銀行が当初回収予想額73.5百万円より少ない金額を受け取ると見込む場合，損失評価引当金を再測定し，減損損失を純損益に認識する必要がある。減損損失の金額は，取得日の信用調整後の実効金利（5％）を用いて割り引かれる見積キャッシュ・フローの減少額となる。

　上記のガイダンスは，次の場合に適用される。
- 企業が企業結合の一環として貸付金または貸付金ポートフォリオを取得する場合
- 企業が企業結合の定義を満たさない貸付金または貸付金ポートフォリオを購入する場合
- 取得した金融資産に変動金利が付されている場合

　対照的に，購入した貸付金が購入した信用減損金融資産に該当しない場合，購入価格に信用リスクを反映したディスカウントが含まれている場合であっても，

その実効金利は契約条件にのみ基づいて計算される。この結果，当初の予想信用損失を反映した金額（例えば，取得時の予想信用損失が 3 百万円である場合は97百万円）ではなく，契約上の返済金額（例えば，貸付金額100百万円）に向かって，満期までの期間にわたり償却原価を測定する。

第 2 章

営業債権，契約資産およびリース債権（単純化したアプローチ）

　本章では，IFRS 第 9 号の減損モデル（一般的なアプローチ）とは異なる，営業債権，契約資産およびリース債権に係る減損モデル（単純化したアプローチ）について取り扱う。

Short Break　契約資産と営業債権

　IFRS 第15号「顧客との契約から生じる収益」では，契約資産と（営業）債権を次のように定めている（IFRS 第15号第107項，第108項，付録 A）。契約資産は，企業が顧客に移転した財またはサービスと交換に受け取る対価に対する企業の権利のうち，（営業）債権を除くものである。

契約資産	企業が顧客に移転した財またはサービスと交換に受け取る対価に対する企業の権利 （当該権利が，時の経過以外の何か（例えば，企業の将来の履行）を条件としている場合）
（営業）債権	対価に対する企業の権利のうち無条件のもの （無条件とは，対価の支払の期限が到来する前に時の経過だけが要求される場合である）

　契約資産と営業債権はいずれも顧客の信用リスクに晒されているが，契約資産は履行リスクなどの他のリスクにも晒されている。したがって，契約における企業の権利に関連したリスクに関する目的適合性のある情報を提供できるため，契約資産と営業債権を区別すると説明されている（IFRS 第15号 BC323項）。

Short Break　リース債権

　IFRS 第16号「リース」では，リースの貸手が原資産を借手に利用可能とした時点で，貸手は当該資産の使用権を借手に移転する義務を履行しているため，貸手はリース料を受け取る無条件の権利（リース債権）を有すると説明されている（IFRS 第16号 BC35項）。

　IFRS 第16号は，リースの貸手に対して，原資産の所有に伴うリスクと経済価値のほとんどすべてを移転したかどうかに基づきリースを分類することを求めており，原資産の所有に伴うリスクと経済価値のほとんどすべてを移転する場合にはファイナンス・リースに分類し，それ以外の場合にはオペレーティング・リースに分類する（IFRS 第16号第61項，第62項）。

　貸手が認識したファイナンス・リース債権およびオペレーティング・リース債権は，いずれも IFRS 第9号における減損の要求事項の対象となる（IFRS 第9号第2.1項(b)(i)）。

　IFRS 第9号では，営業債権，契約資産およびリース債権を対象として，減損モデル（一般的なアプローチ）の適用上の単純化が定められている。なぜなら，これらの資産は，洗練された信用リスク管理システムを有していない企業によって保有される場合が多いためである。このような単純化したアプローチでは，12か月の予想信用損失の算定および信用リスクの著しい増大の有無の評価が不要とされている。

　重大な金融要素（*Point Of View*「営業債権の実効金利」（74頁）を参照）を含んでいない営業債権および契約資産については，その損失評価引当金は，単純化したアプローチとして，当初認識時およびその存続期間全体を通じて，**図表Ⅲ－2－1**のとおり，全期間の予想信用損失に等しい金額で測定する必要がある。また，実務上の便法として，これらの資産に係る予想信用損失を見積る際，引当マトリクスを使用できる（IFRS 第9号第5.5.15項）。

（図表Ⅲ－2－1）重大な金融要素を含んでいない営業債権および契約資産の予想信
　　　　　　　　用損失

　また，IFRS第15号に従って重大な金融要素を含んでいる営業債権および契約資産ならびにリース債権については，企業は，**図表Ⅲ－2－2**のとおり，予想信用損失の算定に係る会計方針として，単純化したアプローチまたは一般的なアプローチを選択適用できる（IFRS第9号第5.5.15項）。

　なお，重大な金融要素を含む営業債権，重大な金融要素を含む契約資産，リース債権のそれぞれについて，予想信用損失の算定に係る会計方針を独立に選択できるが，当該会計方針は首尾一貫して適用する必要がある（IFRS第9号第5.5.16項）。

（図表Ⅲ－2－2）重大な金融要素を含む営業債権および契約資産ならびにリース債
　　　　　　　　権の予想信用損失

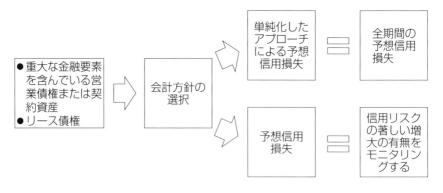

　なお，営業債権，契約資産，リース債権のそれぞれの資産の別に，適用する減損のアプローチを要約すると，次の**図表Ⅲ－2－3**のとおりである。

（図表Ⅲ－2－3）営業債権，契約資産，リース債権に適用する減損のアプローチ

対象資産	重大な金融要素の有無	適用する減損アプローチ ①	適用する減損アプローチ ②
営業債権	なし	○	－
営業債権	あり	－	○
契約資産	なし	○	－
契約資産	あり	－	○
リース債権	－	－	○

①：単純化したアプローチのみ→常に全期間の予想信用損失を測定
②：次の2つから会計方針を選択し首尾一貫して適用
● 単純化したアプローチ→常に全期間の予想信用損失を測定
　または
● 一般的なアプローチ→信用リスクの著しい増大の有無により，12か月の予想信用損失または全期間の予想信用損失を測定

ケーススタディⅢ－2－1 ▶ 顧客との契約における重大な金融要素の影響

前提

　A社は，20X1年12月31日に，顧客に商品の販売および引渡しを行い，IFRS第15号に従って，その時点で収益および営業債権を認識した。当該営業債権は1,000百万円であり，2年後に支払期限が到来する。対応する売上原価は800百万円である。

　この場合，A社は，報告日である20X1年12月31日において，200百万円の利益を認識できるか。

ポイント

　報告日における利益の認識にあたっては，重大な金融要素および予想信用損失の2つの要素を検討する。

考え方

　報告日においてA社が認識する利益は，次の2つの要素を反映するよう減額されるため，A社は，報告日である20X1年12月31日において200百万円の利益を認識できない。

● 重大な金融要素

　　財またはサービスの提供時点から相当の期間後に現金を受領し，重大な金融要素を含んでいる契約について認識される収益は，受領する現金の金額より少

なくなる。なぜなら，その対価の一部は，2年間にわたり金利収益として別個に認識するためである（IFRS第9号第5.4.1項，IFRS第15号第60項）。

　例えば，割引率が5％（無リスク金利と信用スプレッドから構成される）である場合，当該営業債権および収益は，支払対価の公正価値である907百万円で当初認識する。その後2年間にわたって，当該営業債権が信用減損しない限り，金利収益93百万円（＝1,000百万円－907百万円）を割引の巻戻しとして認識する。

● 予想信用損失

　報告日において，A社は，営業債権から生じる予想信用損失に対する損失評価引当金を認識する。対応する減損損失は，収益とは別個に認識され，収益の減額とはならない。損失評価引当金は，当該営業債権の認識の中止が行われるまで，各報告日において見直しを行い，損失評価引当金の増減による影響は純損益に認識する（IFRS第9号第5.5.15項，IFRS第15号第108項）。

　当該営業債権の支払期限到来時に顧客が全額を支払う場合には，当初の減損損失は，後の期間に戻し入れられる。

　結果として，収益を認識する期間において，重大な金融要素を含んでいる営業債権とその損失評価引当金の両方の割引に用いられる割引率に信用リスクが考慮され，割引による二重の影響が利益に対して生じる。

Short Break　引当マトリクスを作成する際の留意事項

　IFRS第9号は，営業債権の予想信用損失の認識にあたって，引当マトリクスの使用を認めている。そのような引当マトリクスを作成する際の留意事項は，次のとおりである。

- ● 過去の信用損失またはその予測の経験上，異なる顧客セグメント間で著しく異なる損失パターンが示される場合には，適切に営業債権をグルーピングする。例えば，営業債権は，地域，製品の種類，顧客の格付け，担保または取引信用保険の状況，顧客の種類によってグルーピングされる可能性がある。

- ● 過去の信用損失の実績を調整し，報告日において過大なコストや労力を掛けずに利用可能な合理的で裏付け可能な現在および将来予測的な情報を織り込む。

- ● 営業債権の年齢別バケットごとに異なる信用損失率を算定する。例えば，期日経過期間が長い営業債権は，短い営業債権より信用損失率が高くなると見込まれる。

ケーススタディⅢ－2－2 ▶ 事業会社における引当マトリクスの使用

前提

　事業会社であるA社は，報告日において，重大な金融要素を含んでいない営業債権140百万円を有しており，IFRS第9号で認められているとおり，引当マトリクスを用いて，当該営業債権に対する全期間の予想信用損失を算定する。具体的には，下表のとおり，当該営業債権を年齢別バケットに分類し，標準的な信用損失実績率を各年齢別バケットに一律に適用するアプローチの採用を検討している。

		債権総額	延滞なし	30日～60日延滞	60日～90日延滞	90日超延滞
報告日の営業債権残高（単位：百万円）	①	140	50	40	30	20
標準的な信用損失実績率	②	－	3％	3％	3％	3％
予想信用損失（単位：百万円）	①×②	4.2	1.5	1.2	0.9	0.6

　A社は，IFRS第9号に従った予想信用損失を算定する際，上記のアプローチを適用できるか。

ポイント

　関連性のある将来予測的な情報を用いて，営業債権の年齢別バケットごとに異なる損失率を適用することを検討する。

考え方

　IFRS第9号の目的における引当マトリクスには，過大なコストや労力を掛けずに合理的で裏付け可能な情報が利用可能な限りにおいて，次の事項を反映する必要があるため，A社のアプローチは必ずしも適切ではない。

● 関連性のある将来予測的な情報
● 営業債権の年齢別バケットごとに異なる損失率（期日経過期間が長い営業債権ほど回収可能性が低く，損失率が高いと予想されるため）

　さらに，顧客セグメントの多様性に応じて，企業は，共通の信用リスク特性を有しておらずグルーピングが異なる営業債権に対して，異なる引当マトリクスを使用する必要がある。これは，過去の信用損失またはその予測の経験上，顧客セグメントが異なる場合には著しく異なる損失パターンが示される場合が該当する。例えば，営業債権は，地域，製品の種類，顧客の格付け，担保または取引信用保険，顧客の種類によってグルーピングされる可能性がある。

　IFRS第9号は，引当マトリクスの作成方法について具体的には定めていない。

以下に１つのアプローチを例示しているが，IFRS第９号の原則と整合している場合には，他のアプローチが適切な可能性もある。

＜ステップ１：売上の期間および不良債権の定義付け＞
　企業は，営業債権グループごとに，過去の売上の期間を定義し，当該期間の売上により発生した営業債権から信用損失がどのくらい発生したかを算定する。この売上の期間は，当該期間中に発生した信用損失の実績がその損失パターンを有効に表すものとなる必要がある。例えば，数か月間のみでは十分でない可能性が高いが，あまりに長い期間では，市場に大きな変化があった場合には適切でない可能性がある。
　新規に設立された企業または新しい市場に参入した企業は，企業内部の過去データを十分に有していない場合があり，その場合には，自社が属する業界の信用損失率といった企業外部の情報に依拠する可能性がある。
　このケーススタディでは，適切な期間を１年間と設定しているが，使用される期間は，個々のケースの事実および状況によって異なる。直近１年で，10,000百万円の掛売上が行われ（すなわち営業債権10,000百万円の認識），その売上に関連して300百万円の信用損失が発生した。

＜ステップ２：営業債権の過去の支払プロファイルの分析＞
　営業債権の各年齢別バケットの過去の信用損失実績率を算定するために，過去の売上期間に生じた営業債権の支払プロファイルを分析する必要がある。
　10,000百万円の売上のうち，販売日から30日以内に2,000百万円が支払われた結果，30日後に未払いとなっている営業債権は8,000百万円となった。次の30日以内に追加で3,500百万円が支払われ，60日後に未払いとなっている営業債権は4,500百万円となった。
　こうした分析は，下表に示すとおり，最終的に300百万円の営業債権を企業が直接償却して損失として認識するまで行う。

営業債権（単位：百万円）	回収額	回収残高	未回収残高
30日以内の支払	2,000	2,000	8,000
30日〜60日の間の支払	3,500	5,500	4,500
60日〜90日の間の支払	3,000	8,500	1,500
90日超の支払	1,200	9,700	300（損失）

<ステップ3：過去の信用損失実績率の算定>

このステップでは，営業債権の各年齢別バケットの信用損失実績率を算定する。

直近1年の売上10,000百万円から，300百万円の信用損失が発生している。したがって，この営業債権300百万円は，現金を受領しないため，その後の各年齢別バケットの残高が減少しても，各年齢別バケットの残高に残る。

各年齢別バケットについて，過去の信用損失実績率は，下表のとおり，最終的な信用損失額（300百万円）を各年齢別バケットの営業債権残高で除して算定できる。

		延滞なし	30日延滞	60日延滞	90日延滞
営業債権残高（単位：百万円）	③	10,000	8,000	4,500	1,500
信用損失額（単位：百万円）	④	300	300	300	300
信用損失率	④／③	3％	3.8%	6.7%	20%

<ステップ4：現在および将来予測的な情報に基づく信用損失実績率の調整>

過去の信用損失実績率は，顧客の債務支払能力に影響を及ぼす可能性のある現在および将来予測的な情報を反映するように調整する必要がある。そのような情報は，合理的で裏付け可能であって，過大なコストや労力を掛けずに利用可能である必要があり，経済環境，規制環境や技術環境（業界の見通し，GDP，雇用，政治情勢など）および企業外部の市場指標の予想される変化の影響について考慮する必要がある。例えば，失業率と信用損失実績率との間に相関関係が存在する場合がある。その場合，営業債権残高の予想存続期間における失業率が，信用損失が観察された期間の過去平均値よりも高いまたは低いと予想される場合，信用損失額の修正が必要になる。

過去の売上の期間と比較して，景気悪化と失業率の増大により，10,000百万円の売上から300百万円ではなく400百万円の信用損失が生じると予想した場合を想定する。売上と支払プロファイルが依然として過去の売上の期間と実質的に変わらないと予想される場合，予想信用損失率は下表のとおり再計算される。

		延滞なし	30日延滞	60日延滞	90日延滞
営業債権残高（単位：百万円）	⑤	10,000	8,000	4,500	1,500
予想信用損失額（単位：百万円）	⑥	400	400	400	400
予想信用損失率	⑥／⑤	4％	5％	8.9%	27%

＜ステップ5：予想信用損失率を使用した予想信用損失の算定＞

　最後のステップでは，報告日における各年齢別バケットの営業債権残高に予想信用損失率を乗じて予想信用損失の総額を算定する。

		債権総額	延滞なし	30日～60日延滞	60日～90日延滞	90日超延滞
報告日の営業債権残高（単位：百万円）	⑦	140	50	40	30	20
予想信用損失率	⑧	－	4％	5％	8.9％	27％
予想信用損失（単位：百万円）	⑦×⑧	12	2	2	2.7	5.3

　予想信用損失は12百万円であり，前提の例において算定された4.2百万円よりも大きい。この差異は，将来予測的な情報による影響を反映しており，報告日時点における各年齢別バケットの営業債権の予想信用損失率は，過去の参照期間の平均信用損失実績率と同一でない状況を示している。

Point Of View　新型コロナウイルス感染症（COVID-19）の環境における引当マトリクスの使用

　予想信用損失モデルの適用の複雑性を踏まえ，IFRS第9号は，重大な金融要素を含んでいない営業債権について，単純化したアプローチの適用を要求している。また，重大な金融要素を含んでいる営業債権についても，同様の単純化したアプローチの使用を認めている。

　一般的に，期間が1年以下の通常の営業債権は，重大な金融要素を含んでいない。単純化したアプローチは，そのような営業債権に対する損失評価引当金の測定について，全期間の予想信用損失を用いることを企業に求めている。

　IFRS第9号は，営業債権の予想信用損失の算定に引当マトリクスの使用を認めているが，引当マトリクスの作成方法を具体的には定めていない。以下では，1つのアプローチを例示しているが，IFRS第9号の原則と整合している場合には，他のアプローチが適切となる可能性もある。

　また，以下の各ステップでは，引当マトリクスのアプローチに対する新型コロナウイルス感染症（COVID-19）の影響についても強調して示している。新型コロナウイルス感染症（COVID-19）は，経済に多大な影響を及ぼし，多くの企業の業務に混乱をもたらしている。経済環境は大きく変

化しており，予想信用損失への影響を無視できない。

　その結果，これまで引当マトリクスに用いられていた仮定や単純化は，新型コロナウイルス感染症（COVID-19）の環境下においてもはや成立しなくなり，再検討が必要となる可能性がある。再検討が必要な新型コロナウイルス感染症（COVID-19）以前の主要な仮定には，次の事項が含まれる。

- ●類似した信用リスク特性を有する営業債権のグルーピング
- ●信用損失率および複数シナリオの使用に含まれる将来予測的な情報

1．引当マトリクスを用いた予想信用損失の算定

　引当マトリクスは，予想信用損失を算定するために，過去のデータおよび将来予測的な情報を用いて作成される。引当マトリクスでは，基本的に，延滞なしのバケットを含むすべての年齢別バケットの営業債権に対して予想信用損失率を適用する。IFRS 第9号設例12では，次のような簡単な例が示されている。

	延滞なし	1日～30日延滞	31日～60日延滞	61日～90日延滞	90日超延滞	合計
予想信用損失率	0.3%	1.6%	3.6%	6.6%	10.6%	－
営業債権の総額での帳簿価額（単位：百万円）	15,000	7,500	4,000	2,500	1,000	30,000
全期間の損失評価引当金（総額での帳簿価額×予想信用損失率）（単位：百万円）	45	120	144	165	106	580

　予想信用損失率は，年齢別バケットごとに設定され，損失評価引当金を算定するために，営業債権残高に対して適用される。延滞していない営業債権も含め，各年齢別バケットに予想信用損失率が設定されることに留意する必要がある。なぜなら，発生したばかりの売上に係る営業債権であっても，顧客が信用上の理由で支払を行わない可能性があるためである。

　「予想」という用語は，IFRS において通常使われる用語として，多くの場合，「発生しないよりも発生する可能性が高い」ことを意味する。しかし，予想信用損失の文脈では，「予想」とは，さまざまな生じ得る結果にそれぞれの結果が生じる可能性を乗じ，その金額をすべて合計して算定される確率加重された金額を意味する。この *Point Of View* における計算結

果は非常に単純に見えるが，適用する予想信用損失率の算定には，多くの
場合，重要な判断が必要となる。

2．引当金マトリクスを作成するために必要とされるデータおよび情報
　最も単純な形式の引当マトリクスの作成には，過去の売上の履歴，販売
から支払を受けるまでの期間，および当該期間中に発生した信用損失額が
必要となる。

> ### 新型コロナウイルス感染症（COVID-19）の影響－データ
>
> ⑴　IFRS第9号とIFRS第15号の関係
> 　予想信用損失の範囲に含まれるのは，信用リスクに起因する損失のみである。
> 例えば，紛争，値引き，不効率などによる，その他の価格調整または価格譲歩
> は，IFRS第15号の要求事項の対象となる。IFRS第15号の要求事項は，IFRS
> 第9号に基づく損失評価引当金を測定する前に適用する必要がある。
>
> 　他方，新型コロナウイルス感染症（COVID-19）による影響の結果，契約で
> 当初に合意した方法で財またはサービスの提供を完了できないことを理由とし
> て，企業が顧客に対して値引きを行う可能性がある。このような値引きは，信
> 用損失とはみなされず，予想信用損失の見積りに織り込まない（ケーススタデ
> ィⅡ－3－12「価格譲歩が営業債権の予想信用損失の見積りに及ぼす影響」
> （139頁）を参照）。ただし，企業は，予想される値引きの結果，認識する収益
> の金額がどのように影響を受けるかについて分析する必要がある。
>
> ⑵　企業内部および企業外部のデータの使用
> 　内部データの利用可能性に応じて，企業は，必要な範囲で，外部データや分
> 析により内部データを補完する必要がある可能性がある。例えば，特定の業種
> または地域に対する企業の予想債務不履行率への新型コロナウイルス感染症
> （COVID-19）の影響に関するデータは，信用格付会社またはその他の市場情報
> の提供業者から入手できる場合がある。

3．引当マトリクスを作成する際の主要な検討事項
　以下では，引当マトリクスを作成する際の主要な検討事項について説明
するとともに，新型コロナウイルス感染症（COVID-19）がそれらに与え
る影響についても強調して示している。

＜ステップ0：ポートフォリオの定義付け＞
　顧客セグメントの多様性に応じて，企業は，共通する信用リスク特性に

基づき，異なる営業債権グループに対して異なる引当マトリクスを用いる必要がある。これには，過去の信用損失や予測される信用損失が，顧客セグメントごとに著しく異なる損失パターンを示している場合が該当する。例えば，営業債権は，次の事項に基づきグルーピングされる可能性がある。

- ●債務者が属する業種セクター
- ●債務者の所在地
- ●営業債権が保証または信用保険の対象となるか
- ●営業債権に影響を及ぼす政府の救済措置
- ●新型コロナウイルス感染症（COVID-19）の影響によって支払条件が延長されているか
- ●営業債権の性質（例えば，給与や賃料の支払など事業継続に不可欠な項目の支払の後でのみ，債務者が当該営業債権の支払を行うかどうかに影響を与える可能性がある）
- ●追加担保の取得など，信用損失を限定するための措置

新型コロナウイルス感染症（COVID-19）の影響－営業債権のグルーピング

　営業債権の信用リスクの要因，およびそれらが新型コロナウイルス感染症（COVID-19）によってどのような影響を受ける可能性があるかを理解することは重要である。信用リスクの要因は，地理的なものである場合もあるが，顧客の性質，顧客の属する業界，財またはサービスの性質などに基づく場合もある。複雑なビジネスにおいては，複数の引当マトリクスが存在する可能性がある。例えば，B地域におけるA製品がCの顧客タイプに販売されている状況である。

　例えば，大規模外食チェーン店および食料品店に販売する企業を想定する。企業は，両方の顧客セグメントにおける信用損失率が，単一の引当マトリクスを正当化できるほどに類似していると考えていたとする。しかしながら，ソーシャルディスタンスにより閉店している外食チェーン店は，パンデミックの期間中も営業していた食料品店よりも新型コロナウイルス感染症（COVID-19）による影響が大きいと企業が考え，その結果，外食チェーン店と食料品店を異なる顧客セグメントとして，それぞれの営業債権に異なる引当金マトリクスを適用する可能性がある。

　過去に比較的首尾一貫した信用損失パターンを有していた顧客セグメントについて，将来においては同様の信用損失パターンを有するとは見込まれない場合があるため，営業債権のグルーピングは，将来予測的な情報を可能な限り織り込む方法で行う必要がある。場合によっては，個々の顧客レベルで分析を行う。例えば，新型コロナウイルス感染症（COVID-19）の結果として，特定の顧客が財政的な困難に陥っている事実が判明した場合には，すべての年齢別バ

ケットにおける過去平均より損失評価引当金を増加させる必要がある可能性がある。

　また，信用損失の二重計算を避けることは重要であり，個別に引き当てられた残高は，その顧客タイプに適用される，より広範な一般的な信用損失率の算定に含めてはならない。

　多くの場合，必要なグルーピングのレベルは，重要な判断を要する事項であり，グルーピングを行う際には，企業は，さらなるグルーピングの分割が重要な変更につながると見込まれるかどうかを検討する必要がある。

<ステップ１：売上の期間および不良債権の定義付け>

　営業債権の各グループについて，企業は，過去の売上の期間を定義し，当該期間の売上により発生した営業債権から信用損失がどのくらい発生したかについて分析する。使用する売上の期間は，新型コロナウイルス感染症（COVID-19）以前において，その期間の過去の信用損失が信用損失パターンを有効に表すものである必要があった。

　直近の信用損失の実績は，パンデミックによる影響が生じた直後の期間においては適切である可能性がある。これは，企業は，過去の信用損失が信用損失パターンを有効に表す期間を経験していない可能性があるためである。ロックダウン，ソーシャルディスタンス，政府による広範な救済プログラムは，そのほとんどがこれまでに見られなかった措置である。

　前回の景気悪化が新型コロナウイルス感染症（COVID-19）と類似した影響を有し，企業が現在の営業債権に類似した営業債権についてのデータを有している，または入手可能である場合，それらを代替的な出発点として用いることができる可能性がある。

　しかし，時間が経過し，企業が新型コロナウイルス感染症（COVID-19）の環境下における実際の過去データを入手できる場合には，そのデータを出発点として用いる方が適切である可能性がある。

　さらに，企業が，新たに設立された企業である場合または新たな市場に参入している場合，企業自身の過去データを十分に有していない可能性があり，その場合には，属する業界の信用損失率などの外部データに依拠する必要がある可能性がある。

　したがって，この *Point Of View* では，直近の過去の期間に基づき，１年の期間を使用している。企業は，これが将来予測的な情報を用いて調整する前の出発点として適切であると判断している。ただし，実務上使用さ

れる期間は，個々のケースの事実および状況によって異なる。

　直近 1 年で，10,000百万円の掛売上が行われ（すなわち営業債権10,000百万円の認識），その売上に関連して300百万円の信用損失が発生した。

＜ステップ 2 ：営業債権の過去の支払プロファイルの分析＞

　営業債権の各年齢別バケットの過去の信用損失実績率を算定するために，過去の売上の期間に生じた営業債権の支払プロファイルを分析する必要がある。

　この *Point Of View* では，10,000百万円の売上のうち，販売日から30日以内に2,000百万円が支払われた結果，30日後も未払いであった営業債権は8,000百万円となった。次の30日以内に追加で3,500百万円が支払われ，60日後に未払いとなっている営業債権は4,500百万円となった。

　このような分析は，下表に示すとおり，最終的に300百万円の営業債権を企業が直接償却して損失として計上するまで行う。

営業債権（単位：百万円）	回収額	回収残高	未回収残高
30日以内の支払	2,000	2,000	8,000
30日〜60日の間の支払	3,500	5,500	4,500
60日〜90日の間の支払	3,000	8,500	1,500
90日超の支払	1,200	9,700	300（損失）

新型コロナウイルス感染症（COVID-19）の影響－支払プロファイル

　新型コロナウイルス感染症（COVID-19）の影響について考慮すべきもう 1 つの要因は，過去の延滞状況を調整して，将来の延滞発生の予想の変化を織り込む必要があるかどうかである。

　一部のタイプの顧客は，一般的に過去よりも支払が遅くなる傾向があり，また，現時点までの顧客の要請や通知，支払パターンなど，営業債権の延滞状況の変化を示すその他の情報が存在する可能性がある。その場合，過去の延滞状況に調整を行う。

＜ステップ 3 ：過去の信用損失実績率の算定＞

　このステップでは，営業債権の各年齢別バケットの信用損失実績率を算定する。

　当期の売上10,000百万円から300百万円の信用損失が発生している。したがって，この営業債権300百万円は，現金を受領していないため，その

後の各年齢別バケットの未払残高は，徐々に減少しても各年齢別バケットの残高に残る。

　各年齢別バケットについて，過去の信用損失実績率は，下表のとおり，最終的な信用損失額（300百万円）を各年齢別バケットの営業債権残高で除して算定できる。

		延滞なし	30日延滞	60日延滞	90日延滞
営業債権残高 （単位：百万円）	①	10,000	8,000	4,500	1,500
信用損失額 （単位：百万円）	②	300	300	300	300
信用損失実績率	②/①	3％	3.8%	6.7%	20%

＜ステップ４：現在および将来予測的な情報に基づく信用損失実績率の調整＞

　過去の信用損失実績率は，顧客の債務支払能力に影響を及ぼす可能性のある現在および将来の情報を反映するように調整する必要がある。そのような情報は，合理的で裏付け可能であって，過大なコストや労力を掛けずに入手可能である必要があり，経済環境，規制環境や技術環境（業界の見通し，GDP，雇用，政治など）および外部の市場指標の予想される変化の影響を検討する必要がある。

　どの将来予測的な情報を織り込むべきかを決定する際に，企業は，どの将来予測的な情報がステップ０で決定したグルーピングのそれぞれに最も影響を与えるのかを検討する必要がある。これらは，インフレ率や成長率または失業率のような，経済の一般的傾向および変動である可能性がある。

　さらに，信用損失レベルに重要な影響を与える可能性のある，業種固有または地域固有の指標も存在する可能性がある。これらの指標は，ステップ０で検討した要因に応じて，営業債権のグループごとに異なる可能性がある。

　１つのアプローチは，マクロ経済要因（例えば失業率）と信用損失率との間の過去の相関関係を見ることである。このような相関関係が存在し，かつ，その要因（例えば失業）により，信用損失が観察された期間の過去の平均よりも高くなるまたは低くなると見込まれる場合には，過去の金額に対して調整を行う。例えば，失業率の上昇が予想される場合には，期日経過していない営業債権に対する引当金額を増加させる必要がある可能性

がある。

　また，IFRS 第9号は，確率で加重された結果を算定するために，企業に代替的なシナリオを検討することを求めている。そのため，企業は，場合によっては，相関関係のある変数について生じ得る異なる将来の結果を反映させたシナリオ分析を使用し，各シナリオについての予想信用損失を計算したうえで，それらを確率加重することで予想信用損失を算定する可能性がある。例えば，各年齢別バケットについて，基本シナリオ，景気悪化シナリオ，景気回復シナリオで異なる信用損失率をウェイト付けする場合がある。代替的な将来予測的なシナリオは，より長期の営業債権や不確実性がより大きい期間に適合する可能性がある。

新型コロナウイルス感染症（COVID-19）―将来予測的な情報

　新型コロナウイルス感染症（COVID-19）により相当の不確実性が生じることを考えると，新型コロナウイルス感染症（COVID-19）の環境下において将来予測的な情報の影響を定量化する方法の決定は困難であり，判断を要する可能性がある。すべての状況に当てはまる方法はなく，企業は，ステップ0で識別された各グルーピングの信用リスクの主要な要因を検討する必要がある。

　出発点として，企業は，過去の景気悪化の期間中における顧客行動などの過去情報に注目して，GDP，失業率など，信用損失と相関関係のある経済データを設定する可能性がある。そのようなデータは，非金融資産の減損，繰延税金資産の回収可能性，継続企業の前提の評価など，他の目的に使用されるデータと整合的である必要がある。

　企業は，このようなデータの現在の予測を用いて，将来の経済状況が予想信用損失に与える影響を見積る場合がある。例えば，特定の商品（コモディティ）を生産する企業に販売を行う企業を想定する。過去において，この企業にとっての信用損失の変動の主要な要因は商品価格であったため，企業は，信用損失と商品価格の変動との過去の相関関係を検討する可能性がある。例えば，長期間の過去データを用いた回帰分析において，商品価格の10千円の下落が3か月継続すると信用損失実績率が1％増加すると示される状況がある。企業は，商品価格が下落する予測があり，その下落が12か月継続すると予想されると仮定した場合に，延滞していない営業債権がどのような影響を受けるかについて見積るために過去情報を用いる場合がある。

　他の営業債権は，信用リスクの異なる要因を有している場合がある。例えば，企業が個人の住宅所有者に製品を販売していると想定する。その結果として生じる営業債権の信用リスクの主要な要因は，失業率である。したがって，企業は，延滞していない営業債権に対して予想失業率の影響を見積るモデルを開発できる可能性がある。しかし，例外的な失業給付や住宅ローンの返済猶予など，

住宅所有者に提供される政府の援助や類似の救済のような他の要因に対しては，追加の補正が必要になる場合がある。

場合によっては，有意義な分析を行うためには，企業自身の営業債権に対する過去データが十分ではない。例えば，外食産業に販売している企業にとって，パンデミックによりレストランが閉鎖されることは過去に前例がない可能性がある。この場合，詳細な業界のリサーチが有用となる。例えば，業界アナリストはレストランへの影響についてどのように予測しているのか，予想信用損失率を考慮した研究があるかといったリサーチである。

経済データとの関連性を織り込む際，タイムラグによりさらなる複雑性が生じる。例えば，電気事業者を想定すると，顧客は，他の任意の支出より電力料金の支払を優先するため，失業率の上昇は，債務不履行の発生がすぐに増加する要因にならない可能性がある。例えば，失業率の上昇は，6か月間継続する場合にのみ，信用損失率の増加要因になる状況がある。このタイムラグは，経済変数を用いたヒストリカル分析で考慮すべきもう1つの変数である。

企業は，分析に織り込むべき最も意味のある将来予測的な情報は何か，影響の合理的な見積りをどのように行うことができるかを理解するために，最善の努力を行う必要がある。上述のように，新型コロナウイルス感染症（COVID-19）の影響をモデルに完全には反映できない場合，追加的な調整または補正を検討する必要がある。

このような将来予測的な情報を考慮したうえで，予想信用損失率を再計算する。

この *Point Of View* では，上記の分析に基づき，企業は，予想信用損失額を400百万円と決定したと仮定する。この400百万円の金額には，新型コロナウイルス感染症（COVID-19）による影響を反映した将来予測的な情報の影響が含まれている。

さらに，この *Point Of View* では，これまでの顧客からの要請や通知または支払パターンに基づき，売上の10％についての支払がさらに30日から60日遅れると見込んでいる。したがって，売上の10％に対する過去の支払は，期日経過なしのバケットから期日経過ありのバケットに移される。これらは，下表において，予想支払額として示されている。

営業債権（単位：百万円）	回収額	回収残高	未回収残高
30日以内に支払予定	1,000	1,000	9,000
30日～60日の間に支払予定	4,000	5,000	5,000
60日～90日の間に支払予定	3,200	8,200	1,800
90日後に支払予定	1,400	9,600	400（損失）

　次に，上記で計算した予想プロファイルに予想信用損失額を用いて，予想信用損失率を決定する。

　400百万円の予想信用損失額は，すべての年齢別バケットに適用される点に留意が必要である。これは，この平均の400百万円が，各年齢別バケットのすべてにおいて予想される信用損失を表すと仮定されるためである。そうでない場合は，調整を検討する必要がある。

		延滞なし	30日延滞	60日延滞	90日延滞
営業債権残高 （単位：百万円）	③	10,000	9,000	5,000	1,800
予想信用損失額 （単位：百万円）	④	400	400	400	400
予想信用損失率	④／③	4％	4.4%	8％	22.2%

＜ステップ5：予想信用損失率を用いた予想信用損失の算定＞

　最後のステップでは，次に示すとおり，報告日における各年齢別バケットの営業債権の残高に予想信用損失率を乗じて予想信用損失を算定する。この *Point Of View* では，使用された延滞情報には新型コロナウイルス感染症（COVID-19）によって生じたバケット間の移動がまだ反映されていないと仮定している。

　他方，延滞情報にすでに新型コロナウイルス感染症（COVID-19）によって生じたバケット間の移動が反映されている場合，ステップ4で説明したとおり，過去の延滞について年齢別バケット間の移動の予想を反映した調整を行っているため，二重計算を避ける必要がある。

		債権 総額	延滞 なし	30日～ 60日延滞	60日～ 90日延滞	90日超 延滞
報告日の営業債権残高 （単位：百万円）	⑤	140	50	40	30	20
予想信用損失率	⑥	－	4％	4.4%	8％	22.2%
予想信用損失 （単位：百万円）	⑤×⑥	10.6	2	1.8	2.4	4.4

　営業債権の独立したグループまたは個々の大口顧客について，上記のプロセスを繰り返す。

4．引当金マトリクスに係る開示

　引当マトリクスを使用する企業について，IFRS第7号「金融商品：開示」では，信用リスク格付けに関する開示を引当マトリクスのデータに基づいて行うことが認められている（第Ⅳ部第2章4.(3)②「単純化したアプローチを適用している営業債権などの信用リスク・エクスポージャー」（205頁）を参照）。しかし，この開示およびIFRS第7号によって求められるその他の開示は，定型的なものではなく，新型コロナウイルス感染症（COVID-19）による影響がどのように織り込まれているかを説明する必要がある。

新型コロナウイルス感染症（COVID-19）の影響－開示

　新型コロナウイルス感染症（COVID-19）の結果として重視すべき領域として，次の事項が挙げられる。

- 予想信用損失の測定に用いるインプットおよび仮定に新型コロナウイルス感染症（COVID-19）の影響をどのように反映しているか（将来予測的な情報および追加の調整または補正を含む）
- 信用リスクの集中，および当該開示が，異なる営業債権に対する新型コロナウイルス感染症（COVID-19）の異なる影響を考慮した十分な詳細さとなっているか
- 報告日において信用減損した営業債権の帳簿価額（重大な財政的困難に陥っている債務者に対する営業債権や期日経過が90日を超えている営業債権など）
- 信用リスク管理の実務，および当該実務が新型コロナウイルス感染症（COVID-19）によりどのように変化したか（支払猶予，支払条件の延長または影響を受ける借手に付与される他の救済措置を含む）
- 重要な見積りの開示（将来予測的な情報，営業債権がどのようにグルーピングされたか，信用リスクの調整と価格譲歩のいずれであるかの判定に関する開示が含まれる可能性がある）

ケーススタディⅢ－2－3 ▶ 営業債権および契約資産の予想信用損失の測定（ケース1）

前　提

　A社は，固定対価および変動対価で構成される価格で，顧客に機械を販売している。固定対価は100百万円であり，変動対価は機械の品質（例えば，機械の稼働後最初の6か月間における不良品製造の比率で算定される）によって異なり，ゼ

ロから30百万円の間になる可能性がある。

　機械は，20X1年11月1日に引き渡され，引渡し後直ちに稼動する。固定対価100百万円は，引渡し後直ちに全額が支払われるが，変動対価は，引渡しの6か月後に支払われる。

　A社は，IFRS第15号第50項から第54項に従って，権利を得ることとなる変動対価の額を見積る。その場合，IFRS第15号第56項は，変動対価に関する不確実性がその後に解消される際に，それまでに認識した収益の累計額の重大な戻入れが生じない可能性が非常に高い範囲でのみ，変動対価の金額の一部または全部を取引価格に含めることを求めている。

　20X1年11月1日（引渡日）および20X1年12月31日（報告日）において，企業は，顧客から変動対価として25百万円を受け取る権利を得ると見込んでいるが，IFRS第15号第56項に基づき，そのうち20百万円について可能性が非常に高いと判断し，将来における機械の不良品製造比率を条件としているため，契約資産20百万円を認識する。

　20X1年12月31日（報告日）において，企業は，引渡日以降に顧客の信用力が悪化したため，契約資産に関して2百万円のみを受け取ると見込んでいる。

　20X1年12月31日現在の契約資産の予想信用損失の算定に関して，どの契約キャッシュ・フローを損失評価引当金の計算の基礎とするか。

[ポイント]

　契約に基づいて企業が受け取るべき契約上のキャッシュ・フローとして，IFRS第15号に従って認識した契約資産の測定に用いたキャッシュ・フローを使用できるか検討する。

[考え方]

　IFRS第9号では，信用損失は，次の両者の差額の現在価値であると定義されている（IFRS第9号B5.5.29項）。

●契約に基づいて企業が受け取るべき契約上のキャッシュ・フロー
●企業が受け取ると見込んでいるキャッシュ・フロー

　予想信用損失を算定するために使用する契約上のキャッシュ・フローは，IFRS第15号に従って認識した契約資産の測定に使用するキャッシュ・フロー（すなわち，可能性が非常に高いキャッシュ・フロー20百万円）と整合的である必要がある。これは，IFRS第9号B5.5.34項におけるリース債権の予想信用損失の算定と整合的である。

　単純化のため，貨幣の時間価値を無視すると，この場合，契約資産の予想信用

損失は18百万円（＝契約上のキャッシュ・フロー20百万円－予想キャッシュ・フロー2百万円）となる。

ケーススタディⅢ－2－4 ▶営業債権および契約資産の予想信用損失の測定
（ケース2）

前 提

A社は，固定対価と変動対価で構成される価格で，顧客に機械を販売している。固定対価は100百万円であり，変動対価は機械の品質（例えば，機械の稼働後最初の6か月間における不良品製造の比率で測定する）によって異なり，ゼロから30百万円の間になる可能性がある。

機械は，20X1年11月1日に引き渡され，引渡し後直ちに稼動する。固定対価は，引渡しの3か月後に支払われ，変動対価は，引渡しの6か月後に支払われる。

A社は，引渡しの3か月後に金額を受け取る無条件の権利を有しているため，固定対価について営業債権100百万円を認識する。

20X1年11月1日（引渡日）および20X1年12月31日（報告日）において，企業は，顧客から変動対価について20百万円の契約資産を認識する。これは，当該金額について，IFRS第15号第56項に従って可能性が非常に高いと判断しており，将来における機械の不良品製造比率を条件としているためである。

20X1年12月31日（報告日）において，A社は，顧客の信用リスクにより，対価の総額のうち117百万円のみを受け取ると見込んでいる。

この場合，企業は，営業債権と契約資産それぞれの予想信用損失をどのように算定すべきか。

ポイント

営業債権と契約資産の予想信用損失は別個に検討する。

考え方

A社は，営業債権と契約資産それぞれの支払期日に係る債務不履行発生リスクおよび信用損失を別個に算定する必要があり，それぞれの資産に係る予想信用損失の算定に使用する。

営業債権と契約資産の支払期日が同日である場合には，予想信用損失総額を営業債権と契約資産に比例的に配分する結果となる。

第 IV 部

金融資産の減損に関する
表示および開示

　　第 IV 部では，第 I 部から第 III 部までで述べた金融資産の減損の会計処理を前提として，IAS 第 1 号「財務諸表の表示」に従った金融資産の減損に関する表示の定めについて解説する。また，IFRS 第 7 号「金融商品：開示」に従った金融資産の減損や信用リスクに関する開示の定めについて解説する。さらに，IFRS 第 7 号に準拠した開示例についても紹介する。

第1章　金融資産の減損に関する表示

1. 純損益計算書の表示

　IAS 第 1 号「財務諸表の表示」は，財務諸表の表示についての全般的な要求
事項，財務諸表の構成についての指針およびその内容についての最小限の要求
事項を示している（IAS 第 1 号第 1 項）。IAS 第 1 号第82項は，純損益の部ま
たは純損益計算書に表示すべき情報を定めており，IFRS 第 9 号「金融商品」
に従って算定した減損損失（減損損失の戻入れまたは減損利得を含む）の区分
表示を要求している（IAS 第 1 号第82項（ba））。

> ### *Short Break*　基本財務諸表における区分表示と重要性
>
> 　重要性によっては，IAS 第 1 号で区分表示が要求されている科目であっても，
> これらの項目を純損益計算書や財政状態計算書などの基本財務諸表に区分表示す
> ることは必ずしも必要ではない。ただし，性質や機能が異なる項目は，重要でな
> い場合にのみ集約できることに留意する（IAS 第 1 号第29項，第30項，第30Ａ項）。
> 　なお，強制力のない IFRS 実務記述書第 2 号「重要性の判断の行使」では，重
> 要性の評価に関する追加的な指針が提供されている（IFRS 実務記述書第 2 号第
> 40項〜第55項）。

2. 財政状態計算書の表示

　財政状態計算書における，償却原価で測定する金融資産，契約資産および

リース債権に係る損失評価引当金の表示について明確なガイダンスは存在しない。

Short Break　財政状態計算書における損失評価引当金の表示

　償却原価で測定する金融資産，契約資産およびリース債権に係る損失評価引当金を，財政状態計算書の独立の表示科目に表示すべきかどうかは，具体的な事実および状況によって異なる。

　IFRS 第9号は，損失評価引当金を財政状態計算書の独立の表示科目に表示することを強制していない。したがって，企業は，IAS 第1号第55項の一般原則を適用し，表示科目の金額の大きさ，性質または機能により，追加的な表示科目，見出しおよび小計の表示が企業の財政状態の理解に目的適合性がある場合には，それらを財政状態計算書上に表示する。

　その他の包括利益を通じて公正価値で測定する金融資産については，その損失評価引当金をその他の包括利益に認識する。財政状態計算書における当該金融資産の帳簿価額は，損失評価引当金について減額せず，また損失評価引当金を財政状態計算書において独立表示しない（IFRS 第9号5.5.2項，IFRS 第7号「金融商品：開示」第16A 項）。

　ローン・コミットメントおよび金融保証契約に関する予想信用損失は，財政状態計算書に引当金（負債）として認識する。企業は，金融資産に係る損失評価引当金を，ローン・コミットメントおよび金融保証契約に係る引当金と区別して開示する必要がある。しかし，ある金融商品が貸付金（金融資産）と未行使コミットメント（ローン・コミットメント）の両方の部分を含んでおり，企業がローン・コミットメント部分に係る予想信用損失を金融資産部分に係る予想信用損失と区別して識別できない場合には，ローン・コミットメントに係る予想信用損失を金融資産に係る損失評価引当金と一括して認識する。この合算された予想信用損失が金融資産の総額での帳簿価額を超える場合，その超過部分については，予想信用損失を引当金として認識する（IFRS 第7号 B8E 項）。

第**2**章

金融資産の減損に関する開示

1．金融商品から生じるリスクの内容および程度に関する開示の概要

IFRS 第7号「金融商品：開示」は，金融商品に関する開示要求事項について定めている。本章では，これまで取り上げてきた金融資産の減損に関する IFRS 第7号における開示要求事項を対象としている。

この IFRS 第7号は，金融商品から生じるリスクの内容および程度を，財務諸表利用者が評価できるような情報の開示を要求している。IFRS 第7号により求められる開示は，金融商品から生じるリスクおよびどのようにしてそのリスクが管理されているかに焦点を置いており，そのリスクには信用リスクが含まれる（IFRS 第7号第31項，第32項）。

定量的開示（本章3．「定量的開示」（191頁）を参照）との関連で定性的開示（本章2．「定性的開示」（190頁）を参照）を提供することにより，財務諸表利用者は関連する開示を結びつけ，それにより金融商品から生じるリスクの内容と程度の全体像を形成することが可能となる。定性的開示と定量的開示との相互関係は，財務諸表利用者が企業のリスクに対するエクスポージャーをより良く評価できるような方法での情報の開示に役立つ（IFRS 第7号第32A 項）。

さらに，定量的開示に関して，予想信用損失に基づく減損モデルに対する財務諸表利用者の情報ニーズを満たすために，IFRS 第7号は信用リスクに関する開示要求事項を定めている（本章4．「信用リスクに関する開示」（192頁）を参照）。

　また，本章では，その他の開示として，IAS第1号に基づく見積りの不確実性などの開示についても取り扱っている（本章5.「その他の開示―見積りの不確実性の主要な発生要因および予想信用損失を算定する際の判断」（206頁）を参照）。

Short Break　IFRS第7号の目的

　IFRS第7号は，財務諸表利用者にリスクに対する企業のエクスポージャーと当該リスクの管理方法に関する情報を提供することを目的としている。企業は，利用者が次の事項を評価できるように財務諸表上の開示を提供する（IFRS第7号第1項，第7項，第31項）。

- ●企業の財政状態および業績に対する金融商品の重要性。これは，財政状態計算書および包括利益計算書上の数値に関する開示として，金融商品の区分およびヘッジ活動に係る開示を要求している。また，IFRS第7号は，金融商品のクラスごとにさまざまな開示を要求している。
- ●企業が当期中および報告期間の末日現在で晒されている金融商品から生じるリスク（信用リスク，流動性リスク，市場リスクなど）の内容および程度（定量的開示），ならびに企業の当該リスクの管理方法（定性的開示）

Short Break　IFRS第7号の開示水準および集約のレベル

　企業は，企業自身の状況に照らして，IFRS第7号の要求事項を満たすために，どの程度詳細に開示を行い，その要求事項の異なる側面についてそれぞれ，どの程度強調すべきか，そしてどの程度合算したらよいかを判断する必要がある。異なる特徴を有する情報を結合せずに，全体像を表すために重要な判断が要求される。

　財務諸表利用者にとってはそれほど有用とはいえない詳細を過度に開示している財務諸表，および合算しすぎたために重要な情報であっても曖昧な情報になってしまう財務諸表とはならないようにバランスを取る必要がある。例えば，企業は，重要な情報を大量の重大ではない詳細の中に含めて，その重要な情報を曖昧な情報にしてはならない。

　同様に，企業は，個々の取引間の重要な差異または関連するリスク間の重要な差異が曖昧になってしまうほどに情報を合算して開示してはならない（IFRS第7号B3項）。

2．定性的開示

　IFRS 第 7 号に従い，信用リスクを含む，金融商品から生じるそれぞれのリスクについて，企業は，次の事項を開示する必要がある（IFRS 第 7 号第33項）。
- ●リスクに対するエクスポージャーおよび当該リスクがどのように生じたのか
- ●リスク管理の目的，方針および手続ならびにリスクを測定するために用いている方法
- ●過年度からの上記事項の変更

　企業がこの要求事項を満たすために開示する定性的情報の種類には，**図表Ⅳ－ 2 － 1** に示す項目の説明的文章が含まれるが，これらに限定されない（IFRS 第 7 号 IG15項）。

（図表Ⅳ－ 2 － 1）定性的情報の開示内容

開示内容	補足説明
企業のリスク・エクスポージャーとその発生経緯	リスク・エクスポージャーに関する情報では，リスク移転取引やその他リスク軽減取引の総額および純額でエクスポージャーを説明する場合もある。
企業がリスクを受容，測定，監視，抑制する際の方針および手続	この方針および手続は，次の事項を含む場合もある。 ●独立性および説明責任を含む企業のリスク管理機能の構造および組織 ●企業のリスク報告または測定システムの範囲および特徴 ●担保設定方針および手続を含む企業のリスク・ヘッジまたは軽減方針 ●そうしたヘッジまたは軽減手段の持続的な有効性に関する企業の監視手続
リスクの過度の集中を回避するための企業の方針および手続	－

3．定量的開示

　IFRS第7号に従い，信用リスクを含む，金融商品から生じるそれぞれのリスクについて，企業は次の定量的事項を開示する必要がある（IFRS第7号第34項）。

　　①　企業が報告期間の末日現在でリスクに晒されている程度に関する定量的データの要約

　　②　①に従って提供されていない範囲で，別途IFRS第7号で要求されている開示（後述の4.「信用リスクに関する開示」を含む）

　　③　①および②に従って行う開示から明らかでない場合には，リスクの集中

　①のリスク・エクスポージャーに関する定量的データの要約は，企業の経営幹部（IAS第24号「関連当事者についての開示」の定義による），例えば企業の取締役会や最高経営責任者に対して内部的に提供される情報を基礎とする。企業が複数の方法を用いてリスク・エクスポージャーを管理している場合には，最も目的適合性があり信頼性のある情報を提供する方法を用いて，情報を開示する（IFRS第7号B7項）。

Short Break　経営幹部の定義および範囲

　IAS第24号第9項では，「経営幹部」を「企業の活動を直接，間接に計画し，指示を行い，そして支配する権限および責任を有する者（企業の取締役（業務執行権がある者もそれ以外の者も）を含む）」と定義している。

　「それ以外の者」という用語は，業務執行権のない取締役，監査委員会のメンバーはもとより，取締役という役職を持たずに事業上重要な部分に関する経営および指示に責任を有する者も対象としている。

---

　②の信用リスクに関する開示については，次の4.「信用リスクに関する開示」で詳細に説明する。

　③のリスクの集中は，類似の特徴を有し，経済的状況またはその他の状況の変動に同じように影響を受ける金融商品から生じる。例えば，信用リスクの集中は，業種，信用格付けや他の信用度の測定，地理的分布，限られた数の相手

方または密接な関係にある相手方から生じる場合がある。リスクの集中に関する開示には次の項目が必要である（IFRS 第 7 号 B8項，IG18項）。

- ●経営者がどのようにリスクの集中を判断するのかの説明
- ●リスクの集中に共通に見られる特徴の説明
- ●そうした特徴を有するすべての金融商品に関連するリスク・エクスポージャーの金額

また，報告日現在で開示されている定量的データが，報告期間中の企業のリスクに対するエクスポージャーを表していない場合には，それを表す追加的な情報を提供する必要がある（IFRS 第 7 号第35項）。この開示要求事項を満たすために，企業は，報告期間中に晒された最高および最低リスクと平均リスクを開示する可能性がある（IFRS 第 7 号 IG20項）。

> ***Short Break*** **年度末の信用リスク・エクスポージャーが年間のエクスポージャーを表していない場合**
>
> 年度末の信用リスク・エクスポージャーが年間のエクスポージャーを表していない場合としては，例えば，季節変動により営業債権の金額が大きく変化する場合や，年度末前に大型の買収を行い債権金額が大幅に増加した場合が挙げられる。

4．信用リスクに関する開示

信用リスクの開示は，IFRS 第 9 号における減損の要求事項の対象となる金融商品に適用される。信用リスクの開示は，信用リスクが将来キャッシュ・フローの金額，時期および不確実性に与える影響を財務諸表利用者が理解できるように行う。この目的を達成するため，企業は，信用リスクの開示において次の情報を提供する必要がある（IFRS 第 7 号第35A 項，第35B 項）。

- ●予想信用損失の測定に用いた方法，仮定および情報など，企業の信用リスク管理実務ならびにそれが予想信用損失の認識および測定にどのように関連しているのかに関する情報（(1)「信用リスク管理実務」（193頁）を参照）
- ●予想信用損失の金額の変動および当該変動の理由など，予想信用損失から

生じた財務諸表上の金額を財務諸表利用者が評価できるようにする定量的
情報および定性的情報（(2)「予想信用損失から生じた金額に関する定量
的・定性的情報」（196頁）を参照）

●重大な信用リスクの集中など，企業の信用リスク・エクスポージャー（す
　なわち，企業の金融資産および与信を行うコミットメントに固有の信用リ
　スク）に関する情報（(3)「信用リスク・エクスポージャー」（202頁）を参
　照）

(1)　信用リスク管理実務

　企業は，企業自身の信用リスク管理実務ならびにそれが予想信用損失の認識
および測定にどのように関連するのかを説明する必要がある。この目的を満た
すため，IFRS 第 7 号は，次の項目の開示を求めている（IFRS 第 7 号第35F 項，
第35G 項）。

　　①　信用リスクの著しい増大の有無の判定方法
　　②　企業による債務不履行の定義
　　③　集合的ベースで予想信用損失を測定した場合のグルーピングの方法
　　④　信用減損金融資産の判定方法
　　⑤　企業の直接償却の方針
　　⑥　契約上のキャッシュ・フローの条件変更に関する要求事項の適用方法
　　⑦　インプット，仮定および見積技法

①　信用リスクの著しい増大の有無の判定方法

　企業は，金融商品の信用リスクが当初認識以降に著しく増大したのかどうか
をどのように判定したのかを開示する。この開示には，金融資産の信用リスク
が低いと判定した場合（第Ⅱ部第 2 章「信用リスクが低い金融商品に対する実
務上の便法」（57頁）を参照）や，金融資産が30日超の期日経過であるが信用
リスクの著しい増大があるという推定に反証を行っている場合（第Ⅱ部第 1 章
5．「30日延滞の反証可能な推定」（47頁）を参照）の判定方法も含まれる
（IFRS 第 7 号第35F 項(a)）。

②　企業による債務不履行の定義

　IFRS第9号は，債務不履行を具体的に定義せずに，企業は該当する金融商品に係る信用リスク管理実務と整合的な債務不履行の定義を毎期適用すべきとしている（第Ⅱ部第1章2.(1)「債務不履行の定義」（24頁）を参照）。このため，IFRS第7号では，債務不履行についての企業による定義とそれを選択した理由の開示を求めている。債務不履行についての企業による定義に関する情報のうち，企業がIFRS第9号における予想信用損失の要求事項をどのように適用したのかを理解するために有用な項目には，次の事項が含まれる場合がある（IFRS第7号第35F項(b)，B8A項）。

- 債務不履行を定義する際に考慮した定性的要因および定量的要因
- 異なる種類の金融商品に異なる定義を適用したのかどうか
- 金融資産について債務不履行が発生した後の回復率（すなわち，稼働状況に復帰した金融資産の件数）に関する仮定

③　集合的ベースで予想信用損失を測定した場合のグルーピングの方法

　予想信用損失に基づく減損モデルにおいては，概念的には，個別ベースの評価でも集合的ベースの評価でも同じ結果をもたらすはずであるが，企業は，金融資産が期日経過となる前に信用リスクの著しい増大を個別ベースで識別できるような合理的で裏付け可能な情報に対するアクセスを有していない場合や，将来予測的な情報を予想信用損失の見積りに集合的ベースでしか織り込めない場合がある。したがって，予想信用損失の測定が集合的ベースで行われている場合（第Ⅱ部第1章6.「信用リスクの増大の有無の判定を実施するレベル」（50頁）を参照）には，企業が金融商品をどのようにグルーピングしたのかに関する情報の開示が求められている（IFRS第7号第35F項(c)）。

④　信用減損金融資産の判定方法

　企業は，金融資産が信用減損金融資産（第Ⅰ部第2章3.(3)「ステージ3」（8頁）を参照）であることをどのように判定したのかを開示する（IFRS第7号第35F項(d)）。

⑤　企業の直接償却の方針

　企業の直接償却（第Ⅱ部第3章8.「直接償却」（153頁）を参照）の方針の開示には，回収の合理的な見込みがないという兆候および直接償却したが依然として履行強制活動の対象とする金融商品に係る方針に関する情報が含まれる（IFRS第7号第35F項(e)）。

⑥　契約上のキャッシュ・フローの条件変更に関する要求事項の適用方法

　IFRS第9号第5.5.12項は，契約上のキャッシュ・フローの条件変更が行われた金融資産に関する信用リスクの著しい増大の有無の判定方法を定めている（第Ⅱ部第3章7.「条件変更」（137頁）を参照）。IFRS第7号は，企業がIFRS第9号第5.5.12項の要求事項をどのように適用したかの開示を求めており，これには企業が次の事項を行う方法が含まれる（IFRS第7号第35F項(f)）。

●損失評価引当金が全期間の予想信用損失に等しい金額で測定されていた間に条件変更された金融資産に係る信用リスクが，損失評価引当金が12か月の予想信用損失に等しい金額で測定されるところまで戻る程度に改善したという判断の方法

●上記の要件に該当する金融資産に係る損失評価引当金が，どの程度，その後に全期間の予想信用損失に等しい金額で再測定されるのかの監視方法

　また，条件変更された金融資産の信用リスクのその後の増大を財務諸表利用者が理解するために有用な定量的情報には，条件変更により損失評価引当金が12か月の予想信用損失に等しい金額で測定されるところまで戻る程度に改善した金融資産のうち，その後に損失評価引当金が全期間の予想信用損失に等しい金額で測定される状態に戻った金融資産に関する情報が含まれる場合がある（IFRS第7号B8B項）。

⑦　インプット，仮定および見積技法

　企業は，IFRS第9号の減損の要求事項を適用するために用いるインプット，仮定および見積技法を説明する。この目的上，企業は**図表Ⅳ－2－2**に示す事項を開示する必要がある（IFRS第7号第35G項，B8C項）。

（図表Ⅳ－2－2）インプット，仮定および見積技法の開示項目

開示内容	
インプットおよび仮定の基礎ならびに右記の事項のために使用する見積技法	● 12か月および全期間の予想信用損失の測定 ● 金融商品の信用リスクが当初認識以降に著しく増大したのかどうかの判定 ● 金融資産が信用減損金融資産なのかどうかの判定 　上記事項に用いられた仮定およびインプットには，内部的な過去情報または格付報告書から入手した情報や，金融商品の予想存続期間および担保の売却時期に関する仮定が含まれる場合がある。
マクロ経済情報の使用など，将来予測的な情報を予想信用損失の算定に織り込んだ方法	
報告期間中に行った見積技法または重要な仮定の変更，および当該変更の理由	

⑵　予想信用損失から生じた金額に関する定量的・定性的情報

　IFRS第7号は，予想信用損失から生じた金額に関する定量的・定性的情報として，次の項目の開示を求めている（IFRS第7号第35H項～第35L項）。

①　損失評価引当金の期首残高から期末残高への調整表

②　損失評価引当金の変動の原因となった金融商品の総額での帳簿価額の著しい変動

③　認識の中止を生じない金融資産に係る契約上のキャッシュ・フローの条件変更

④　担保および他の信用補完

①　損失評価引当金の期首残高から期末残高への調整表

　損失評価引当金の変動および当該変動の理由を説明するため，企業は，金融商品のクラス別に，損失評価引当金の期首残高から期末残高への調整表を，表形式で，次の事項についての当期中の変動を区分して開示する（IFRS第7号第35H項）。

　　● 12か月の予想信用損失に等しい金額で測定した損失評価引当金（ステージ1）

●次の3つについて，全期間の予想信用損失に等しい金額で測定した損失評価引当金

　―信用リスクが当初認識以降に著しく増大したが，信用減損金融資産ではない金融商品（ステージ2）

　―報告日時点で信用減損しているが，購入または組成した信用減損金融資産ではない金融資産（ステージ3）

　―単純化したアプローチ（第Ⅲ部第2章「営業債権，契約資産およびリース債権（単純化したアプローチ）」（164頁）を参照）に従って測定される営業債権，契約資産またはリース債権

●購入または組成した信用減損金融資産（第Ⅲ部第1章「購入または組成した信用減損金融資産」（158頁）を参照。この場合，調整表に加えて，当報告期間中に当初認識した金融資産に係る当初認識時の割引前の予想信用損失の合計額を開示する）

　この損失評価引当金の期首残高から期末残高への調整表に加えて，損失評価引当金の変動の理由を説明するため，当該変動の記述的説明が必要となる場合がある。この記述的説明には，ポートフォリオの構成，購入または組成した金融商品の量および予想信用損失の規模を含む，当期中の損失評価引当金の変動の理由の分析が含まれる場合がある（IFRS第7号B8D項）。

　IFRS第7号は，損失評価引当金の変動に関する**図表Ⅳ－2－3**の開示例を示している（IFRS第7号IG20B項）。

（図表Ⅳ－2－3）損失評価引当金の変動に関する開示例

住宅ローン―損失評価引当金	12か月の予想信用損失	全期間の予想信用損失（集合的に評価）	全期間の予想信用損失（個別に評価）	信用減損金融資産（全期間の予想信用損失）
CU '000 1月1日現在の損失評価引当金	X	X	X	X
1月1日現在で認識されている金融商品による変動：				

―全期間の予想信用損失への振替	(X)	X	X	―
―信用減損金融資産への振替	(X)	―	(X)	X
―12か月の予想信用損失への振替	X	(X)	(X)	―
―当期中に認識の中止が行われた金融資産	(X)	(X)	(X)	(X)
組成又は購入した新規の金融資産	X	―	―	―
直接償却	―	―	(X)	(X)
モデル／リスク変数の変更	X	X	X	X
外国為替及びその他の変動	X	X	X	X
12月31日現在の損失評価引当金	**X**	**X**	**X**	**X**

　その他の包括利益を通じて公正価値で測定する金融資産については，その損失評価引当金をその他の包括利益に認識する。財政状態計算書における当該金融資産の帳簿価額は，損失評価引当金について減額せず，また損失評価引当金を財政状態計算書において独立表示しない。ただし，損失評価引当金を財務諸表注記に開示する必要がある（IFRS 第 9 号5.5.2項，IFRS 第 7 号第16A 項）。

　ローン・コミットメントおよび金融保証契約に関する予想信用損失は，財政状態計算書に引当金（負債）として認識する。企業は，金融資産に係る損失評価引当金をローン・コミットメントおよび金融保証契約に係る引当金と区別して開示する（IFRS 第 7 号 B8E 項）（第Ⅳ部第 1 章 2 .「財政状態計算書の表示」（186頁）も参照）。

　また，企業は，当報告期間中に直接償却して依然として履行強制活動の対象としている金融資産の契約上の未回収残高を開示する必要がある（IFRS 第 7 号第35L 項）。

Short Break　金融商品のクラス

　一部の開示項目については，金融商品のクラスごとの開示が要求される。金融商品の特徴および選択したクラスは，開示する情報の性質上適切でなければならない（IFRS第7号第6項）。

　クラスは，IFRS第7号第8項で定義されている測定区分（例えば，償却原価，公正価値）よりも詳細な水準で決定される可能性があり，財政状態計算書と調整する必要がある。

　クラスの詳細さの水準は，企業固有の基準で決定されるべきであり，個々の開示項目についてそれぞれ異なる方法で定義される可能性がある。金融商品のクラスを決定するにあたり，企業は最低でも，次の事項を実施する必要がある（IFRS第7号B2項）。

- 償却原価で測定する金融商品と公正価値で訓定する金融商品を区分する。
- IFRS第7号の範囲に含まれない金融商品については，別個のクラスとして扱う。このクラスには，IFRS第7号の開示要求事項は適用されない。

② **損失評価引当金の変動の原因となった金融商品の総額での帳簿価額の著しい変動**

　企業は，当期中の金融商品の総額での帳簿価額の著しい変動が，損失評価引当金の変動にどのくらい寄与したのかの説明を提供する。当該情報は，上記①に列挙した損失評価引当金を表す金融商品について区分したうえで，関連する定量的情報および定性的情報を含める必要がある（IFRS第7号第35I項）。

　IFRS第7号は，損失評価引当金の変動の原因となった金融商品の総額での帳簿価額の著しい変動に関する**図表Ⅳ－2－4**の開示例を示している（IFRS第7号IG20B項）。

（図表Ⅳ－2－4）損失評価引当金の変動の原因となった金融商品の総額での帳簿価額の著しい変動に関する開示例

　損失評価引当金の変動の原因となった住宅ローンの総額での帳簿価額の著しい変動は，次のものであった。
- ABCプライム住宅ローンのポートフォリオは，住宅ローン勘定をx%増加させ，これに対応して12か月の予想信用損失で測定された損失評価引当金の増

加があった。

- 地域市場の崩壊を受けてのCU XXのDEFポートフォリオの直接償却により，減損の客観的な証拠のある金融資産に係る評価損失引当金がCU X減少した。
- 地域Xにおける失業率の上昇により，損失評価引当金が全期間の予想信用損失と同額の金融資産の正味の増加が生じ，全期間の予想信用損失による損失評価引当金の純増CU Xが生じた。

住宅ローンの総額での帳簿価額の著しい変動を，下記にさらに詳細に説明している。

住宅ローン—総額での帳簿価額	12か月の予想信用損失	全期間の予想信用損失（集合的に評価）	全期間の予想信用損失（個別に評価）	信用減損金融資産（全期間の予想信用損失）
CU '000				
1月1日現在の総額での帳簿価額	X	X	X	X
全期間の予想信用損失に振り替えられた個別の金融資産	(X)	—	X	—
信用減損金融資産に振り替えられた個別の金融資産	(X)	—	(X)	X
信用減損金融資産から振り替えられた個別の金融資産	X	—	X	(X)
集合的に評価された金融資産	(X)	X	—	—
組成又は購入した新規の金融資産	X	—	—	—
直接償却	—	—	(X)	(X)
認識の中止が行われた金融資産	(X)	(X)	(X)	(X)
認識の中止を生じない条件変更による変動	(X)	—	(X)	(X)
その他の変動	X	X	X	X
12月31日現在の総額での帳簿価額	X	X	X	X

Short Break　金融商品の総額での帳簿価額の著しい変動に関する情報

　IFRS第7号の適用ガイダンスに含まれている図表Ⅳ－2－4の金融資産の総額での帳簿価額の調整表は，金融商品の総額での帳簿価額の著しい変動が損失評価引当金の変動にどのくらい寄与したのかの説明の提供を求めるIFRS第7号第35I項の要求事項を満たすために例示されている。しかし，この説明は調整表の形式で提供することは求められておらず，記述形式による説明のみでも適切な場合がある。

③　認識の中止を生じない金融資産に係る契約上のキャッシュ・フローの条件変更

　認識の中止を生じない金融資産に係る契約上のキャッシュ・フローの条件変更の内容および影響と，そうした条件変更が予想信用損失の測定に与える影響を財務諸表利用者が理解できるようにするため，企業は，図表Ⅳ－2－5に示す事項を開示する（IFRS第7号第35J項）。

（図表Ⅳ－2－5）認識の中止を生じない金融資産の条件変更に係る開示

対象となる金融資産	開示内容
損失評価引当金を全期間の予想信用損失に等しい金額で測定していた報告期間中に，契約上のキャッシュ・フローの条件変更が行われた金融資産（＊）	条件変更前の償却原価および認識した条件変更による正味の利得または損失
当初認識以降に損失評価引当金が全期間の予想信用損失に等しい金額で測定されていた時に条件変更され，報告期間中に損失評価引当金が12か月の予想信用損失に等しい金額に変化した金融資産	報告期間の末日現在の総額での帳簿価額

（＊）営業債権，契約資産およびリース債権について，この開示要求事項は，単純化したアプローチに従って全期間の予想信用損失が認識されている場合に，当該金融資産が30日超の期日経過となっている間に条件変更されたときに適用される（IFRS第7号第35A項(a)）。

④　担保および他の信用補完

　担保および他の信用補完が予想信用損失から生じる金額に与える影響（第Ⅱ
部第3章6.「担保と信用補完」（129頁）を参照）を財務諸表利用者が理解で
きるようにするため，企業は，金融商品のクラス別に**図表Ⅳ－2－6**に示す事
項を開示する（IFRS 第7号第35K 項）

（図表Ⅳ－2－6）担保および他の信用補完に係る開示

開示内容	
報告期間の末日現在の信用リスクに対する最大エクスポージャーを，保有する担保または，例えば，IAS 第32号「金融商品：表示」に従った相殺の要件に該当しないネッティング契約など他の信用補完を考慮に入れずに，最もよく表す金額	
保証として保有している担保および他の信用補完の説明的な記述（右記の事項を含む）（＊）	● 保有している担保の内容および質の記述 ● 悪化の結果としての当該担保もしくは信用補完の質の著しい変化または報告期間中の担保方針の変動の説明 ● 担保があることにより企業が損失評価引当金を認識しなかった金融商品に関する情報
報告日時点で信用減損している金融資産について，保証として保有している担保および他の信用補完に関する定量的情報（例えば，担保および他の信用補完が信用リスクをどの程度軽減しているのかの定量化）	

（＊）リース債権にはこの開示は要求されない（IFRS 第7号第35A 項(b)）。

　また，企業が報告期間中に，担保として保有する物件を所有するかまたはそ
の他の信用補完を要求することにより，金融資産または非金融資産を獲得し，
当該資産が他の IFRS の認識規準を満たす場合には，企業は，報告日現在で保
有している当該資産について，次の事項を開示する（IFRS 第7号第38項）。
- 　● 獲得した資産の性質と帳簿価額
- 　● 当該資産が容易に換金可能でない場合には，当該資産の処分または事業での使用に関する方針

(3)　信用リスク・エクスポージャー

　IFRS 第7号は，信用リスク・エクスポージャーに関する次の項目の開示を
求めている（IFRS 第7号第35M 項～第36項）。

①　信用リスク格付けごとの信用リスク・エクスポージャー
②　単純化したアプローチを適用している営業債権などの信用リスク・エクスポージャー
③　IFRS 第 9 号の減損の要求事項が適用されない金融商品

①　信用リスク格付けごとの信用リスク・エクスポージャー

　財務諸表利用者が企業の信用リスク・エクスポージャーを評価し，著しい信用リスクの集中を理解できるようにするため，企業は，信用リスク格付けごとに，金融資産の総額での帳簿価額ならびにローン・コミットメントおよび金融保証契約にかかる信用リスクに対するエクスポージャーを開示する（IFRS 第 7 号第35M 項）。

　当該開示に使用する等級の数は，企業が内部の信用リスク管理目的で経営幹部に内部で報告するために使用している数と整合させる。しかし，信用リスク格付けの等級に関する情報が過大なコストや労力を掛けないと利用可能でなく，信用リスクが当初認識以降に著しく増大したかどうかを評価するために期日経過の情報を使用する場合（第Ⅱ部第 1 章 5 .「30日延滞の反証可能な推定」（47頁）を参照）には，当該金融資産について期日経過の状況の分析を提供する（IFRS 第 7 号 IG20C 項）。

　この信用リスク格付けごとの信用リスク・エクスポージャーの開示も，前述の(2)①「損失評価引当金の期首残高から期末残高への調整表」と同様の基準で，金融商品のクラス別に区分して開示する。

　IFRS 第 7 号は，信用リスク格付けごとの信用リスク・エクスポージャーに関する**図表Ⅳ－ 2 － 7** の開示例を示している（IFRS 第 7 号 IG20C 項）。

（図表Ⅳ－ 2 － 7 ）信用リスク格付けごとの信用リスク・エクスポージャーに関する開示例

消費者ローンの信用リスク・エクスポージャー（内部格付け等級別）				
20XX年 CU '000	顧客ークレジットカード 総額での帳簿価額		顧客ー自動車 総額での帳簿価額	
	全期間	12か月	全期間	12か月

内部格付け 1 － 2	X	X	X	X
内部格付け 3 － 4	X	X	X	X
内部格付け 5 － 6	X	X	X	X
内部格付け 7	X	X	X	X
合　計	X	X	X	X

企業ローンの信用リスク・プロファイル（外部格付け等級別）				
20XX年	企業－設備		企業－建設	
CU '000	総額での帳簿価額		総額での帳簿価額	
	全期間	12か月	全期間	12か月
AAA － AA	X	X	X	X
A	X	X	X	X
BBB － BB	X	X	X	X
B	X	X	X	X
CCC － CC	X	X	X	X
C	X	X	X	X
D	X	X	X	X
合　計	X	X	X	X

企業ローンの信用リスク・プロファイル（債務不履行確率別）				
20XX年	企業－無保証		企業－保証付	
CU '000	総額での帳簿価額		総額での帳簿価額	
	全期間	12か月	全期間	12か月
0.00 － 0.10	X	X	X	X
0.11 － 0.40	X	X	X	X
0.41 － 1.00	X	X	X	X
1.01 － 3.00	X	X	X	X
3.01 － 6.00	X	X	X	X
6.01 － 11.00	X	X	X	X
11.01 － 17.00	X	X	X	X
17.01 － 25.00	X	X	X	X
25.01 － 50.00	X	X	X	X
50.01 ＋	X	X	X	X
合　計	X	X	X	X

② 単純化したアプローチを適用している営業債権などの信用リスク・エクス
　　ポージャー

　企業が単純化したアプローチを適用する営業債権，契約資産およびリース債
権（第Ⅲ部第2章「営業債権，契約資産およびリース債権（単純化したアプ
ローチ）」（164頁）を参照）については，企業は，引当マトリクスを基礎とし
て上述の①に従った情報を開示することができる（IFRS第7号第35N項）。

　IFRS第7号は，引当マトリクスを基礎とする信用リスク・エクスポージャー
に関する図表Ⅳ－2－8の開示例を示している（IFRS第7号 IG20D項）。

（図表Ⅳ－2－8）引当マトリクスを基礎とする信用リスク・エクスポージャー
　　　　　　　　　に関する開示例

20XX年 CU '000		営業債権	期日経過日数		
ディーラー金融	当月	30日超	60日超	90日超	合　計
予想信用損失率	0.10%	2％	5％	13%	
債務不履行となる総額 での帳簿価額の合計の 見積り	CU20,777	CU1,416	CU673	CU235	CU23,101
全期間の予想信用損失 －ディーラー金融	CU21	CU28	CU34	CU31	CU114
顧客金融 予想信用損失率	0.20%	3％	8％	15%	
債務不履行となる総額 での帳簿価額の合計の 見積り	CU19,222	CU2,010	CU301	CU154	CU21,687
全期間の予想信用損失 －顧客金融	CU38	CU60	CU24	CU23	CU145

③ IFRS第9号の減損の要求事項が適用されない金融商品

　IFRS第7号の範囲に含まれるがIFRS第9号の減損の要求事項が適用され
ないすべての金融商品について，企業は，金融商品のクラス別に図表Ⅳ－2－
9に示す事項を開示する（IFRS第7号第36項，IG22項）。

（図表Ⅳ－2－9）減損の要求事項が適用されない金融商品に係る開示

開示内容	補足説明
報告期間の末日現在の信用リスクに対する最大エクスポージャーを，保有する担保および，例えば，IAS第32号に従って相殺の要件を満たさない相殺契約などその他の信用補完は考慮に入れずに，最もよく表す金額	この開示は，帳簿価額が信用リスクに対する最大エクスポージャーを最もよく表す金融商品については必要とされない。
前述の項目に示される要求事項に従って開示されているのか，金融商品の帳簿価額で表されているのかにかかわらず，担保として保有する物件およびその他の信用補完の説明，ならびに信用リスクに対する最大エクスポージャーを最もよく表す金額に関してのそれらの財務的影響（例えば，担保およびその他の信用補完が信用リスクを軽減している程度の数値化）	この開示要求事項を満たすうえで，企業は次の事項を開示する可能性がある。 ●担保やその他取得した信用補完を評価および管理するための方針および手続 ●主な種類の担保やその他信用補完の説明（その他の信用補完としては，保証，信用デリバティブ，IAS第32号に基づく相殺要件を満たさない相殺決済合意など） ●担保およびその他信用補完枠の相手方の主な性質および信用度 ●担保またはその他信用補完枠のリスク集中度に関する情報

5．その他の開示―見積りの不確実性の主要な発生要因および予想信用損失を算定する際の判断

　IAS第1号第125項は，見積りの不確実性の主要な発生要因のうち，翌事業年度中に資産の帳簿価額に重要性のある修正を生じる重大なリスクがあるものに関する情報を開示することを求めている。当該資産に関して，次の事項の詳細を記載する。

　●その性質
　●報告期間の末日現在の帳簿価額

　IAS第1号第129項は，見積りの不確実性の主要な発生要因に関する情報に関して，IAS第1号第125項に従って企業が行う開示の種類の例を提供しており，これには次の事項が含まれる。

- 仮定またはその他の見積りの不確実性の性質
- 帳簿価額の，その計算の基礎となる方法，仮定および見積りに対する感応度（その感応度の理由を含む）
- 不確実性についての予想される解消方法，および翌事業年度中に合理的に生じる考え得る結果の範囲（影響を受ける資産および負債の帳簿価額に関して）
- 当該資産および負債に関する過去の仮定について行った変更の説明（その不確実性が未解消のままである場合）

また，IAS 第 1 号第122項は，企業が会計方針を適用する過程で行った判断のうち，財務諸表に認識されている金額に最も重大な影響を与えている判断の開示を求めている。

予想信用損失の測定は，例えば，現金の貸付，支払期間の延長，リース取引やその他の製品の資金調達契約の締結を通じて，重大な信用リスクを引き受ける金融機関や，場合によっては金融機関ではない企業にとって，見積りの不確実性の主要な発生要因となり得る。見積りの不確実性の主要な発生要因は，IAS 第 1 号第125項および第122項に従って開示する必要があるが，開示の範囲は，判断の問題であり，事実および状況によって異なる。

> ### *Point Of View*　予想信用損失に基づく減損測定の感応度に関する開示
>
> IAS 第 1 号および IFRS 第 7 号のいずれも，減損に関する感応度分析の開示を明確には要求していない。したがって，企業は，IAS 第 1 号第122項および第125項の要求事項を満たすために，他の種類の開示を行うことができる。例えば，意味のある定量的開示が提供できない場合には，定性的開示の提供がより適切な場合がある。
>
> 2015年11月に，金融安定理事会（FSB：Financial Stability Board）の開示強化タスクフォース（EDTF：Enhanced Disclosure Task Force）は，「予想信用損失アプローチが銀行のリスク開示に与える影響」という報告書を公表した。当該報告書は，銀行の年次報告書における開示について，IFRS 第 9 号で導入された予想信用損失のアプローチを市場関係者が理解するために役立てることを提言している。EDTF の提言は，国際的に活動する大手銀行を対象としているが，高度化された他の大手銀行にも関連す

る場合がある。

　当該報告書で示されている予想信用損失の開示の焦点となる重要な分野には，信用損失の変動のダイナミクス，およびその変動の重要な仮定に対する感応度についての理解が含まれる（マクロ経済の仮定を適用した結果を含む）。EDTF は報告書の中で，以下について提言している。

●最上位にあるリスク，生じつつあるリスクおよび予想信用損失の計算に対する影響（または影響しないこと）について，適宜，定量的または定性的に開示することが重要である。感応度の開示は，信用損失がどのように大きく変化する可能性があるかを理解するうえで，意味のある，そして関連性のある場合に，有用な定量的情報を提供できる。これは，個々のリスク・パラメータがポートフォリオ全体の信用リスクに重大な影響を与えるポートフォリオの場合，とりわけ，経営幹部，取締役会またはリスク委員会が内部的な意思決定やリスク管理目的で使用する情報にこれらの感応度が織り込まれている場合に，最もその可能性が高い。

　　有用な感応度の開示例には，次の事項が含まれる。

－住宅ローン残高の住宅価格指数に対する感応度など，継続的にローン・ポートフォリオに影響を与える変数

－特定の国や産業のいずれかに経済的ショックがあった場合など，特定のローン・ポートフォリオについて，ある時点で生じつつある変化

●予想信用損失の計算の複雑性は，個々のパラメータの変動が他の要因の相関関係のある変動と頻繁に関連していることを意味する。銀行は，他の要因における相関関係のある変動が情報開示の有用性を低下させる場合には，個々のパラメータに対する感応度を開示することが有用であるかどうかを検討すべきである。その他の方法には，合理的に考え得る複数の経済シナリオのモデル化があり，これには基礎数値である複数のパラメータの変動が含まれる。このような代替的な経済シナリオのモデル化には，相互に関連する要因をより広範かつ入念に分析する必要がある。

　　一部のリスクに関しては，定量的開示が関連性を有するにもかかわらず，あまり適切ではない場合がある。こうした状況は，そのような情報を予想信用損失に含めることができないと結論付けられた場合に該当する。そのようなリスクには，潜在的な経済的動向または政治的

動向が含まれる場合があり，定性的開示を行うことがより適切な場合
がある。

第3章

IFRS第7号における金融資産の減損の開示要求事項に準拠した開示例

　本章では，架空の上場企業（VALUE IFRS社）を想定して作成したIFRSに基づく連結財務諸表のうち，IFRS第7号における金融資産の減損の開示要求事項に基づく開示例の抜粋を紹介する。本章の開示例は，2021年1月1日以後開始する連結会計年度に適用となるIFRS基準に準拠している。

　VALUE IFRS社は，製品の製造およびサービスの提供を行う企業であり，従前からIFRSを適用して連結財務諸表を作成していると仮定している。本開示例の作成にあたっては，現実的で一般的な連結財務諸表となるよう心がけたが，注記などで示している金額は，単なる例示を目的としているため，全体を通して必ずしも整合していない点に留意いただきたい。また，表示および開示に関して金額的な重要性は考慮していない点にも留意いただきたい。

　本章ではIFRSに準拠した開示例を示しているが，本開示例の形式がIFRSにおいて唯一認められる開示の方法というわけではない。IFRSの要求事項に従っている限り，別の表示や開示も認められると考えられる。また，本開示例が前提としている事実や状況と異なる場合には，異なる測定および分類，ならびに異なる表示および開示が適切な場合もあると考えられる。本開示例は，次に記載する前提に基づき作成されている。

＜本開示例における主要な前提＞
● VALUE IFRS社は，次の注記において，それぞれの注記で取り扱う項目に係る金融資産の減損に関する開示を含めている。
　　○ 金融資産および金融負債（注記7）
　　○ 金融リスク管理（注記12）

　　○重要な会計方針の要約（注記25）
● VALUE IFRS 社は，重要な貸付金などを保有していないため，IFRS 第 7 号の金融資産の減損に関する開示要求事項のうち，一般的な予想信用損失モデルを適用している場合の詳細な開示は行っていない。本書では補足として，重要な貸付金が存在する場合の開示例を末尾に例示している。
● その他 IFRS 第 7 号の金融資産の減損に関する開示要求事項のうち，次の論点については本開示例では例示していない。
　　○ IFRS 第 9 号の減損の要求事項の対象となる，契約上のキャッシュ・フローの条件変更が行われた金融資産を有している場合（IFRS 第 7 号第35F 項(f)，第35I 項(b)，第35J 項）
　　○購入または組成した信用減損金融資産を保有している場合（IFRS 第 7 号第35H 項(c)，第35I 項(a)）
　　○金融資産に関連して担保またはその他の信用補完を受け取っている場合（IFRS 第 7 号第35K 項）
　　○当年度に直接償却されたが，履行強制活動の対象となっている金融資産が存在する場合（IFRS 第 7 号第35L 項）
　　○信用リスクの開示が，IFRS 第 7 号第35B 項の目的を満たすために十分でないと考えている場合の追加的な開示（IFRS 第 7 号第35E 項）
● 本開示例に含まれる内容は次のとおりである。
　　○連結損益計算書
　　○金融資産および金融負債（注記 7 ）の抜粋
　　○金融リスク管理（注記12）の抜粋
　　○重要な会計方針の要約（注記25）の抜粋

　　本章で紹介する開示例は，VALUE IFRS 社の連結財務諸表の抜粋である。そのため，他の表示および開示についてご覧になりたい場合は下記リンク先の「国際財務報告基準（IFRS）に基づく連結財務諸表のひな型2021年12月末【英日対訳】」が有用であるため，参照されたい。
　　(https://viewpoint.pwc.com/dt/jp/ja/pwc/illustrative_financi/illustrative_financi_JP/illustrative_financi_JP.html)

連結損益計算書

	注記	2021年 (百万円)	2020年 (百万円)
継続事業			
顧客との契約から生じる収益	3	197,659	161,604
製品売上原価		(76,992)	(65,159)
サービス提供原価		(25,447)	(18,288)
売上総利益		95,220	78,157
販売費		(35,794)	(29,221)
管理費		(17,897)	(14,611)
金融資産及び契約資産の減損損失(純額)	12(c)	(849)	(595)
その他の収益	5(a)	11,348	12,033
その他の利得(損失)－純額	5(b)	4,593	(671)
営業利益		56,621	45,092
金融収益	5(d)	1,616	905
金融費用	5(d)	(7,491)	(6,735)
金融費用－純額		(5,875)	(5,830)
持分法で会計処理している関連会社及び共同支配 企業の純損益に対する持分相当額	16(e)	340	355
税引前利益		51,086	39,617
法人所得税費用	6	(16,182)	(11,575)
継続事業からの純利益		34,904	28,042
非継続事業からの純利益(親会社の所有者に帰属 するもの)	15	727	399
当期純利益		35,631	28,441
当期純利益の帰属			
親会社の所有者		32,626	26,123
非支配持分		3,005	2,318
		35,631	28,441
継続事業からの純利益に関する親会社の普通株式 の保有者に帰属する1株当たり当期純利益		円	円
基本的1株当たり利益	22	57.1	47.5
希薄化後1株当たり利益	22	56.0	47.3
親会社の普通株式の保有者に帰属する1株当たり 当期純利益			
基本的1株当たり利益	22	58.4	48.2
希薄化後1株当たり利益	22	57.3	48.0

上記の連結損益計算書は，添付の注記と併せて利用ください。

7　金融資産及び金融負債　（抜粋）

任意開示

この注記は，当社グループの金融商品について，以下を含む情報を提供しています。
・当社グループが保有するすべての金融商品の概要
・各クラスの金融商品についての具体的な情報
・会計方針
・判断及び見積りに関する不確実性を含む，金融商品の公正価値算定についての情報

任意開示
IFRS7(8)

当社グループは，以下の金融商品を保有しています。

金融資産	注記	2021年 (百万円)	2020年 (百万円)
償却原価で測定する金融資産			
営業債権	(a)	15,662	8,220
償却原価で測定するその他の金融資産	(b)	4,596	3,471
現金及び現金同等物	(e)	55,083	30,299
その他の包括利益を通じて公正価値(FVOCI)で測定する資産	(c)	6,782	7,148
純損益を通じて公正価値(FVPL)で測定する金融資産	(d)	13,690	11,895
デリバティブ金融商品			
ヘッジ手段として用いられるデリバティブ	12(a)	2,162	2,129
		97,975	63,162

金融負債	注記	2021年 (百万円)	2020年 (百万円)
償却原価で測定する金融負債			
仕入債務及びその他の債務 *	(f)	13,700	10,281
借入金	(g)	97,515	84,595
リース負債	8(b)	11,501	11,291
デリバティブ金融商品			
ヘッジ手段として用いられるデリバティブ	12(a)	766	777
FVPLで測定する売買目的保有デリバティブ	12(a)	610	621
		124,092	107,565

＊非金融負債を除く。

IFRS7(36)(a),
(31),(34)(c)

金融商品に関係するさまざまなリスクに対する当社グループのエクスポージャーについては，注記12「金融リスク管理」で説明しています。報告期間末日における信用リスクに対する最大エクスポージャーは，上述した金融資産の各クラスの帳簿価額です。

(a)　営業債権　（抜粋）

	2021年12月31日 (百万円)	2020年12月31日 (百万円)	2020年1月1日 (百万円)
流動資産			
営業債権	16,308	8,570	5,238

IFRS15(116)(a)
IAS1(77)

IAS1(77)　損失評価引当金(注記12「金融リスク管理」(c)参照)

(646)	(350)	(115)
15,662	8,220	5,123

IAS1(117)
IFRS7(21)
IFRS9(5.1.3),
(4.1.2),(5.4.1)

(i)　営業債権の分類

営業債権は、通常の営業過程において、財の販売又はサービスの提供に対して顧客から受け取る金額です。営業債権は、通常、決済期日が30日以内であるため、すべて流動資産に分類されます。営業債権は、重大な金融要素を含んでいない限り無条件の対価で測定し、重大な金融要素を含む場合には、公正価値で測定します。当社グループは、契約上のキャッシュ・フローを回収することを目的として営業債権を保有しており、実効金利法による償却原価で測定しています。当社グループの減損の方針と損失評価引当金の計算の詳細については、注記12「金融リスク管理」(c)に記載しています。

(iv)　減損及びリスク・エクスポージャー

IFRS7(31),(34)
(c)
営業債権の減損及び信用リスクと外国為替リスクに対する当社グループのエクスポージャーについての情報は、注記12「金融リスク管理」(b)、(c)に記載されています。

(b)　償却原価で測定するその他の金融資産　(抜粋)

IAS1(117)
IFRS9(4.1.2)
(i)　償却原価で測定する金融資産の分類

当社グループは、以下の要件をともに満たす場合に、金融資産を償却原価で測定する金融資産として分類しています。
・契約上のキャッシュ・フローを回収するために金融資産を保有することを目的とする事業モデルの中で金融資産が保有されていること
・金融資産の契約条件により、元本及び元本残高に対する利息の支払のみであるキャッシュ・フローが特定の日に生じること
その他の関連する会計方針については、注記25「重要な会計方針の要約」(o)を参照ください。

償却原価で測定する金融資産には、以下の負債性金融商品が含まれます。

IAS1(77),(78)
(b)
IFRS7(6)

	2021年			2020年		
	流動資産 (百万円)	非流動資産 (百万円)	合計 (百万円)	流動資産 (百万円)	非流動資産 (百万円)	合計 (百万円)
関連当事者に対する貸付金(ii)	-	1,300	1,300	-	700	700
経営幹部に対する貸付金(ii)	166	551	717	126	480	606
社債	-	750	750	-	750	750
ゼロクーポン債	-	460	460	-	425	425
上場社債	-	94	94	-	90	90
その他の債権(ii)	939	375	1,314	716	200	916
	1,105	3,530	4,635	842	2,645	3,487
控除：償却原価で測定する負債性金融商品に対する損失評価引当金(注記12「金融リスク管理」(c)参照)	(5)	(34)	(39)	-	(16)	(16)
	1,100	3,496	4,596	842	2,629	3,471

(iv)　減損及びリスク・エクスポージャー

IFRS 7(34)

注記12「金融リスク管理」(c)では，金融資産の減損と当社グループの信用リスクに対するエクスポージャーに関する情報を記載しています。

償却原価で測定する金融資産は，すべて円建ての資産です。そのため，それらの金融資産に外国為替リスクはありません。また，満期まで保有するため，投資には価格変動リスクはありません。

(c)　その他の包括利益を通じて公正価値で測定する金融資産　（抜粋）

IAS1(117)

(i)　その他の包括利益を通じて公正価値で測定する金融資産の分類

FVOCIで測定する金融資産には，以下が含まれます。

IFRS7(11A)(b),
(21)
IFRS9(4.1.4),
(5.7.5)

・売買目的保有ではなく戦略的投資であり，当社グループが当初認識時に，公正価値の変動を純損益ではなくその他の包括利益(OCI)を通じて認識することがより目的適合性があると判断して取消不能の選択を行った資本性金融商品

IFRS9(4.1.2A)

・契約上のキャッシュ・フローが元本及び利息の支払のみであり，当社グループの事業モデルの目的が，契約上のキャッシュ・フローの回収と金融資産の売却の両方によって達成される負債性金融商品

(iv)　その他の包括利益を通じて公正価値で測定する負債性金融商品

IAS1(77)

FVOCIで測定する負債性金融商品は，以下のとおり，上場債券及び非上場債券に対する投資から構成されています。

	2021年 （百万円）	2020年 （百万円）
非流動資産		
上場債券	728	650
非上場債券	790	750
	1,518	1,400

IFRS9(5.7.10)

これらの負債性金融商品の処分時に，関連するFVOCI剰余金の残高は，純損益に含まれるその他の利得(損失)に振り替えられます。

IAS24(18)

非上場債券には，最終親会社であるLion AGが支配する企業の発行する有価証券250百万円(2020年度はゼロ)が含まれています。

(vii)　公正価値，減損及びリスク・エクスポージャー

IFRS13(93)

公正価値の算定に使用した方法と仮定に関する情報は(h)に，FVOCIで測定する負債性金融商品に対する損失評価引当金に関する情報は注記12「金融リスク管理」(c)に記載しています。

IFRS7(34)

FVOCIで測定する金融資産はすべて円建てです。資産の価格と金利リスクに対する感応度の分析については，注記12「金融リスク管理」(b)を参照ください。

12　金融リスク管理　（抜粋）

この注記は，当社グループの金融リスクに対するエクスポージャー及びそれらのリスクが当社グループの将来の財務業績にどのような影響を及ぼす可能性があるかについて説明しています。関連する場合には，追加の情報として当年度の損益情報を含めています。

IFRS7(21A)(a),
(21C),
(31),(32),(33)

リスク	エクスポージャーの発生原因	測定	管理
市場リスク－外国為替	将来の商業取引 日本円以外の通貨建ての認識済金融資産及び金融負債	キャッシュ・フロー予測 感応度分析	為替予約及び通貨オプション
市場リスク－金利	変動金利による長期借入金	感応度分析	金利スワップ
市場リスク－株価	株式投資	感応度分析	ポートフォリオの分散
信用リスク	現金及び現金同等物，営業債権，デリバティブ金融商品，負債性金融商品及び契約資産	年齢分析 信用格付	銀行預金の分散，信用限度枠，信用状，負債性金融商品に対する投資ガイドライン
流動性リスク	借入金及びその他の負債	キャッシュ・フロー予測の継続的な更新	契約上の信用限度枠及び借入限度枠の利用可能性

IFRS7(33)(b)　当社グループのリスク管理は，取締役会が承認した方針の下，主に本社の財務部門(グループ財務部門)によって行われています。当社グループ財務部門は，当社グループの事業ユニットとの緊密な連携により金融リスクを識別・評価し，ヘッジを行っています。取締役会は，全体的なリスク管理に関する原則を文書で定めるとともに，特定の領域(外国為替リスク，金利リスク，信用リスク，デリバティブ金融商品や非デリバティブ金融商品の利用，余剰資金の投資など)を扱う方針を定めています。

(c)　信用リスク

IFRS7(33)(a),
(b)　信用リスクは，現金及び現金同等物，償却原価，FVOCI，FVPLで測定する負債性金融商品の契約上のキャッシュ・フロー，評価益のあるデリバティブ金融商品，銀行及び金融機関への預金，並びに債権残高を含む卸売顧客や小売顧客への信用エクスポージャーから発生します。

IFRS7(35B)　*(i)　リスク管理*
信用リスクは，グルーピングして管理されています。銀行及び金融機関については，格付機関による独立した格付が最低でも「A」以上を得ている取引先のみが認められています。

IFRS7(34)(c)　卸売顧客が格付機関から独立した格付を得ている場合，その格付が使用されます。他方で，独立した格付がない場合には，顧客の財政状態，過去の実績とその他の要素を考慮して，リスク管理部門が顧客の信用特性を評価しています。取締役会において定める限度枠に従って，内部又は外部の格付を基準とした個別のリスク限度枠を定めています。卸売顧客に対する信用限度枠の遵守状況は，業務部門の経営陣によって定期的にモニターされています。
小売顧客に対する販売に関しては，現金決済又は大手クレジットカード会社のカード決済が要求されており，信用リスクを軽減しています。個別の顧客，特定の業種セクター，地域に対するエクスポージャーによる重要な信用リスクの集中はありません。
デリバティブ金融商品については，経営者は上限枠を設けており，個別の相手先に対する残高を常に未決済の評価益のある契約の公正価値合計の10%未満としています。
当社グループの負債性金融商品への投資は，低リスク投資であると考えています。信用の悪化がないかどうかについて投資の信用格付をモニターしています。

IFRS7(15)(b),
(36)(a),(b)

(ii)　担保

当社グループは，一部の営業債権に対し，保証，引受証書又は信用状を入手する場合があり，契約条件に基づき相手先の契約不履行が生じた際にこれらを行使することができます。

(iii)　金融資産の減損

当社グループは，予想信用損失モデルの対象となる以下の4種類の金融資産を有しています。
・棚卸資産の販売及びコンサルティング・サービスの提供に関する営業債権
・ITコンサルティング契約に関する契約資産
・償却原価で測定する負債性金融商品
・FVOCIで測定する負債性金融商品
現金及び現金同等物もIFRS第9号の減損の要求事項の対象となっていますが，重要な減損損失は認識されていません。

営業債権及び契約資産

IAS1(117),IFRS7
(21)
IFRS9(5.5.15)

当社グループは，すべての営業債権及び契約資産について，全期間の予想信用損失を測定する，IFRS第9号における単純化したアプローチを適用しています。

IFRS7(35F)(c)

予想信用損失を測定するため，営業債権及び契約資産を共通の信用リスク特性と期日経過日数に基づいてグルーピングしています。契約資産は，未請求の進行中のサービスに関連するものであり，同種の契約の営業債権とほぼ同一のリスク特性を有しています。したがって，当社グループは，営業債権の予想損失率が，契約資産の損失率と合理的に近似すると判断しています。

IFRS7(35G)

予想損失率は，それぞれ2021年12月31日又は2021年1月1日以前の36か月間の販売に関する支払プロファイルと，同期間中に発生した対応する過去の信用損失に基づいています。過去の損失率は，債権を顧客が決済する能力に影響を与えるマクロ経済要因に関する現在の情報及び将来予測的な情報を反映するように調整されます。当社グループは，製品やサービスを販売する国のGDPと失業率を最も関連性のある要因と位置づけ，これらの要因の予想される変化に基づいて過去の損失率を調整しています。

上記に基づき，2021年12月31日と2020年12月31日現在の損失評価引当金を，営業債権及び契約資産の双方について以下のように決定しました。

2021年12月31日	延滞なし	30日超の期日経過	60日超の期日経過	120日超の期日経過	合計
予想損失率	1.8%	5%	16%	52%	
営業債権の総額での帳簿価額	13,627	1,428	893	360	16,308
契約資産の総額での帳簿価額	1,547	-	-	-	1,547
損失評価引当金	273	71	143	187	674

IFRS7(35N) (上段)
IFRS7(35K)(a) (営業債権)
IFRS7(35K)(a) (契約資産)

2020年12月31日	延滞なし	30日超の期日経過	60日超の期日経過	120日超の期日経過	合計
予想損失率	1.4%	5%	14%	46%	
営業債権の総額での帳簿価額	6,815	975	480	300	8,570
契約資産の総額での帳簿価額	2,597	-	-	-	2,597
損失評価引当金	132	49	67	138	386

IFRS7(35N)
IFRS7(35K)(a), (6)
IFRS7(35K)(a), (6)

IFRS7(35H)(b)(iii) 営業債権及び契約資産に係る損失評価引当金の期首残高と期末残高の調整表は，以下のとおりです。

	契約資産		営業債権	
	2021年 （百万円）	2020年 （百万円）	2021年 （百万円）	2020年 （百万円）
１月１日の損失評価引当金期首残高	36	30	350	115
純損益で認識した損失評価引当金の増加	-	6	846	635
回収不能として直接償却された債権	-	-	(530)	(345)
未使用額の取崩し	(8)	-	(20)	(55)
12月31日の損失評価引当金期末残高	28	36	646	350

IFRS7(35I)(c) 回収不能として直接償却された債権

IFRS7(35I)(c) 未使用額の取崩し

IFRS7(35F)(e) 営業債権及び契約資産は，回収についての合理的な予想がない場合に直接償却されます。回収についての合理的な予想がないことを示す指標として，当社グループと合意された返済計画に対する債務者による不履行，契約上の支払期日経過が120日を超える場合等が挙げられます。

営業債権及び契約資産の減損損失は，営業利益に含まれる減損損失（純額）として表示されています。過去に直接償却された金額がその後に回収された場合，同じ表示科目に対して貸方計上されます。

負債性金融商品

IFRS7(35F)(a)(i) 償却原価及びFVOCIで測定するすべての負債性金融商品は，信用リスクが低いと考えられ，当年度中に認識された損失評価引当金は12か月の予想信用損失に限られます。経営者は，上場債券の「信用リスクが低い」とは，少なくとも１つの主要格付機関が投資適格の格付けを行っている場合であるとみなしています。それ以外の商品については，債務不履行のリスクが低く，かつ発行体が近い将来に契約上のキャッシュ・フローの支払義務を遂行するための高い能力を有している場合，信用リスクが低いとみなしています。

償却原価で測定するその他の金融資産

IAS1(117) 償却原価で測定するその他の金融資産には，公社債，関連当事者への貸付金，経営幹部への貸付及びその他の債権が含まれます。

償却原価で測定するその他の金融資産の損失評価引当金の期首残高と期末残高の調整表は以下のとおりです。

IFRS7(35H)(a)

	関連 当事者 （百万円）	経営幹部 （百万円）	公社債 （百万円）	その他の 債権 （百万円）	合計 （百万円）
2020年１月１日の損失評価引当金期首残高	-	1	4	2	7
純損益で認識した損失評価引当金の増加	2	1	3	3	9
2020年12月31日の損失評価引当金期末残高	2	2	7	5	16
純損益で認識した損失評価引当金の増加	2	1	17	3	23
2021年12月31日の損失評価引当金期末残高	4	3	24	8	39

IFRS7(20)(a)(vi) 純損益で認識した損失評価引当金の増加

IFRS7(20)(a)(vi) 純損益で認識した損失評価引当金の増加

その他の包括利益を通じて公正価値で測定する負債性金融商品

IAS1(117)
IFRS9(5.5.2)

FVOCIで測定する負債性金融商品には，上場債券及び非上場債券が含まれます。FVOCIで測定する負債性金融商品の損失評価引当金は，純損益で認識し，あるいはさもなければOCIで認識されていた公正価値評価損を減少させます。

IFRS7(35H)(a)
IFRS7(16A)

FVOCIで測定する負債性金融商品の損失評価引当金の期首残高と期末残高の調整表は以下のとおりです。

	2021年 (百万円)
2020年 1 月 1 日及び2020年12月31日の損失評価引当金残高	-
純損益で認識した損失評価引当金の増加	8
2021年12月31日の損失評価引当金期末残高	8

IFRS7(20)(a)
(viii)

(iv)　重要な見積り及び判断
金融資産の減損

IFRS9(5.5.17)
IAS1(125)

金融資産の損失評価引当金は，債務不履行のリスク及び予想損失率に関する仮定に基づいています。当社グループは，過去の実績，現在の市況，各報告期間末日における将来予測の見積りに基づいて，これらの仮定の設定及び減損計算へのインプットの選択に際して判断を用いています。主要な仮定とインプットの詳細は，前述の表に開示されています。

(v)　純損益で認識した金融資産及び契約資産の減損損失（純額）

任意開示

当年度において，金融資産の減損に関連して以下の利得（損失）を純損益で認識しました。

	2021年 (百万円)	2020年 (百万円)
減損損失		
－営業債権及び契約資産に対する損失評価引当金の増減	(846)	(641)
その他の金融資産の減損損失	(23)	(9)
過去の減損損失の戻入れ	28	55
償却原価で測定する金融資産の減損損失	(841)	(595)
FVOCIで測定する金融資産の減損損失	(8)	-
金融資産及び契約資産の減損損失(純額)	(849)	(595)

IFRS7(20)(a)
(vi)

IFRS7(20)(a)
(viii)

IAS1(82)(ba)

IFRS15(113)(b)

上記の減損損失のうち，739百万円(2020年度は607百万円)は，顧客との契約から生じた債権(注記 3 「顧客との契約から生じる収益」参照)に関するものです。

(vi)　純損益を通じて公正価値で測定する金融資産

IFRS7(36)

また，当社グループは純損益を通じて公正価値で測定する負債性金融商品に関連して信用リスクに晒されています。報告期間末日における最大エクスポージャーは，これらの投資の帳簿価額2,390百万円(2020年度はゼロ)です。

IAS1(117)

25 重要な会計方針の要約 （抜粋）

IAS1(112)(a),
(b)
(51)(b)

この注記では，連結財務諸表の作成において採用した重要な会計方針のうち，その他の注記で開示していないものについて記載しています。当社グループは，他に特段の記載がない限り，これらの会計方針を開示しているすべての報告期間において首尾一貫して適用しています。なお，この連結財務諸表は，VALUE IFRS社と子会社で構成される当社グループに対するものです。

IAS1(119)
IFRS7(21)

(I) 営業債権

営業債権については，当初認識時に重大な金融要素を含む場合には公正価値で測定し，重大な金融要素を含まない場合には無条件である対価の金額で測定しています。当初認識後，実効金利法による償却原価で測定し，損失評価引当金を控除して計上しています。営業債権についての当社グループの会計処理に関する詳細に関しては注記7「金融資産及び金融負債」(a)を，当社グループの減損についての会計方針の説明に関しては注記12「金融リスク管理」(c)を参照ください。

(o) 投資及びその他の金融資産

(i) 分類

IFRS9(4.1.1)

当社グループは，保有する金融資産を以下の測定区分に分類しています。
・事後的に公正価値で(OCI又は純損益を通じて)測定する金融資産
・償却原価で測定する金融資産
分類は，金融資産の管理に関する企業の事業モデル及びキャッシュ・フローの契約条件に応じて決定されます。

IFRS9(4.1.4),
(5.7.1)

公正価値で測定する資産については，利得又は損失を純損益又はOCIのいずれかに計上しています。売買目的保有ではない資本性金融商品への投資については，当社グループが，当初認識時に当該資本性金融商品をFVOCIで測定するという取消不能な選択を行っているかどうかによって，会計処理が異なります。

IFRS9(4.4.1)

当社グループは，負債性金融資産の管理に関する事業モデルを変更した場合にのみ，これらの金融資産の分類変更を行います。

(ii) 認識及び認識の中止

IFRS7(21),(B5)
(c)
IFRS9(3.1.1),
(3.2.2),
(B3.1.3)-(B3.1.6)

金融資産の通常の方法による購入及び売却については，取引日に認識しています。取引日とは，当社グループが資産の購入又は売却を確約した日です。金融資産の認識の中止については，当該金融資産からのキャッシュ・フローを受け取る権利が消滅した時点，又はその権利を譲渡し，かつ，当社グループが所有に係るリスクと経済価値のほとんどすべてを移転した時点で行っています。

(iii) 測定

IFRS9(5.1.1)

当初認識時に，当社グループは金融資産をその公正価値で測定し，純損益を通じて公正価値(FVPL)で測定する金融資産でない場合には，公正価値に金融資産の取得に直接起因する取引コストを加算しています。FVPLで測定する金融資産の取引コストについては，純損益で費用処理しています。

IFRS9(4.3.2),
(4.3.3)

組込デリバティブを含む金融資産については，キャッシュ・フローが元本と元本残高に対する利息の支払のみであるか否かの判定において，全体として検討しています。

負債性金融商品

IFRS9(5.2.1)

負債性金融商品の事後測定は，金融資産の管理に関する当社グループの事業モデルと当該資産のキャッシュ・フローの特性によって異なります。当社グループは，負債性金融商品を以下の3つの測定区分に分類しています。

IFRS9(4.1.2)　・償却原価：契約上のキャッシュ・フローを回収するために保有する資産については，その契約上のキャッシュ・フローが元本及び元本残高に対する利息の支払のみを表している場合，償却原価で測定します。これらの金融資産からの金利収益は，実効金利法を用いて金融収益に含められています。認識の中止から生じる利得又は損失は，純損益に直接認識され，為替差損益とともに，その他の利得(損失)に表示されます。減損損失は，損益計算書上，独立した表示科目として表示されます。

IFRS9(4.1.1),　・FVOCI：契約上のキャッシュ・フローの回収及び売却のために保有する資産について
(4.1.2A),　　　は，そのキャッシュ・フローが元本及び元本残高に対する利息の支払のみを表してい
(5.7.10)　　　る場合，FVOCIで測定します。純損益に認識される減損に係る利得又は損失，金利収益及び為替差損益を除き，帳簿価額の変動はOCIを通して認識されます。金融資産の認識を中止した場合，以前にOCIに認識した利得又は損失の累計額は，資本から純損益に振り替えてその他の利得(損失)に認識されます。これらの金融資産からの金利収益は，実効金利法を用いて金融収益に含められています。為替差損益はその他の利得(損失)に含めて表示され，減損損失は損益計算書上に独立の項目として表示されています。

IFRS9(4.1.1),　・FVPL：償却原価又はFVOCIのいずれの要件も満たさない資産については，FVPLで
(4.1.4)　　　測定しています。事後的にFVPLで測定する負債性金融商品に係る利得又は損失は純損益で認識され，それが生じた期間のその他の利得(損失)に純額で表示されます。

資本性金融商品

IFRS9(5.7.5),　当社グループは，すべての資本性金融商品を事後的に公正価値で測定しています。当社
(5.7.6)　　　グループの経営者が資本性金融商品に係る公正価値の利得及び損失をOCIに表示することを選択する場合，当該金融資産の認識の中止による公正価値利得及び損失の事後的な純損益への振替は行われません。当該金融資産からの配当については，引き続き，支払を受け取る当社グループの権利が確定している場合にはその他の収益として純損益に認識します。

IFRS9(5.7.1)　該当する場合，FVPLで測定する金融資産の公正価値の変動は，損益計算書のその他の利得(損失)に認識されます。FVOCIで測定する資本性金融商品に係る減損損失(及び減損損失の戻入れ)は，公正価値のその他の変動から区分して表示されることはありません。

(iv)　減損

当社グループは，償却原価及びFVOCIで測定する負債性金融商品に係る予想信用損失を将来予測に基づき評価しています。適用される減損の方法は，信用リスクの著しい増大が生じたかどうかによって異なります。

営業債権について，当社グループは，その当初認識時から全期間の予想信用損失に等しい金額で認識する，IFRS第9号が認める単純化したアプローチを適用しています。詳細は，注記12「金融リスク管理」(c)を参照ください。

（補足）重要な顧客への貸付金が存在する場合の信用リスクの開示例

VALUE IFRS社は，重要な顧客への貸付金などを保有していないため，IFRS第7号の金融資産の減損に関する開示要求事項のうち，一般的な予想信用損失モデルを適用している場合の詳細な開示は行っていない。仮に重要な顧客への貸付金が存在する場合の開示例は以下のとおりである。

信用リスクの開示――一般的な予想信用損失モデルを適用した顧客に対する貸付金

IFRS7(35F)(a)　当社は，資産の当初認識時における債務不履行の可能性を考慮し，継続的に各報告期間において信用リスクが著しく増大しているかどうかを検討しています。信用リスクの著しい増大の有無を評価するために，当社は，報告日現在の当該資産に係る債務不履行のリスクを，当初認識日時点の債務不履行のリスクと比較しています。この場合，入手できる合理的で裏付け可能な将来予測的な情報について考慮します。そのような情報には，特に，以下の指標が組み込まれています。

IFRS9(B5.5.17)　－内部信用格付
　　　　　　　－外部信用格付（入手可能な範囲で）
　　　　　　　－事業状況，財務状況又は経済状況の実際の，あるいは予想される不利な変化のうち，借手が債務を履行する能力の著しい変化を生じさせると予想されるもの
　　　　　　　－借手の営業成績の実際の又は予想される著しい変化
　　　　　　　－同一の借手の他の金融商品に係る信用リスクの著しい増大
　　　　　　　－債務の裏付けとなっている担保の価値，又は第三者の保証もしくは信用補完の質の著しい変化
　　　　　　　－借手の予想される業績及び行動の著しい変化（当社グループにおける借手の支払状況及び営業成績の変化が含まれる）
　　　　　　　マクロ経済情報（市場金利又は成長率など）は，内部格付モデルの一部として組み込まれています。
　　　　　　　上記の分析にかかわらず，債務者の契約上の支払が30日超の期日経過となった場合，信用リスクの著しい増大が生じているとみなしています。

IFRS7(35F)(b)　金融資産の債務不履行は，相手先が支払期日から60日以内に契約上の支払を行わなかった場合に発生します。

IFRS7(35F)(e)　金融資産は，債務者が当社の返済計画に従わないなど，回収の合理的な予想が存在しない場合に直接償却されます。債務者の契約上の支払が120日超の期日経過となった場合，貸付金又は債権を直接償却します。貸付金又は債権を直接償却した場合でも，期日が到来している債権の回収を行う履行強制活動を継続します。回収が行われた場合，純損益に直接償却済の残高を認識します。

(i)　顧客に対する貸付金

IFRS7(35F)(a)　当社は，信用リスクを反映させた3つの区分に貸付金を分類し，区分ごとに損失評価引当金の設定方法を定めています。これらの内部信用リスク格付は，スタンダード・アンド・プアーズ，ムーディーズ及びフィッチなどの外部信用格付機関の格付と整合しています。

当社の予想信用損失モデルの基礎となっている仮定の要約は，以下のとおりです。

IFRS7(35F)(b),
(d)-(e)
IFRS7(35G)(a)

区分	当社の区分の定義	損失評価引当金の認識の基礎
正常債権	信用リスクが当初予想と整合している貸付金	12か月の予想信用損失。資産の予想存続期間が12か月未満の場合，予想損失はその予想期間で測定（ステージ1）
延滞債権	信用リスクが当初の予想と比較して著しく増大している貸付金。利息と元本の支払の期日経過が30日超である場合，信用リスクの著しい増大があるとみなしている	全期間の予想信用損失（ステージ2）

| 不良債権(信用減損) | 利息と元本の支払の期日経過が60日超であるか，顧客が破産する可能性が高い | 全期間の予想信用損失(ステージ3) |
| 直接償却 | 利息と元本の支払の期日経過が120日超であり，回収の合理的な予想がない | 資産を直接償却 |

当社は，地元起業家の継続的支援の一環として，小規模事業主が行う新規事業の起業コストを支援するために，利付融資を提供しています。当社は，小規模事業主である顧客に対して，融資に際して担保の差し入れを要求していません。

IFRS7(35G)(b)　融資期間にわたり，当社は，予想信用損失について適切に引当を行うことによって，適時に信用リスクを会計処理しています。当社は，予想信用損失率の算定において，各顧客区分の過去の損失率を考慮し，将来予測的なマクロ経済データに照らして調整しています。当社は，以下のとおり，顧客への貸付金に対する損失評価引当金を設定しています。

IFRS7(35G)(a),
(35M)

2021年12月31日現在の当社の内部信用格付**	外部信用格付*	予想信用損失率	総額の帳簿価額(ステージ1)	総額の帳簿価額(ステージ2)	総額の帳簿価額(ステージ3)
高	AAA	0.9%	45,776	123	-
	AA	1.3%	31,668	80	-
	A	2.2%	14,117	221	-
中	BBB	7.3%	679	325	-
	BB	10.0%	140	223	-
	B	12.2%	67	54	-
低	CCC	14.0%	44	252	-
	CC	18.0%	13	134	-
	C	30.0%	-	78	-
信用減損	D	50.0%	-	-	20

IFRS7(35M)　*　又は，これに相当する内部格付

　　　　　　**　比較期間の情報もIAS第1号第38項に従って提供しなければならない。

IFRS7(35G)(c)　当年度において，見積技法又は仮定に対する重要な変更はありませんでした。

IFRS7(35H)　顧客に対する貸付金に関する，2020年12月31日現在と2021年12月31日現在の損失評価引当金の調整表は，以下のとおりです。

	正常債権(百万円)	延滞債権(百万円)	不良債権(百万円)	合計(百万円)
IAS1(38)　2020年1月1日現在の損失評価引当金残高	666	12	162	840
IFRS7(35H)(b)(i)　延滞債権に振り替えた個々の金融資産(全期間の予想信用損失)	(111)	111	-	-
IFRS7(35H)(b)(ii)　不良債権に振り替えた個々の金融資産(信用減損金融資産)	-	(40)	40	-
IFRS7(35I)(a)　新規に組成又は購入した金融資産	139			139
IFRS7(35I)(c)　直接償却	-	-	(10)	(10)
IFRS7(35I)(c)　回収	(8)	(5)	(1)	(14)
リスク・パラメータの変動**	30	-	-	30
その他の変動	5	4	1	10

	2020年12月31日現在の損失評価引当金残高	721	82	192	995

IFRS参照	項目				
	2020年12月31日現在の損失評価引当金残高	721	82	192	995
IFRS7(35H)(b)(i)	延滞債権に振り替えた個々の金融資産(全期間の予想信用損失)*	(25)	33	-	8
IFRS7(35H)(b)(ii)	不良債権に振り替えた個々の金融資産(信用減損金融資産)	-	(2)	2	-
IFRS7(35I)(a)	新規に組成又は購入した金融資産	367	-	-	367
IFRS7(35I)(c)	直接償却	-	-	(109)	(109)
IFRS7(35I)(c)	回収	(14)	(5)	(12)	(31)
	リスク・パラメータの変動**	53	-	-	53
	その他の変動	6	5	5	16
	2021年12月31日現在の損失評価引当金残高	1,108	113	78	1,299

*　損失評価引当金の増加8百万円は，12か月の予想信用損失で測定されていた資産を全期間の予想信用損失での測定に変更したことによるものです。

IFRS7(35I)(d)　**　損失評価引当金の増加は，正常債権の12か月の予想信用損失を算定するために使用している債務不履行確率(PD)の上昇によるものです。

IFRS7(35L)　当年度中に直接償却した貸付金60百万円は，引き続き履行強制活動の対象となっています。

IFRS7(35K)(a)　貸付金の総額での帳簿価額は，損失に対する最大エクスポージャーを表し，以下のとおりです。

	2021年12月31日 (百万円)	2020年12月31日 (百万円)
正常債権	91,560	90,200
延滞債権	1,421	810
不良債権	499	900
直接償却対象の貸付金	20	20
貸付金総額	93,500	91,930
控除：損失評価引当金	(1,299)	(995)
控除：直接償却	(10)	(10)
予想信用損失控除後の貸付金	92,191	90,925

索　引

〈編者紹介〉

PwC あらた有限責任監査法人

PwC あらた有限責任監査法人は，PwC グローバルネットワークのメンバーファームとしてデジタル社会に信頼を築くリーディングファームとなることをビジョンとしています。世界で長年にわたる監査実績を持つ PwC ネットワークの監査手法と最新技術により世界水準の高品質な監査業務を提供するとともに，その知見を活用した会計，内部統制，ガバナンス，サイバーセキュリティ，規制対応，デジタル化対応，株式公開など幅広い分野に関する助言（ブローダーアシュアランスサービス）を通じて社会の重要な課題解決を支援しています。

PwC Japanグループ

PwC Japan グループは，日本における PwC グローバルネットワークのメンバーファームおよびそれらの関連会社（PwC あらた有限責任監査法人，PwC 京都監査法人，PwC コンサルティング合同会社，PwC アドバイザリー合同会社，PwC 税理士法人，PwC 弁護士法人を含む）の総称です。各法人は独立した別法人として事業を行っています。

複雑化・多様化する企業の経営課題に対し，PwC Japan グループでは，監査およびアシュアランス，コンサルティング，ディールアドバイザリー，税務，そして法務における卓越した専門性を結集し，それらを有機的に協働させる体制を整えています。また，公認会計士，税理士，弁護士，その他専門スタッフ約9,400人を擁するプロフェッショナル・サービス・ネットワークとして，クライアントニーズにより的確に対応したサービスの提供に努めています。

PwC は，社会における信頼を構築し，重要な課題を解決することを Purpose（存在意義）としています。私たちは，世界154カ国に及ぶグローバルネットワークに295,000人以上のスタッフを擁し，高品質な監査，税務，アドバイザリーサービスを提供しています。詳細は www.pwc.com をご覧ください。

IFRS「金融資産の減損」プラクティス・ガイド

2022年9月1日　第1版第1刷発行

編　者　PwCあらた有限責任監査法人
発行者　山　本　　　継
発行所　㈱中　央　経　済　社
発売元　㈱中央経済グループ
　　　　パ ブ リ ッ シ ン グ

〒101-0051　東京都千代田区神田神保町1-31-2
電話　03 (3293) 3371 (編集代表)
　　　03 (3293) 3381 (営業代表)
https://www.chuokeizai.co.jp
印刷／文唱堂印刷㈱
製本／㈲井上製本所

＊頁の「欠落」や「順序違い」などがありましたらお取り替えいたし
ますので発売元までご送付ください。(送料小社負担)
ISBN978-4-502-43431-0　C3034